人間と世界

ルビンシュテイン 著

小野隆信 訳

訳者まえがき

　本書は、セルゲイ・レオニドヴィチ・ルビンシュテイン著 "Человек и мир" (1997年)、"Проблемы психологии в трудов К.Маркса" (1934年)、そしてカ・ア・アブリハーノワ著 "Биография С.Л.Рубинштейна" (2010年) の翻訳である。ルビンシュテインの最初の『人間と世界』には他の論文も所収されているが、それらは訳していない。2012年にも同名の書物が出版されており、内容にごくわずかな変更はあるものの全体としての構想に差異はない。2番目の「カール・マルクスの諸労作における心理学の諸問題」（通称「34年論文」）は、当初『ソビエト精神技術学』第1号（1934年）で発表された。最後のアブリハーノワ論文「エス・エリ・ルビンシュテイン伝記」は、彼女の編集になる『セルゲイ・レオニドヴィチ・ルビンシュテイン』（2010年）に収められている。

　アブリハーノワが「ルビンシュテイン伝記」をかいているが若干かき加え、また考察したいことがある。

　村知稔三「ルビンシュテイン研究序説」(1981年) によれば、1930年にレニングラードに移る前の「オデッサ時代」について、ペイン（古澤聡司他訳『ルビンシテーイン』法政出版、1990年、117ページ）は、あまり重要でない論文が2本あるだけだというが、村知はそうした評価はやや皮相だという。それはルビンシュテインの20年代の研究が基本的にはマルクス主義思想の諸成果・諸命題を心理学の方法論的諸問題の研究へと適用することに向けられていたからである。オデッサでの活動期間は長かったが、それがレニングラード移住後に開花した成果の準備期間の役割を果たしたと考えられる。

　1940年代後半から50年代前半にかけてルビンシュテインへの迫害が徹底的になされた。『一般心理学の基礎』初版（1940年）は大勝利だったが、第2版（1946年）は大惨事だったとアブリハーノワは記している。世界同胞主義的、西洋に対する敬意、祖国の科学・文化の過小評価で彼に嫌疑がかけられたとアブリハーノワはいう。築山崇氏は、外国心理学の無批判な引用（コスモポリタニズム）とパヴ

ロフ理論の過小評価の２点をあげている。（「資料：エス・エリ・ルビンシュテイン著『人間と世界』」『人間発達研究所紀要』第４号、1990年）。

　ルビンシュテインはこの後、すべてのポストから外され、迫害は他の研究者にも及んだ。ルビンシュテインの兄弟も迫害され、そのうちのひとりはショックのあまり自殺してしまうほど激烈なものだった。上・下２巻本で出版予定だった『心理学の哲学的基盤』の仕事はすでに終えていたが、組版が破壊された。その後、論文の公表もままならない厳しい状況のなかでもルビンシュテインは不撓不屈に研究を続け、1955年の弁証法にもとづく決定論原理の公表につなげた。

　彼の著書のほとんどは邦訳されているが、この遺稿「人間と世界」はこれまで未訳であり、このため、その存在は知られていても、その内容はわが国ではほとんど言及されていない。けれども、この遺稿を一読することなくしてルビンシュテインの創造性は十分理解できないといわれ、ルビンシュテインの思想形成のいわば頂点をなしているといわれる。また、ルビンシュテインの死により未完のままとなったが、内容的には完成に近いとされる。とはいえ、非常に困難な状況で執筆活動はなされ、約やかに直叙されているところもあり、こうした事情に予め想いを馳せていただけたらと思う。この版で初めて全体として公刊されることになる。

　村知稔三「エス＝エリ＝ルビンシュテインの思想形成過程における遺稿『人間と世界』の位置」（1988年）は、これについてかかれた希有なもので、短いものではあるが、本遺稿執筆にいたる過程や1960年のルビンシュテインの死後、断片的に掲載された雑誌名や書名が丹念に調べられている。村知によれば、遺稿「人間と世界」はすでに1955年から1957年にかけて構想が立てられており、1958年から執筆にとりかかったとされる。

　当初、ルビンシュテインは哲学研究を志向していたが、弾圧が厳しく心理学研究をすすめたといわれる。けれども、おそらく1953年のスターリンの死が関係したと思われるが、晩年、初心に回帰すべく努め、ここにおいて、初期マルクス研究である上述の「34年論文」とこの遺稿が深く連関してくることになるし、ルビンシュテインはこの時の立場に回帰することが不可欠だと考えた。

　ルビンシュテインにとって、人間、とりわけ、人格の問題が一貫した研究テーマであった。ルビンシュテインの最大の功績のひとつは、心理学における人格の

問題を防衛・発展させたことである。最後の書物『人間と世界』では、人間存在の客観的合法則性を明らかにしようとした。

　エム・エス・カガンは「ルビンシュテイン『人間と世界』とソビエト哲学史におけるその位置について」（カ・ア・アブリハーノワ編、同上書所収）で以下のように述べている。

　ルビンシュテインの先行する書物『存在と意識』が、われわれの哲学にとって伝統的問題設定を標示したのに対し、『人間と世界』は意外だった。というのも、哲学に新しいカテゴリー《世界》をもちこみ、人間を世界と関係づけたからである。ごく最近までこのカテゴリーは、われわれ哲学者の研究では議論にならず、《世界観》が広く普及していたからである。ルビンシュテインにとって、世界とは物と人びとの総和であり、ここには何が人間と関係し、人間はその本質のために何と関係するのか、人間にとって何が有意であるのか、また人間は何に方向づけられるのか、ということが包摂されている。

　したがって、《人間と世界》の関係は、対決であり、部分と全体の関係である。また外的世界だけでなく、物質的生きものとしての主体、愛着と行為の主体としての人間における内的前提条件を開示する不可避性を意味する。世界における人間の位置のこの明快さは、人間の意識ではなく、世界を認識する能力でもなく、何よりもまず、存在に対する活動的立場に存する。現実を変え、意識的に変革する活動性を励ます人間賛歌の書となっている。

　カ・ア・アブリハーノワ・スラーフスカヤ〔前出アブリハーノワと同一人物──小野注〕も本書へのコメントで以下のように述べている。人間性は人間的本質の承認、強化と結合している。原点として、意識の存在への関係ではなく、何よりもまず、存在への実践的で活動的関係の主体として、後に認識・意識の主体として人間を検討し、ルビンシュテインは認識論的関係の絶対化に反対する。また、このことによって存在と意識の対立の絶対化は克服されるのである。

　また、1940年代後半からの激烈な迫害にも屈せず、不撓不屈に研究を進め、晩年到達した決定論原理の核心にふれておきたい。それは端的にいえば、外的作用は内部諸条件を介して反作用するというのが真意であり、あらゆる外的作用に対し、人間は1人ひとり異なる内部論理をもっているということである。決定論原理の要は、外的なものがただたんに内化されるのではなく、個人の内部諸特性

によって外的作用は、異なって反映され特徴づけられるというところにあり、受容性に大小の相異、感受性に多様な相異はあれ、いずれにしても、内部諸条件は最大限尊重されなければならない。外的条件と内的条件の相互関係、弁証法に括目しつつも、人格は特殊で自ら固有の合法則性を帯有している。決定論原理の本質は、外的なものとの相互関係での主導性における内部の尊重・重視に存する。これは精神というものが社会的に規定されつつも、最後的に社会を決定づけるのが人間の本質だと明証したものである。

　また、カガンは以下のようにも述べており、拙見を加えながら紹介しておきたい。『人間と世界』の主題におけるクライマックスは、われわれの哲学にとって特異な問題、つまり、人間の人間に対する愛に捧げられたパラグラフである。ルビンシュテインがこの感情および人間生活におけるその役割をいかに重視していたか、このパラグラフから理解できるであろう。ルビンシュテインは別のところでも、人間は誰を愛し何を愛するかによって、尊敬されることもあれば軽蔑されることもある、と述べている。ここでカガンはいう。

　ルビンシュテインのこの非凡な関心は、無条件にわれわれ哲学−心理学的文献において愛について書かれた若干のものすべてを超える評価に値する。またこのことが、著者による『人間と世界』の叙述を可能とし、人間に対するこの特殊に人間的な人間の関係を真に哲学的に意味づける表現として愛を基本的に特徴づけた。愛とは、その人格を覚醒させる唯一無二の分離であり、愛は他者の実在の承認でありその本質の発揮である。愛のなかで、人間は自らの存在の十全さで登場する。愛は、人間の最重要で強烈な欲求である。愛とは、人間の実在それ自体からの喜びであり、他者との交流からの喜びである。この進行において、愛する人の喜びと悲しみは共有されるようになる。愛においては、孤立した《わたくし》としての人間実在が不可能となる。

　ベ・イ・ドドノフは『感情の世界で』(1987年、未邦訳)の「愛と愛の感情」のパラグラフで、おそらく、愛において人格の感情的個性はもっとも顕著に現れるという。他のすべての感情にもまして愛は内部変化、ダイナミズムにかかわるが、わたくしもまた、愛の感情はすべての感情のなかで最重要なもののひとつだと確信しているし、人間の幸福に深く関与するものだと思う。またドドノフはいう。人間人格それ自体が自由に無限に自らの人間的価値を高めるものなのであ

る。恋心の対象をすべての色調で彩色し、他者もまた、それに値しようとする。愛はかくも全能であり、われわれ自身を一新する、とドストエフスキーはかつて指摘した。愛の影響で、人間は現に非凡になることがある。

　愛する人の存在は自らの人格を励まし、信頼、期待、支持することであり、愛する人の柔らかいまなざしのなかで、見るものふれるものが一新され、「愛は世界・他者に関係する方法を内包する他者の承認であり、世界・他者へのわたくしの関係は愛する人との関係を介して変化する」(ルビンシュテイン) 可能性は、決して排除されていない。

　けれども、ドドノフは次のようにもいう。「性生活では、生来的所与だけでなく、文化的付与——それが高かろうと低かろうと——も現れる」というレーニンのことばを引き、レーニンは愛における高潔なものだけでなく卑しいものも自然的ではなく社会的要因とみなした。ルビンシュテインはこのパラグラフでいう。「近しい人、愛する人、親しい人のなかに愛すべき理想をみいだしその創造を促進したいという欲望は、本質的に、社会的機能への帰還であるが、優れて高潔な生活様式への帰還であり、単調な機能・ものごとへと貶めるのではなく高めるものである。ここで、人間への愛と正義への愛が結合し合体し、正義のための闘士としての愛が発生するのである。」

　先の戦争で学生を含む圧倒的多数の男性が戦場へ送られ、人間が殺し殺される関係のなかで、どうして真の愛を紡ぐことができるだろうか。自由と民主主義あふれる社会を構築すべく連帯を深め闘いを強化する道程において、まっとうな愛も芽生えていくのであり、愛は何よりもまず、社会的性格を帯有している。

　ここで、特筆しておかなければならないことは、ルビンシュテインが人間関係の問題や主体の他者に対する関係を極めて重視していることである。「″わたくし″と他者」や「人間の人間に対する関係」というパラグラフだけでなく、本書全体を貫いている関心である。この問題でわたくしは、ヴェ・エヌ・シャーシシェフによる影響を指摘したのだが、アブリハーノワはこのことをわたくしへのメールで否定した。

　シャーシシェフは精神科医、心理学者で、人間関係や欲求について極めて優れた研究を行った。彼の死後、『関係心理学』(1995年、未邦訳) という書物も公刊されており、彼と親しく交流していたルビンシュテインが、彼から何か学んだとし

ても何ら不思議はない。ルビンシュテインがこれほどまで人間と人間の関係を重視し、詳らかに検討し、人間関係の中身を豊かに発達させることと人格の発達を深い関連をもって把えていることを考えるなら、やはり看過できない影響を受けていたのではないか、とわたくしは秘かに推察している。

マルクスは『資本論』の「労働過程と価値増殖過程」で以下のように述べている。

「クモは織布者の作業に似た作業を行うし、ミツバチはそのろうの小室の建築によって多くの人間建築師を赤面させる。しかし、もっとも拙劣な建築師でももっとも優れたミツバチより最初から卓越している点は、小室をろうで建築する以前に自分の頭のなかでそれを建築しているということである。」

自由と民主主義あふれる社会の建設は多様な人びと、勢力が存在し、それらとの鎬をけずる長い熾烈な闘いを不可避的に要請しており、建築師のようにはいかないかもしれない。けれども、外的物体や現実社会の創造は、人間内部の精神活動に根基的に支えられているということである。上述の可視化されるものが、人間の観念、想像等、不可視的なものにもとづいて具体化されていくこの不可思議こそ、人間固有の特性である。

ルビンシュテインは、人間精神というものが、社会的歴史的に制約され、社会的存在を介して理解するこの重要性を了知していた。同時に、人間１人ひとりがその意識、認識、感情、欲求等自らの内部諸条件の総体にもとづいて活動し社会と連関していくこの個人の内部世界への外的不浸透性は認めないし、外的作用の存在ゆえに、当人固有の人格を具象化していくのである。

ここでは、とりわけ刮目に値する問題のみ扱った。それは、カ・ア・アブリハーノワ・スラーフスカヤらによる非常に詳細で極めて優れたコメントがテクストのあとに続いているからで、ここではわたくしによるこれ以上の言及は控えたいと思う。

「カール・マルクスの諸労作における心理学の諸問題」は、ソビエト心理学史、哲学史において異彩を放つものである。わたくしのコメントでもふれているが、1932 年にマルクスの『経済学・哲学草稿』が出版されたが、この書物はその後相当長期間にわたって大半の研究者に無視された。けれどもルビンシュテイン

は、ただちにこれを精読し徹底的に研究した。表面的な字句の引用ではなく、マルクス主義の真髄を心理学に導入しようとしたもので、多くの人びとの心に深く浸透した。

　この論文には、米田英一氏他の未公刊の邦訳があり、訳語の選択等でも極めて有用で、邦訳書のページまでしっかり提示され、この上ない助力となったことを記して心からの感謝を捧げたい。

━━━ 凡例 ━━━

1．アブリハーノワの「ルビンシュテイン伝記」の注は訳していない。
2．「人間と世界」では原書ページを括弧内に示しており、その位置が原書と多少前後することはあるが、予め了承されたい。
3．アスタリスク（＊）が付いていても、解説されていない箇所がある。また、コメントにおる数字は原書ページを示している。
4．「人間と世界」における引用文にかんして、主として時間的関係から邦訳書ページは示していない。わが国で出版されているルビンシュテインの書物については、邦訳書名を提示している。
5．原書では、注は当該ページの下部に記されているが、本書では最後に一括して示している。《原注》における両括弧内の数字は、原書ページを示している。
6．ロシア語以外の原語は訳していない場合がある。
7．亀甲括弧内（〔　〕）の叙述は、訳者が加えたものである。
8．ひとつの単語の文字の間隔を少しあける隔字体が、原書ではかなり頻回に用いられているが、訳書ではとりたてて対応していない。
9．「カール・マルクスの諸労作における心理学の諸問題」は相当長い論文であるが、ルビンシュテインは章や節など一切つけていない。訳者のほうで、小見出しをつけることも考えたが、それはルビンシュテインの考えを微妙に変容することになるのではないかと心配し、そのままにしておいた。ただ若干、議論の移行が感じられる場面では、読み易くする意図もあり、米田他の邦訳同様、一行あけている。
10．原書でイタリック体になっている箇所には傍点を付している。
11．アブリハーノワによる注解のページ表記は実際と異なっているところがある。

目次

著者紹介

セルゲイ・レオニドヴィッチ・ルビンシュテイン

　1889 年オデッサに生れ、1960 年死去。ソビエト連邦時代を代表する心理学者、哲学者。20 歳のとき、ドイツに移住し、ベルリン大学、マールブルク大学等で、哲学、心理学等を学ぶ。

　1913 年、オデッサに戻り、家庭を支えるべく中学教師となる。1920 年、オデッサ教育大学で論理学、心理学等教える。1930 年、レニングラードに移住し、ゲルツェン名称教育研究所の心理学講座主任となる。1941 ～ 1942 年、もっとも困難な冬、ドイツ軍によるレニングラード封鎖のとき、そこに残り、授業の持続化、レニングラード防衛のために尽力。1940 年の『一般心理学の基礎』は高く評価され、スターリン賞が授与される。心理学の歴史上第 1 号のソ連科学アカデミーの準会員になる。1942 年、モスクワに呼ばれモスクワ国立大学に心理学講座を創設。40 年代後半、ルビンシュテインに対する迫害のなかで『心理学の哲学的基盤』は完成していたが組版が破壊される。しかしこれに屈することなく、50 年代後半、3 年続けて 3 冊の書物を公刊。

　以下に主な邦訳書を記す。寺沢恒信訳『存在と意識』（青木書店、上巻、1960 年、下巻、1961 年、新装版、1981 年）、内藤耕次郎・木村正一訳『心理学』（青木書店、上巻、1961 年、下巻、1970 年、新装版、1981 年）、石田幸平訳『思考心理学』（明治図書、1962 年）、吉田章宏・松野豊他訳『一般心理学の基礎』1 ～ 4 巻（明治図書、1981 ～ 1986 年）。

エス・エリ・ルビンシュテイン伝記　カ・ア・アブリハーノワ

（カ・ア・アブリハーノワ編『セルゲイ・レオニドヴィチ・ルビンシュテイン』2010 年所収）

セルゲイ・レオニドヴィチ・ルビンシュテインは1889年6月19日、オデッサで生れた。彼の両親はロシアのインテリのなかでもっとも高い教養ある層に属していた。彼の父は有名な弁護士であってかなりの数の顧客を有していた。家庭の環境はヨーロッパの文化を基準にしてつくられ、4人の息子は大きくなってからさまざまな学問の分野でかなりの地位を手に入れた。

　母親は息子たちに大きな精神的道徳的影響を与えた。セルゲイは子どもの時から心臓の病を患い家庭内の教育を受けた。ここで彼は、世界文学のすばらしい知識を取得し幼い頃からロシアと西洋の哲学に触れ、数学に興味をもち自由にヨーロッパの国々のことばを使い回し、ギリシャ語とラテン語で母国語のようによんでいた。トルストイとドストエフスキーとベルジャーエフが提起したこの時代の理想と矛盾を反映する道徳的諸問題が、彼にとっての若い頃からの生活上の重要課題となった。

　激務が父の健康を損ね、やむなくセルゲイは早くから家族の精神的実践的支柱となり、母の双肩にかかる苦労を取り除くべく援助した。プチブルが栄える状況のなかで孤独な家族の悲劇的運命が彼の世界観、人生の哲学にかなりの影響を与えた。しかしながら責任感、孤独感、真面目さにより彼の人格に固有な楽天主義は動じることはなかった。

　トルストイの死が彼の世界観に忘れえぬ刻印を刻んだ。その死の意味づけを介して彼は自らの構想にもとづく人生設計の悲劇的な不可能性と、倫理学的理想と現実生活の矛盾の問題に接近した。

　20歳になって彼はドイツに移住しそこでベルリン大学、フライブルク大学、マールブルク大学にて1909年から1913年まで哲学、社会学、数学、物理学、自然科学、また論理学、心理学も同様に学んだ。マールブルク学派の研究および討論の主要な対象は、方法の問題であった、つまり、精神科学と自然科学（自然科学の知識、数学、物理学等）の統合の問題である。彼の指導教師は、ヘルマン・コーエンとパウル・ナトルプだった。

　2人から固有な思考文化を身につけ、彼は科学的認識方法論として哲学的構造を使う技を習得し、知識を組織化する《論理学》、知識の受容、発達の方法を理解した。しかし、ルビンシュテインはマールブルク学派の信奉者にならなかったし、自分の教師の路線の後継者にもならなかった。自らの修士（古い基準では、博

士）論文で方法の問題に取りくみ、彼はヘーゲル的思考の合理主義、形式主義、カントおよび新カント主義の先天主義を克服し、弁証法的方法（哲学的にも科学的にも）という至宝を導き出した。

　その方法は哲学的だけではなく科学的論理的方法である。マールブルク大学の基本的な教えの形式主義的パラダイムの範囲を超えて認識の方法論の問題を新しい形式で打ち立てた。

　自分の教師たちに敬意を払い、彼はコーエンの理念および教育学的才能、彼の趣向方法、真の思想の発生それ自体を学生の前で再現するコーエンの術に自分の最初の論文を捧げた。

　教授とは何よりも考える術を育むことであり、この点において自分の教師、コーエンに対し彼は永遠に忠実であった。1913 年にオデッサに戻った後、家庭の経済的問題を解決すべく中学校で心理学と論理学を教えた。そのためヨーロッパの大学での哲学と心理学の講座を指導するというすばらしい提案を断念した。ランゲとの出会いが運命の転機となった。彼は有名なロシアの心理学者で、その時オデッサ教育大学の心理学講座の指導をしていた。ランゲは 1920 年に自分の講座にルビンシュテインを招待した。助教授として、ルビンシュテインは認識理論、論理学、心理学、数学の哲学的基盤、アインシュタインの相対性理論の講義を任された。これは、当時、物理学と哲学におけるもっとも激しい議論の対象であった。彼の青春時代と専門家としての人生の始まりが 1914 年に始まった戦争、その後は革命と重なった。政権は次から次へとかわりテロと略奪行為が席巻していた。その世の中でやむを得ず時々、仕事と研究を中断し必須の食料を手に入れる必要があった。1921 年のランゲの死後、ルビンシュテインは心理学講座を主導し、教育方法の研究に深く取りくんだ。しかしながら彼は、マールブルクで始めた自分の仕事、つまり、哲学史、現代哲学および科学的諸思潮の再考を行い、20 世紀に前駆する自らの最初のオリジナルな哲学人間学的、存在論的概念における哲学的、方法論的、具体科学的知識の統合問題を解決しようとした。彼の著作は独自な多層的な性格を帯有しており、哲学的層はもっとも内奥なものとして具体科学の方法論的理論的考えの源泉として保持されている。しかし第 1 の層には心理学の諸問題、その危機が現れ、同時に革命後、彼はウクライナで教育の組織化および再編に従事した。50 年代の人生の終わりになって初めて彼は再び哲

学に回帰する可能性をもつことになった。けれども創造的開花および教育学的科学的活動の上首尾の時はすぐに中断した。アインシュタインの相対性理論や最新の哲学的考えをルビンシュテインが教授することに反対する革命前の教授たちと角逐が発生したからである。1922年10月に講座の指導役を手放さなければならなくなった。その後、オデッサ大学の中央図書館の館長に左遷された。彼の生きる道は山あり谷ありで勝利と敗北の繰りかえしだった。自分の第一敗北を彼が研究分野の範囲を広げるため構造的に利用した。オデッサの科学公共図書館書庫で彼は世界的心理学の現代状況を知った。その歴史はよく知られていた現代状況を書物からだけでなく、自らヨーロッパの実験室に足を運び知識を得た。自分の職務上のヨーロッパへの出張を利用して、心理学のさまざまな学派の代表者と会った（ゲシュタルト心理学、ピアジェ、ジャネ等）。このように、1910年から1923年にわたる彼の研究活動の第1期は哲学者としての生成の段階でさまざまな概念および学派を比較統合する方法で、また抽象と一般化の術を用いて哲学的科学的思考の方法論を開示した。自らの哲学的概念の創造は1910年代半ばから1920年代の末まで続きその概念を草稿にした。残念ながらこの草稿のほんのわずかしか出版されなかった。この研究において彼は、主体と創造的自己活動の原理を精錬し、途中から心理学のために意識と活動の統一原理へと改変された（後に活動的接近と名づけられた）。上述の時期に、哲学的人間学の概念が打ちたてられ、その中心は、（ヘーゲルにおけるような）認識主体の考えだけでなく、自らの本質を世界に積極的に実現する主体の存在でもある。

　彼の創造の第2期（1925～1935年）は心理学者としての生成の時であった。彼は、マルクスの考えを再構成し、独自に打ちたてた活動概念で、自らを心理学者と表明した。30年代に、（バーソフの招待で）彼はレニングラードに移住し、そこでゲルツェン名称教育研究所の心理学講座主任となった。

　この時期彼の指導のもとで実験的研究が始められゲルツェン研究所《紀要》で定期的に発表された。それは、心理活動を叙述する新しいタイプの研究であるだけでなく、《作用と変化の統一》を自らのなかで統合する原理的に新しい方法で行われるものであった。思考と言語の広い分野の研究をもとに彼はレニングラード言語・思考研究所とコラボを始めた。ウフトムスキーのオリジナルな生理学的概念をもとに彼が心理学の自然科学的基盤を形成した。彼はアナニエフとミャー

シシェフとウズナーゼその他の心理学者と常にコミュニケーションをとっていた。その期間に科学研究をもっとも上手く組織することに成功した、なぜかというと彼の研究の経験的理論的な理解が彼の考えと概念に同意する上記研究者たちの集団の力で実現したからである。研究を行うこうした方法を承認し、そのさい理論的方法論的戦略と経験的方法・手順の統一をはかろうとした。

　30年代初めに彼は「カール・マルクスの諸労作における心理学の諸問題」(1934年) という論文で 自分の自作の意識と活動の統一概念を創造し出版した。まもなく彼の初めての書物『心理学の基礎』(1935年) が出版された。この書物でルビンシュテインが世界と母国の心理学のすべての傾向、理論、経験的研究を統合した。この時期の最大の課題としては彼が方法論的、哲学的基礎をもとに新しい心理学者の教育課題を取り上げる心理学の将来のために彼が心理学の理論的な基礎の創造にかかり、将来の心理学者を教育するため責任を負った。『心理学の基礎』が哲学的・心理学的な論文ではなく、真っ先には将来の心理学者のための教科書であり前駆する時期の理論的・経験的な研究の結果をまとめたものである。この本が出版される前に、彼は次の書物『一般心理学の基礎』の叙述に取りかかった。彼の研究人生の最初の段階では、意識と活動の統一原理には、さまざまな傾向また多段階と多層の内容を保有し、母国の心理学のなかでは多様なさまざまな機能を果たした。主体の概念は、哲学的人間学の中心でそのもとが20年代に創造され始めたが、この主体概念に存在していたのは諸原因からイデオロギー的なものにすぎなかった。なぜかというと当時は「人間」、「人格」、その上「主体」という概念が禁じられていた。この時期にみえていた課題の総和的な解決が、30年代の心理学でルビンシュテインを特別な位置においてくれた。その解決のおかげで心理学においての彼の役割を唯一無二にした。第1は科学的に新しいタイプを打ちだす基礎としての心理学方法論の精練であり、叙述的ではなく説明的なものであった。第2は科学としての心理学の創造でそれは世界的心理学の批判的再検討で、同時にそれはロシアの経験的研究にもとづいていた。第3は第2の課題から直接導出され、それは意識と活動の統一原理にもとづいた心理科学の危機の解明および克服である。1940年の『一般心理学の基礎』というこの根本的な書物はどんなに評価してもしすぎることはない。この本のなかで彼は世界心理学の理論的経験的成果を提示し総括した。

発達原理の立場から精神、意識、人格を検討するのがこの書物の重要な方法論的軸のひとつである。ルビンシュテインのこの本では、このように存在する発達の諸アスペクトが統一的に解明されている。歴史的個体発生的なものから生活的で経歴的なものまで。心理学体系は ヒエラルキーを介して改造され精神過程の活動においてますます複雑になりその最高のものとして人格を含んでいる。主体の活動自体がその生成及び進歩の過程のなかで検討される。生活過程の複雑さのさまざまな段階で活動は新しい形態を帯有し新たに形成され始める。意識と活動の統一原理にもとづいてルビンシュテインは反映と関係の統一、認識と体験の統一、認識論的なものと存在論的なものの統一として精神原理を方法論的に定義した。この書物においてルビンシュテインは精神的なものの組織化の最高水準のものとして意識を広く特徴づけた。彼は個人的なものと社会的なものの弁証法を介して意識を解明し、社会意識および人格の実際的存在と意識を相互に関係づけた。意識は活動を調整するものとしてでてき、３つの相関的機能を果たす。つまり精神活動そのものの調整、主体の世界に対する関係の調整および主体の統一的現れとしての活動の調整。このように意識は人格的生活において最高の能力として登場する。

　祖国の心理学のひとつの体系への統合は多くの心理学者（スミルノフ、レオンチェフ等）と共同で行われた。彼らはルビンシュテインの意識と活動の統一原理にもとづいて記憶や活動における他の精神過程の研究を始めた。

　最初の『心理学の基礎』が出版されて何年も経過したが、これが心理学の大学教育の唯一の参考書だとすれば、新しい書物『一般心理学の基礎』は学習、祖国のすべての心理学の学習、組織化、研究生活の中心となった。 この本に対する批評のひとつで示されているように、「この著作では彼が初めて全面的、確証的に心理学を唯物論的弁証法の視点から、心理学を統一性ある体系として提起した。この著作ではルビンシュテインは実際に25年間のソ連心理学の発達の結果を本質的に結論づけ、またマルクス・レーニン主義的方法論にもとづいて、今後の心理学の実り多い発達の進路を示した。ルビンシュテイン博士の理論的開発の分野のなかでの科学的な実績がさまざまな分野で（言語学、芸術）で優れて応用された」。《すばらしい書物》としてのこの作品に対する批評で、この本が「ソ連心理学者の集団的経験」を総括し、「ソビエト科学の経験を初めて総括した」とい

われる。このおかげで「ソビエト科学として、この科学の新しい発達段階として、心理学がわれわれの前に現れた」。戦争直前の 1940 年にルビンシュテインは『一般心理学の基礎』を完成させた。

　1941 ～ 1942 年の最初のもっとも困難な、封鎖された冬、ドイツ軍によるレニングラード封鎖時、ルビンシュテインが多大な勇気を振り絞って包囲されたレニングラードに残り副学長として、研究所の授業の持続化と同時に避難を主導した。彼はその時期、街の防衛の構成にあたり、市民また科学者の支援に務め、またレニングラードの他の心理学者とともにレニングラードの防衛の開発にかかり、歴史的な建物を守るべく外形をわからなくするためカムフラージュシステムを開発した。同時にルビンシュテインが『一般心理学の基礎』の新しい増補版に向けて執筆し始めた。1942 年に彼がレニングラードから最後の科学者のグループを避難させるために司令官に指定された。その勇気と英雄精神が政府に認められ、賞を授与された。1942 年にルビンシュテインはモスクワに呼ばれた。

　1940 年代の前半はルビンシュテインの発展の時期にあたり、政府に彼の科学的な功績を認められ、まとまり、深さ、博識にかんしてこれまでの最高の心理学教科書としての『一般心理学の基礎』に対しスターリン賞が授与された。彼が心理学の歴史上で第 1 号の、ソ連の科学アカデミーの準会員となった（心理学が自立の科学として公式に認められた）。モスクワの 3 つの重要な心理学センターの指導的ポストに指名された。

　モスクワに移転後、ルビンシュテインが心理学の組織理論的統合課題に再び直面した。同時に、彼はエム・ヴェ・ロモノソフ名称モスクワ国立大学に心理学講座を創設した。この講座に以下の心理学者たちが招待された。ア・エヌ・レオンチェフ、ア・エル・ルリア、カ・レヴィンの教え子、ヴェ・ゼイガルニク、ペ・ヤ・ガリペリン、ア・ゲ・コム、ア・ヴェ・ザポロージェツ等。心理学講座は、ルビンシュテインが精錬した心理学の基盤にもとづいて祖国の心理学者の育成にこの上ない役割を果した。講座で行われる科学研究は、新しい場面の準備と直面しつつ、心理科学の発達および再生の全体的サイクルを形成した。彼は、革命まで存在した心理学研究所を指導した。このように心理学の科学的だけでなく組織的統合を成し遂げ、心理学的場の準備のなかで新しい科学的原理を打ち出すことにも成功した。彼のところでは新しい心理学研究所を創造する構想が生まれ、そ

こでは心理学認識では理論的経験的に新しい原理を実現することができるであろうし、それは経験的伝統とは両立しないものだった。1945 年にソ連邦科学アカデミーの哲学研究所で心理学部門を設立した。そこには彼がべ・ゲ・アナニエフ、エヌ・ア・ガルブゾフ、エス・ヴェ・クラフコフ、エヌ・エヌ・ラドゥイギヌーコーツ、ヴェ・エム・チェプロフ他多数を招待した。哲学研究所における彼のプロジェクトにしたがってドイツからの賠償で入手した最新の実験室をもつ実験遂行のために特別に整備された建物が建てられた。ルビンシュテインは、自分の門下生（エム・ゲ・ヤロシェフスキー、イェ・ア・ブーディロワ）を祖国の心理学の歴史研究、セーチェノフの忘れられた心理学的遺産の研究へと方向づけ、この路線は徐々に復興した。

　ルビンシュテイン自身『一般心理学の基礎』の第 2 版の準備を 40 年代半ばに完遂し、世界心理学の問題の方法論的意味づけを続け、アメリカおよび西洋の心理学的思考の基本的方向性の分析を行い、祖国心理学の発達の今後の進路、第 1 になすべき課題を決定した。

　戦争からの影響のもとで 40 年代に心理学と実践の結びつきが定着した。この時期に心理学者に対して立ち上がった最重要な実践的課題のひとつは、負傷後の労働および戦闘能力の回復の問題だった。ルビンシュテインはこの研究に大きな注意を払い、これにもとづいて神経心理学（ルリアの研究）の発達を支え、脳の活動の障害の結果生れる諸状況、リハビリおよび補償の過程を意味づけた。『一般心理学の基礎』においてソビエト心理学の発達の基本的方向性、その心理学の応用的特別の分野（子ども、教育学的等）の分析を行い、ルビンシュテインはソビエト心理学統合の理論的実践的方向性を練りあげた。

　この時期、彼に対し科学（方法論、理論、実験）の理論的経験的諸水準の統合の可能性、この心理学の機能および復興を一体的に保障する可能性が拓かれた。科学アカデミーにおける科学的交流のおかげで、彼は言語学、生理学、生物学、物理学の問題の方法論的理論的発達を勝ちとり、科学方法論の専門家として自らの能力の最高水準を発揮することができた。《鉄のカーテン》で孤立した国であるにもかかわらず、ルビンシュテインは祖国の心理科学を世界のそれと結びつけることの重要性を鑑み、数少ない心理学者のひとりとしてとどまった。また彼は、有名な外国の学者、文化活動家との個人的交流を含んで、外国との全ソ連邦文化

会議の議長としてたえず働き続けた。この時期、ルビンシュテインは『心理学の哲学的基盤』という書物の仕事をすでに終えていた。このなかでは深い方法論的分析が行われ、世界の心理科学の発達傾向、その現代的状況、意味論、言語哲学の潮流、他の多くの科学を調査した。彼は40年代のソビエト科学が立ちどまっていた哲学的心理学的諸問題の意味づけに向かい、その矛盾と困難を外反射しようとした。ルビンシュテインは心理科学の自立に対する迫害と公権力からの脅迫の時に、心理科学を擁護しようと努力した。

　1947年および1948年にルビンシュテインと他の多くのソビエトの研究者に対する迫害が始まった。世界同胞主義的、西洋に対する敬意、祖国の科学・文化の過小評価で彼に嫌疑がかけられた。彼の新しい書物『心理学の哲学的基盤』の組版が破壊された。

　1946年に公刊されおおきな意味をもつ『一般心理学の基礎』第2版には壊滅的な批判と非難が浴びせられた。ルビンシュテインにとってこの基盤的仕事の初版（1940年）が真の大勝利だとすれば第2版は大惨事だった。この書物は世界同胞主義的として責められ、彼はすべてのポストから外された。哲学研究所、心理学研究所、モスクワ大学、ソ連邦科学アカデミー会議、教育大学等で終わりのない粗暴な酷評が始まった。1949年4月にモスクワ大学心理学講座の指導任務からルビンシュテインを解任する指令書が出された。彼が講義を行う講義室の入り口には、《世界同胞主義者、ルビンシュテインを追放せよ！》というプラカードがしばしば掲げられた。彼にかわってべ・エム・チェプロフが心理学講座の主任となったが、チェプロフ自らの依願退職のあと、レオンチェフが主任となった（1951年2月～）。同じ1949年、彼は哲学研究所での自ら創設した心理学部門の主任の任務からも解任された。ソ連邦科学アカデミー哲学研究所からの退任にさいして声明を出すよう要求され印刷物で世界同胞主義的間違いを認めた。彼の運命の悲劇性は、公式の迫害だけでなく少数の協力者や門下生にくわえて仲間、主導的な心理学者、彼が研究と生活において長年にわたって支えてきた学者によっても裏切られたことに存する。

　ルビンシュテインに対する迫害は中止されなかったが、新しい哲学心理学的書物『存在と意識』の研究を始めた。それは組版をばらされた書物の考えを発展させようとするものであった。この書物で、彼はまったく新たに哲学的な決定論原

理（外的原因は内部諸条件を介してのみ作用する）を形づくった。それは哲学および心理学にとって鍵的方法、同時に人格の非順応的世界観の立場（1957 年）として因果関係を介して伝統的に解釈されてきた。決定論原理の本質は、外的なものとの相互関係における主導的なもの、精神が社会的に決定されるという絶対化の代案としての内的なものの役割の解明に存する。ルビンシュテインは、心理学の自立およびその対象の特殊化擁護のためにこの命題を適用した。

　この書物の出版の可能性は 1955 年を過ぎて初めて胚胎した。

　活動主体としての人間による周囲の現実および自分自身の変革を、彼は分析するが、それは人間に対置される対象だけでなく人間固有の存在のコンテクストにおいてなされる。「外的なものは内的なものを介して」というルビンシュテインの公式は『存在と意識』出版後ごく短時のうちに心理科学の基盤自体に浸透した。けれども内的なものの概念は、あらゆる方法論的深み、不変と具体の弁証法においてすぐには理解されなかった。

　50 年代のルビンシュテインの創造は——絶対的な社会的剥奪と同時にそれとの対決の時——彼の最高の創造的高揚の時期であった。個人的で社会的な悲劇の体験の後、彼は 3 年続けて 3 冊の周知されたモノグラフを公刊した。『存在と意識』（1957 年）、『思考とその研究方法について』（邦訳書名『思考心理学』、原書は 1958 年）と『心理学の発展の諸原理とその道』（邦訳書名『心理学』、原書は 1959 年）がそれである。この 3 冊の書物で、彼は心理学の哲学方法論的諸問題、心理学の基盤的原理の体系を打ちたてた。ほとんど同時に人間、主体の存在構想を含む全生涯の作品を創造し終えた。それらの未発表の 10 〜 20 年代の概念の基礎を構成し、方法論的にすべての心理科学を解明し、その生成および発達を促進した。

　彼の人生の最後の労作において、哲学的人間学概念が提起された。哲学史における人間問題の諸方向の統合をし世界における人間の位置、人間存在の特殊性——人間的生活と宇宙の存在——を解明した。運命の皮肉によりこの研究は草稿のままで、死が彼の仕事を中断した。しかし書物『人間と世界』は、彼の死後 13 年経て初めて出版された。70 年間、彼は肉体的にもくじかれたが、精神的にも宇宙が広がるその頂上に到達し、人間生活の楽天的悲劇が自覚された。

　彼は自分の同僚および生徒に対する教師であり各人の運動、自立した思考の閃きを評価し、同時に自らの思考のひたむきな運動、寛大でかつ厳しい運動に熱中

した。同僚、生徒の数は数えることができるであろうが、彼が生活のなかで援助した人びとの数は数えることができない。自らの欲求はスパルタ的に自制し、モスクワにアパートを入手しひとりや2人でない心理学者に《後払いで》貸し出した。科学的研究、学位論文およびそれらの擁護、支援については何も語らなかった。

　彼自身は、異なるスケール、次元の生活を送っていた。「私のパンテオンはスピノザでありマルクスでありベートーヴェンである」と彼は自分の日記に記している。この文章は知られていないが、所与の仕事の著者のひとりであるヴェ・ア・バラバンシコフは、ヴィゴツキーがモーツァルトにたとえられ、ルビンシュテインがベートーヴェンと呼ばれたのを知った。

　彼は《われわれ共和国》のなかで自らの自由で不本意な孤独から、自らの書斎空間から脱出することができた。宇宙において、自らの生涯を通して、人間の世界がいかに広大であるか示した。

　彼は1960年1月11日、突然70歳で人生を終えた。彼の仕事は、その人格とかかわって、天才で闘士であると叙述できるが、この仕事はなお著者を希求している。最高段階の深さ、特徴、人間性を要求するならば、人生の固有の一般化、悲劇性と楽天主義という矛盾の解明、彼の創造の最高点となった主体としての人間のパラダイムが、今日もっとも鮮烈な彼の特徴である。

人間と世界

著者から (4)

　われわれの書物『存在と意識 (1)』は全体的問題を提起し、また言及してきた。ある基本的問題——物質的世界の現象の普遍的相互関係における心理学的なものの本性ならびにその位置について——の解決をきっとある程度すすめてきたし推進した。書名がいい現す存在と意識の問題はそこでは全体として含まれていなかった。

　それだけではない。『存在と意識』における心理学的なものの問題のわれわれの研究の基本的結果が、書名に含まれる問題設定そのものが最終的なものではないことを示していた。実際、われわれの最重要な命題は、思想、様式、つまり一般に意識、思考が基本的な認識論的関係の自立した要素として受け入れられないことに存する。思想、様式、物事、意識、認識、存在にかわって様式、思想、存在が発生する認識的活動において人間が認識する別の人間関係が立ち上がる。

　哲学の基本的で中心的問題は語の広い意味で存在と意識、存在と思考の問題、つまり、存在と認識の問題として人間の前に立ち上がる。これはある意味で当然のことであり、またある関係では不可避である。しかし、この存在と意識の問題は、その正しい定立にさいしてそれでも別の価値ある問題に不可避的に変化する。意識そのものは、人間による世界の自覚の過程・結果としてのみ存在する。存在と意識の問題にかわって人間が認識し自覚する存在・実存・人間の問題がでてくる。このように、われわれの前にある中心的問題は、人間の存在、実存、立場の問題である。

　しかし、人間は自らの他者への関係としてだけ存在する。人間はお互いの相互関係における人びとである。絶対者としての人間、自分自身におけるものとしての人間、自分のなかで孤立し閉鎖的な何かとしての人間は人間ではなく人間的存在ではない。さらにこれは一般に存在ではなく存在しない何かであり、何も存在していないということである。生活や社会的関係のなかだけで人間は生き、社会的に行動しているのであり、これは自覚の過程と関係しているであろう。まったく個人的で個別的生きものとしての認識主体にかんする通常の理解はフィクションである。現にわれわれはつねに2つの関連する関係を有している。人間と存

在、人間と他者である。この２つの関係は相互に関連し相互制約的である。この相互関連、相互制約性のなかでわれわれはこの２つの関係を検討するであろう。この相互関係のなかでこの２つの関係を把えることによってのみ、存在への人間の認識論的関係の理解、他者への道徳的関係の理解へと正しく接近できるであろう。様式、思想の物への関係の問題、つまり、（一般に心理的）意識と存在の問題がこれによって姿を消したり消失するわけではない。しかし、第１の問題にかわって発端となるより根本的な別の問題が当然不可避的に立ち上がる。現象の物質世界との相互関係における心理的意識の問題ではなく、世界、生活における人間の問題である^(*)。この書物はすべての問題のなかでこの問題に捧げられる。

序文（5）

　存在と意識の問題の観念的解決の基本的欠陥は、存在の意識から派生した相関概念への還元にある。存在と意識の問題のこの解決方法は２つの宿命的結末へといたる。一方で、存在の意識の相関概念への還元は、この相関概念——存在——が結局消失し、意識だけが残り、存在はわたくしの理解の所産である外見へと変わる。他方で、意識が現実の人間の場を占め、現実の人間の諸権利を奪取する。哲学は存在を外見に変え、生活をすべて空しいものにして終わり（基盤としての生活のすべての確立を害し）、人間のかわりに意識をおくことから始まる。主観的観念論、懐疑論、独我論の道はこのようなものである。

　主観的－観念的概念にもとづいてわれわれの思考が存在を自覚・認識し、存在は人間の思考によって自覚されるものとしてでてくるという事実がある。この事実そのものは間違いではないが、意識の主観主義的理解から出発する事実の主観的－観念的解釈は誤りである。意識の主観主義的理解は、思考が自覚され認識される存在と関係するという命題を思考は存在ではなく意識によって惹起されるという別のものにすり替える。この基本的論拠として、意識・思考は自ら“飛びだす”状況にはないので存在に“飛び移る”ことはできないという考えがでてくる。この論拠はこのすべての思考の隠された前提条件を明るみにだす。思考と存在の二元論の対置。意識・思考は実際には自分から、思考上の自覚される領域から飛びだすことはできない。存在に侵入するのにこれは必要ない。なぜなら、現

実の対象が自覚されるものとしてでてきて、思考の内容に溶けない限り、思考されるものは思考・意識への帰着をどうしても意味しない。

　思考とは無関係に存在する実存・存在は考えられなくても、また考えられ自覚されても存在しうるもので思考とは無関係に存在し続ける。考えられる存在は存在ではあるが思考ではなく、考えられるもの、つまり自覚される存在としてだけの存在ではない。それは意識だけではなく存在でもある。

　しかし、問題は存在と意識の断絶と対置にもとづいた両者の相互関係の主観的・観念的解釈だけにあるのではない。この相互関係そのものが出発点ではなく2次的なものである。人間と存在の相互関係こそが出発点である。人間が存在を、世界の現実的存在を拓く出発点は思考ではなく人間の感性・実践のなかにある（思考は派生的であり、このようなものとしての存在ではなく、本質を利用する）。人間が最初に存在を拓くのは感覚的なものの特権である。この特権は感性が人間と周囲の世界との相互作用に直接巻きこまれることによって制約されている。思考のその対象への関係ではなく、人間と対象の作用の関係が出発点であり、2つの現実のこの接触は当初からのものである。より具体的にいえば、人間の抵抗する機能としての人間の現実との相互作用がつねに出発点である。(6)

　"わたくし"は自分自身にとっても客観的にも1次的には認識の抽象的主体としてではなく、人間の具体的現実として現れる。しかし、この具体的現実は1次的にはつねに人間活動の対象・相手と一体となって与えられる。対象・相手は1次的にはわたくし自身としてわたくしに与えられる。汚れてない意識、観念、汚れてない認識主体は出発となる資料の洗練され加工された派生的構造であるが、出発となる直接的な客観的現実ではない。最初から存在しているのは、直観・認識の対象ではなく、人間の欲求・行動の対象であり、力の相互作用であり、自然の反作用であり緊張である。ここから、認識過程における実践、技術、生産労働の役割がでてくる。

　世界を認識する出発点は存在の事実上の直接的な客観的現実であり、意識の架空の直接的現実ではない。（観念主義的視点によれば）意識と意識自身の形態を除き、意識には何も与えられない。受動的対象の形ではなく、自然、対象の抵抗と出会う人間生活および人間活動の過程、これが感性が進みでるところだし、思考、思考の抽象は感性を起点とする。汚れてない観念的傾向、現実、生活、労働からの

孤立、ここに、すべての実在とかかわって観念主義的ニヒリズムの共犯者がいる。認識は生活と労働から去り孤立化する。観念主義的詭弁とはこのようなものである。

このように、すでに認識－存在論的観点から、存在、一般に実在と人間との相互関係における人間存在の方法にかんする哲学的問題としての人間の問題が立ち上がる。この問題の解決は、存在からの人間の疎外、また人間からの存在の疎外とは反対に向けられる。この疎外の内容は一方では、存在、実存の範囲をこえた意識の観念主義的持ち込みに、人間の認識－非存在の主体としての現実の人間からの汚れてない意識の分離にあり、他方ですべての実存、存在を物的なものにだけ帰することにある。

デカルトの視点から出発して、存在を物として、認識対象として、客観的現実としてだけ検討する。存在のカテゴリーは物質性にだけ帰される。これとともに、主体－人びとの存在からの、また、これらと一体となって実践の手段・所産としての人間関係に含まれる、人間的対象に固有な物のすべての機能的特性からの加担が発生する。これらのカテゴリーを構成し規定する世界には、物だけが存在し、人びとと、物を介して実現する人びとの関係は存在しない。手段としてさえ、カテゴリーは人びとがいないかのように機能するのである。現実や存在の考察も含めて、カテゴリーの考察から人間が生じる。人間は、史的唯物論を保持して、つまり社会的諸関係の保持者として進むことは明らかだ。人間そのものとしてはどこにも存在せず、ただ主体としてだけ存在する。このため、人間にとって、すべてが対象であり対象でしかない。自分自身にとって人間は思考の哲学的研究の対象にはなりえないようである。物理の対象に帰される自然だけが完全な意味において存在として現れる。存在（実存）上の掲げた形——人間存在、人間の社会的存在、歴史の手法——は、存在＝自然＝物質の平等ゆえに存在から除かれる。

主体としての人間は実存の構成、存在の構成の内部に入らねばならないし、同様に、哲学的カテゴリーの領域は限定されている。人間はこのさい、意識的本質、行動の主体として、何よりもまず現実的、物質的、実践的本質としてでてくる。しかしここで『存在と意識』でわれわれに提起された共通のテーゼがその力を保っており、新しい質における存在の新しい水準の現れを伴って、より低い状

態にある水準がでてくる。いいかえれば、人間的存在は存在の一般的カテゴリー的特徴の哲学的観点にふれることなく人間学的心理学的研究を可能にする特殊性ではない。（7）人間的存在の現れとともに、すべての存在論的観点が根本的に変化する限り、人間存在を考慮して存在のカテゴリー・定義の変容は不可避である。つまり、世界との相互関係における人間の問題だけでなく、客観的関係としての人間との相互関係における世界の問題が立ち上がる。現にこのようにして初めて、存在の人間からの疎外は克服されうるのである。

　すでに述べたように、人間の場に人間の意識を代用することは、現実の外的世界の存在にかんする問題の観念的定立の内的真相である。──外的に何に関係するのか？──という問いに答が与えられる。つまり、意識に、観念的なものに関係すると。意識の現実世界の1部としての人間からの分離はこのような判断の出発となる前提条件である。ところが、存在が認識される問題、認識するものと存在との相互関係の問題が客観的現実として実存、存在の構成への人間の導入の後で立ち上がる。認識は人間の内部で行われる。存在を拓くものとしての認識それ自体は意識行為ではなく人間の意識活動ではなく、ここに実践が包摂されているので存在にかんする人間の生活方法である。このように、存在および存在の認識の問題は行為・認識主体としての人間の問題と結合しており、今度は、人間の問題が存在、実存の一般的問題と分かちがたく結合している。

　存在がそれ自体、物、無生物の自然だけでなく、主体、人格、人びとをも含んでいる限り、人間の存在への関係の問題は自分自身に人間への、人びとへの関係を内包しており、自然への関係は人びとの間の関係によって媒介されている。このようにして、存在の3つの別々の領域──自然、社会、思考──への形而上学的分離は克服される。この分離は、認識・行為の主体としての人間存在の特別の方法にかんする哲学的問題の定立によって克服される。

　弁証法的唯物論の基本命題のひとつは、物質のある別の状態ではなく、とりわけ当該物の存在方法としてでてくる運動の固有の形態が物質の個々の固有の状態にきちんと合致することに存する。各の運動形態の特殊性は、変化、運動を試みる物質的対象、特質の状態（物質、光等）の特殊性によって規定されている。すでに自然の範囲に物質運動としてのすべての変化の検討は、運動の概念を質的な（たとえば、化学的）変化へと（要するに、合法則的な）拡大することをそれ自体のなか

に含んでいる。さらに、人間生活、人間社会まで進むと、運動概念から存在方法の概念そのものを分離し、存在主体の特性に依存して区別される多様な存在方法を区別することが合目的的である[2]。

　存在物の多様なタイプの多様な存在方法を選抜して、われわれは意識・行為の主体としての人間の存在方法にかんする哲学的問題の分析へといたる。

　もつとも一般的な形として、このことは、主体と客体の相互関係、両者の相互作用が意識において観念的だけでなく労働過程において現実的で物質的なものとしても現れることを意味する。行為・労働そして創造し生産する人間は、不可避の本質的構成部分として存在論――人間的存在の存在論――に内包されねばならない。このさい人間は、望ましい対象のなかに自らの本質を実現し、対象を介して自らの本質を認識する存在として登場する自分が打ちたてる対象のなかに自らの本質を実現し、対象を介して自らの本質を認識する。存在として登場する。(8) このように、人間的な存在方法の特性は、自己決定と他（条件、状況）による決定との相互関係の程度に、人間における意識・行為の実在と結合した自己決定の性格に存在する。

　人間研究の方法、とりわけ、人間的な存在方法の特性の研究方法は、人間にとってすべての本質的結合・関係、人間が新しく進みでる結合・関係の１つひとつにおいて人間を明らかにすることに存する[*]。世界における精神的なもの、意識の場の問題が、多様な関係における多様な質の相関の原理にもとづいて解決されると[3]、今度は世界における人間の場の問題が解決される。人間の世界・存在に対する関係、人間の人間に対する関係はそれらの相互依存と相互被制約性のなかで検討される。

　人間の人間に対する関係は、実をいえば、倫理学の特別の領域を構成する。しかし、すぐれた真の倫理学は外部からの説教ではなく、人びとの真の存在（生活）であり、それゆえ、倫理学は、存在論の一部として、人間的存在の存在論として進みでる。このような倫理学の学説もまた、疎外[**]の克服と結合している。それは人間からの存在の疎外ではなく、社会的機能の人間からの疎みの結果としての人間の人間からの疎外であり、この社会的機能としての人間は、人間と人間の社会的機能との対立（マルクスの表現では"仮面"[***]）にもとづいている。この疎外の克服はすべての真の自然的社会的人間存在の解明と結びついている。倫理学

の基本問題は意識・行為の主体としての人間の問題と結合している。これは人間的活動における他者（方法、手段としての、あるいは自分の活動の目的としての他者）の場の問題であり、ある人間的行為、ふるまいの直接的結果と間接的結果の自覚の可能性の問題であり、自分の存在条件としての他者の存在の問題であり、人間的行動の動機づけ・決定因の問題であり、意義、価値等の問題である。

1．存在の哲学的概念

＊＊

　認識し行動する動物としてわれわれが遭遇するわれわれにとっての所与は存在物である。つまり、知覚による存在物の発見は、存在の証拠である。存在物がこのようであるのか、あるいはそう見えるだけであっても、その本質がどのようなものなのか、認識、科学、研究は明らかにしなければならない。しかし、あれこれ、あるいは他のあるものが存在している。彼我あるいは他の何かあるものが存在しているという主張は存在概念の解明を要求する。思考は存在概念（存在物の存在）の意味・内容を明らかにするが、存在そのものはわれわれの感覚器官による存在の出発となる所与である。このようなものとしての、存在物としての存在。つまり、この出発となる最初の所与は自らの認識、すなわち、人間、真の認識する存在を前提としている (*)。真の存在するものとしてのこの最初の客観的存在の事実を排除し、この実体のない主観的理解・意識をかわりにおく観念論の試みは、容易に明らかにされ暴かれる詭弁であり虚構である。

　この瞞着の除去にとって外部から内部への視点の移動が実現されねばならない。認識する人間との相互関係のなかで認識される存在、その評価をそれ自体として把握しなければならない。しかし、認識する人間それ自体は存在、存在物の前に位置するのではなく、つまり、自らの前に存在を配置するのではなく、すべての存在を対象に、思弁のための客観的実在に変え、すべてを主体にとっての対象へと変えるが、認識する人間それ自体は人間の内部に存在するのである。認識する主体は人間であり、その内部に意識を授かっている (**)。このように、多様な存在方法をもつ存在物の存在論的関係が出発点であるが、認識は多様な存在物の本質的関係の内部で実現される。この意味において、すべての存在物を客観的現実に帰着するにさいしてある両義性が現れる。両義性は、人間存在における

客観的関係の場ではなく、認識的関係を出発点として承認することにある。それゆえ、存在そのものの特徴づけは、識閾以下のものとして、認識との関係では認識対象としてのみ現れる。人間は、意識にとっての外見上の存在であるだけでなく、客観的実在の内部にある。この意味において存在はすべての方向から囲まれ、どこへも逃げだすことはできない。われわれのいる存在の世界は、すべての方向からわれわれをとり囲む直接的所与、執拗性、明白さ、不可避的なものであり、廃止できないものである。

　存在、存在物、現象へといたる今後の分析の真の意味は、本質的には、これは存在ではないとか、存在とはそうではなくこうであるというように議論されることに存する。要するに、それは実存、存在物の（無意味な）存在にかんする議論ではなく、もし存在があるのならそれはどのようなものかにかんする議論である。ここで２方向の思考の錯綜・混合が発生する。所与の存在物（つまり、存在している何か）は見えているようなものではなく別の何かである。これは存在物ではなく（存在を奪われている）、外見上のことである。第２の見解は、それが前述の思考の別の表現方法である限り正しい。(10) このようにみえても、実際には別の存在物であり、外見の絶対化であり、何かがあり存在していることへの疑いでもあり、不当なものである（存在物は述語ではなく主語であり、述語は現象・本質である(*)）。

　この不当な代用は哲学の出発となる誤解であり、さらに、存在・外的世界・客観的現実の否定へといたる。存在物があり、それが実際に存在しているかどうか、またどのように現れ、認識にとってどうみるかを識別する問題が、外見の承認にとってかわり、物質存在の疑いへといたる(**)。外見は存在物ではなく、これもあれも何も存在物ではない、つまり、すべてはただの外見であるという立場は間違っているだけでなく無意味である(***)。

　外見のような非存在の考え方は、物質の現象、人間による物質の認識、認識する人間の現象とだけ結合している。非存在はつねに特別で個別的で有限な何かの非存在である。非存在の考え方は、すべての存在物、存在物の総和を推測する。外見のような非存在は、物質を暗示的に見出す、より正確には前提としている。

　主観主義・現象論の隠された前提条件はこのように現れるが、主観主義・現象論へといたる思考過程の分析によって、主観的観念論の論破は実現されうる。認識過程で存在物とは何か、その本質とはどのようなものかという出発となる問題

が起こり、後で定義される所与は存在するのか、それは存在物なのかという逆方向からの問題が起こる。物質を霧消させるすべての過程はある問題の別の問題への移行によってなされる。

　物質規定としての問題のこのすり替えにおいて、異なる置換が、最初の存在への疑いとなる。意識・精神の物質への関係が、人間の物質への関係にとってかわる。

　すでに述べたように、物質発見、現実的存在の起点は感覚能力であって思考にはない（思考は派生的でこのような存在ではなく本質を扱う）。物質の発見は感覚能力の特権である。最初に与えられるのは観想の対象ではなく、人間の欲求および行為の対象である。

　しかし、（存在物がどのようなものであるかという意味において）物質が何であるかという問題の解決は「存在している」が何を意味するのか、という問題の解決とも結合している。このこととかかわって、物質、存在物、その存在、客観的実在，生成の分析という哲学的課題が立ちあがり、「存在している」「存在していない」が発生する。生成過程にある物質そのものが無に変わるのではなく、ある具体的存在物が存在から非存在の状態へ移行し、またその逆ともなる。生成途上の物質発見は、変化する存在物の不変、保存（変化するものの実体性）にかんする問題であり、存在物の所在、本質、実体の問題である（****）。

　このさい、世界概念の定義は不可欠である。世界とは、人間と物の相互に交流する総和であり、より正確には、人間と相関するもの、現象との総和である。いいかえれば、世界とは、多様な存在方法の組織的ヒエラルキー、より正確には、多様な存在方法をもつ存在物の組織的ヒエラルキーである（*）。この特性において、人間の社会的存在様式が本質的である（その上、"存在様式"という概念の２つの意味が可能であるということが、ここでは再び本質的である。存在物の質的明確さと関係する特性としての本質であり、そして、存在物というよりも、この存在物の客観的実在を決定づける存在論的特性としの本質である）。(11)

　このように、存在とは何かという問題は、多様な種類のカテゴリーによって存在を構成する定義の問題であり、存在そのものの発端にかんする命題の確立にもとづいてのみ発生する。ところで、観念論哲学のすべての歴史は、さまざまな方法によってこのテーゼを害する試みとして始まった。

　　　1．存在の哲学的概念

存在物、存在にかんする一般的問題は多くの歴史的に複雑な流派に分かれるかのようである。各の流派によって絶対化され歪曲される客観的関係を剔抉するためには、その1つひとつを考察しなければならない。

　プラトンの場合、物質は主として主語としてではなく、述語としてでてくる。このように、基本的状況が失われており、物質、存在物が出発点である。プラトンによれば，概念に確定された安定した物の本質（$o'v\sigma ia$としてのイデア[4]）が真の存在である。内容はここではなお確定されていない。本物の物質は概念（イデア）の形でのみ存在するとされ、その基本的特徴は安定性である。存在、所在、生成が外在的なものとして受けとられる[*]（存在──生成関係において対置がなされ、存在−思考相互関係において同一視がなされる）。プラトンによれば、物質は感覚的なもの、イデアの述語である。概念、カテゴリー、思考（イデア）は対象となる物質の定義として現れ、対象の特性が感覚に与えるものである。全体的複合体、問題の結節はこのことと関係している。ここで、感性的規定から概念的規定の分離が起こり、外見へと変わる現象から本質を抜きとること、生成、変容し行動するものの存在様式としての存在から本質を抽象するということが発生する。概念、概念的定義（イデアの本質）の発見とともに、問題の二重の論理（認識論）が発生する。ここで、存在および感覚的に与えられたものから離れてイデアへの、転化、観念的なものへの概念の対象移動が発生する。初めに、感覚ではなく、思考、概念に存在物の真の定義が見いだされ、ここから、概念、イデアが真の存在物であるという不当な結論が導きだされる。こうして、プラトンからヘーゲルへの道が開かれる。ここで、ある最初に与えられたもの（イデア）への追加（つけ足し）として物質にかんする根本的に誤った理解が発生する。イデアが最初のもの、主語としてでてきて、物質はイデア（観念論）の述語となる。プラトン主義においては、所与のものとは何かという問いの答えとして、自分自身の開示、概念・思考の開示による哲学的思考の催眠術がかけられる。結果として思考が真の存在として、実際には存在物として登場する。

　この時、イデア、つまり、自らに存在する共通点、実体の承認に対し、アリストテレスは反対する。アリストテレスによれば、すべての述語の主語は個であって共通点ではない。共通点はつねに何か他のものの属性で個がそれ自体で共通点になることはできない。個とは実体である。このように、実体は共通概念ではな

いのだから、実体は本質から区別されるが、個は本質ではなく、現存するがまま
の個である。このように、プラトンと異なり、イデア、共通概念は本質（$o'υσι$
$a^{(5)}$）から除外されており、本質の述語でしかなく、本質そのものではない。

　実体の基本的特徴・現象形態は、実体が想起し行う行動、変容である。アリ
ストテレスによれば、実体とはそれが惹起する行動の素因である。(12) 行動し、
行動を起こす能力は、しかし、実体の外的現れである。この行動する能力は内的
基盤をもっている。この基盤は実体そのものがエネルギー（$ενεργεια^{(6)}$）で
あることに存する。アリストテレスにとって存在するということは原因としてあ
る、つまり、行動することを意味する。行動する（agere$^{(7)}$）ための第 1 条件は、
行動、行為それ自体に存する、つまり、現存しているということである$^{(8)}$。ア
リストテレスの"リアリズム"にとって、存在とはこのように、何ものにも帰さ
れない最初の客観的事実である。プラトンのイデアは、これが感覚の変容・動き
の原因になりえないという決定的なことにもとづいて批判され拒否される。

　かくて、存在物の多層性が予定されるその表面に、偶有性と述語があり$^{(9)}$、
深部に、独自の実体がある。結局、存在は実在性と同一視される。

　このように、アリストテレスは本質および実体の承認の立場にとどまり、同様
にプラトンは一般にその先駆者である。道程は実体から物質へと向かうが、物質
はそれ自体では存在しなくて、それを規定し個別化する形態を前提としており、
この形態と一体となって物質は実体の構成要素に入り、実体を形づくる。その不
定のゆえに、物質は非個別的であり、つまり、それ自身では存在物ではない。他
方で、アリストテレスの場合も、物質がひとつの起因である。物質は最後の客観
的事実として登場し、他のもの（神、動因）には帰されない。ここで物質概念の矛
盾が現れる。物質の不定が概念の範囲を超越して、"他のもの"として物質に対
立する。しかし、この物質の不定が物質から自立した存在を奪い、他のもの——
不可欠の補足としての形態、本質——を要求する。

　本質の存在（$ονσιαζον^{(10)}$）として共通点を主張するプラトンと異なり、アリ
ストテレスは存在物として個々の具体性や具体的個性を主張する。しかし、存在
物としての具体−個別の主張に始まるが、結局、アリストテレスは存在の基盤と
しての本質（あるいは形態）の承認へといたる。アリストテレスの場合、本質とそ
の定義の結合ゆえにこのことが発生する。この物の定義によって表現される本質

として実体は現出する。ここでアリストテレスは、プラトンに屈服して、固有の出発傾向にもかかわらず、先駆者の道に方向を変えている。アリストテレスにとって最初、存在物は個であったがその後、本質（ $\tau \iota \ \varepsilon \sigma \tau i$ [(11)]）となる。アリストテレスの存在論の根本的二重性は、具体-個別の要求と一般的本質との間を巧みに行ききしていることにある。初め、最初のものは存在物であることを認めながら、彼は後に縮小し、存在物を最小のものに帰し、不変の主体-保持者へと変わる。ここから、存在物-実体は中空の場、つまり本質を形成する述語がつるされる"フック"へと変化する。個が存在物として承認されるが、そのすべての内容が普遍的本質に帰着されるがゆえに、実体が中空で無内容な普遍的述語の保持者へ還元されるということが起こる。個は空虚な存在を代表するだけである。実際、普遍的本質（それが存在）があるだけである。個だけが存在するが、個において共通点だけが、その本質を構成する。それゆえ、個的存在を認めるが、哲学（存在論）は個的存在とではなく、共通点、本質とのみ関係し、哲学にとって本質だけが存在する。[(13)] 存在、実体、本質 [(12)] の同一視は今や、本質と実在を区別する可能性を奪うことになる。かくて、アリストテレスの場合、存在と実体の一致が発生する。

　このように、アリストテレスがプラトンから離れる試みは、プラトンに回帰することで終わる。フォマ・アクヴィンスキーは、今度はアリストテレスから離れる試みを行う。彼は、物質が存在物としてでてくる実体の観点と存在物が起因としてでてくる観点の根本的区別を行う。起因の観点は実在の観点である。このように彼の場合には、２つの観点がある。物質-実体と物質-実在である。物質は２つの構成要素から成るものとして現出する。実在が特別のモメントとして分離されているが、アリストテレスの場合のように、本質・実体が出発点である。

　アビセンナは、知性、普遍性、個々の物質のなかの本質を主張する。人間を構想するために、実在が本質としての人間性に加わる。実在は本質と外的に関係しており、ここでは偶有性を帯びている。アビセンナの場合、実在が外から本質に加わるが、それでもアビセンナは出発点として、本質から始める。

　ドゥンス・スコトゥスは、本質と実在の現実的区別に反対する。彼の場合、実在は本質からでてくる。アビセンナの路線は、現在分詞と名前としての"存在"の２つの意味を区分するスアレスによってひきつがれる [(13)]。"存在"の第１の意

味は現に存在しているということであり、第2の意味は、存在できるすべての本質を意味する"名前"である。このように、本質から区別される実在の完全な否定は、その概念化と結合する存在物の完全な本質化を意味する（本質化は存在物の本質・概念化への帰還を意味する）。スコラ哲学の立場はこのことによって規定される。スコラ哲学にとっての存在とは、本質をもつ何か（物）なのである。

　デカルトは、本質と実在の現実的区別に反対する。しかし、物の実在の起因がその本質にではなく、その外部（神）にある限り、最終的創造物において実在は本質から区別される。最終的な物の実在の起因は、その本質の外部にある。スピノザの場合も同じことが起こる。とりわけこの基盤にもとづいて、カントが存在論的と名づけたアンセルムスの論拠の成功は、全面的承認をうけた(*)。神の存在のこの証拠をデカルト、マルブランシュ、スピノザ、ライプニッツが受け入れた。

　このように、スアレスの場合、実在の排除を伴う本質への路線が完成すると、18世紀においてドイツの哲学者、クリスティアン・ヴォルフの存在論においてこの路線の強調が始まる。術語"存在論"は17世紀から使用され始める。ここで、存在論の体裁が整う。存在論は、（スコラ哲学では一体となっている）神学から区別される存在にかんする学説である。ヴォルフの場合、存在論は考えられることの優位の導入によって完全に脱実存主義化された存在にかんする学説である。ヴォルフの場合、考えられることは第1に実在していることと関係している。実在とは、可能性としての本質への追加にすぎない。さらに、ヴォルフは本質と存在のために矛盾の原理を導入する。ヴォルフによれば、実在の第1条件とは内部矛盾の欠如である。本質の矛盾からの自由はすべての定義の基盤でなければならない。本質はそこから生じるすべてのものの基盤である。このように、実在と最終的な物にとっての十分な基盤の原理が導入される。実在は、本質の述語のひとつでしかない。(14) このように、ヴォルフの存在論は存在を本質（本質は可能性）に帰着させる。彼にとっては実在の問題が抜け落ちており、存在の完全な脱実存主義化はその結果である。結果として、実在は本質の属性に帰され、本質は存在しているものの本質的述語であるどころか、実在が本質の述語のひとつなのである。

　もし、ヒュームが経験の守り手、実在の権利の擁護者であるなら、カントの立

場は、すべての定義をもったものと判断する本質の様態としての実在を主張する路線の継続である。カントはいう。「存在は現実の述語でないことは明らかだ、いいかえれば、存在は物の概念に結びつくような何かの概念ではない[14]。」かくて、存在は一般に現実の述語ではない。カントは物の内容に何も追加しないし、決定的なものとしては現れない。しかし、この見解の前提条件は、述語としての存在である。

　カントの実在概念（存在論的論拠の批判）は、経験の権利の承認とも物自体の概念とも結合している。存在論的論拠のカントによる批判において、カントのすべての体系が――強い面も弱い面も――でている。実在は思考にかんして対象の所在だけをつけ加えるというカントの基本的テーゼは、内容にふれてないし、存在物の特徴としての物自体概念と同じである[(*)]。

　カントは、考えられるものと現実的なものとして、概念と対象を区別する。「それらは完全に同一の内容をもっているはずである」「実際、考えられないことは内含されない」「現実の100ターレルには、考えられる100ターレルより多くのものは少しも内包されていない[15]」とカントはいう。現実の100ターレルの概念には、考えられる100ターレルの概念より多くのものは含まれていないが、現実のターレルには、概念よりも思考において、より多様な規定・結合が内包されている。カントのこの判断の根拠には2つの事実に反する前提条件がある。

　1) Aという見解にBという述語があり、Bは概念Aとは関係しているが、対象とは関係していない（概念が対象としてでてくる）。カントにとって実在は述語ではなく付加的内容である（概念Aに概念的に追加されたものにすぎない）。

　2) 概念は対象の写しである。つまり、写しのすべての内容が概念に入っていく。

　カントはいう。「対象は概念の媒介によっては、考えられる経験的知識の全体的諸条件と一致するものとしてだけ思索されるが、対象は実在の媒介によっては、経験の総和の文脈で存在するものとして思索される[16]。

　現実のターレルと考えられるターレルの内容の一致にかんするカントの立場は、双方が概念的で、思考で明白に表現される規定・述語においてのみ一致するという意味では正しいが、すべての特性においてはそうではない。いいかえれば、実在するターレルにかんして思考のなかで描かれた（決定された）ものが、思

考において考えられるターレルとして判断されるものと一致するが、このことはカントが主張するように、実在するターレルが考えられる内容とすっかり一致することを決して意味しない。

　実際、考えられるターレルは、実在するターレルから派生するカテゴリーである。(15) さらに、考えられるターレルは自らの思考の進行に直接影響を及ぼすが、実在するターレルは物質的実在、自分の幸福に影響を及ぼすということで双方は区別される。実際のターレルは、自分の生活の現実的文脈に入るが、考えられるターレルは抽象の所産（具体的生活から抽象される私的分野）である。現実のターレルは富ませるが、考えられるターレルはそうではない。双方において、最善の場合、属性（特性）は一致するがそれは関係でもないし行為でもない。述語の一致は相対的である。存在する対象の特性と、この対象の述語（相応する概念）において、同じ特性が表現されるとき、概念においては、同じ特性は抽象的に一般化された形でのみ与えられるが、現実には、具体的全一性（個別性）を有している。考えられる 100 ターレルは、現に存在する 100 ターレルの写しではなく、100ターレルにかんする思考であり、思考としての述語は、現実のターレルに関係する述語とはまったく異なる。だから、カントの場合、思考上のターレルの述語は現実のターレルの思考上の述語である（だから、彼の考えではそれらが一致しているのは不思議ではない）。ここで、カントのテーゼの完全な両義性が明らかになる。それに従えば、考えられる対象の思考と実在する対象は、内容（述語の概念）にかんして一致する。このことは、物が内容の観点から、概念的本質に帰されることを意味する。考えられるあるいはありうる対象が考えられる概念的規定にかんして現存する対象と一致していても、他方で両者は、現実の内容にかんして決して一致しないのである。現存する対象は具体的ではあるが、対象にかんする思考は抽象的である。

　さらに、カントは考えられるターレルは一般にターレルではなく、ターレルにかんする思考だということを考慮していない。考えられるターレルは、わたくしや誰かが考えている時だけ存在しているが、ターレルにかんする思考の実在はターレルの実在ではない。基本的なことは、ターレルにかんするすべての思考上の述語はターレルの実在を前提としているということである^(*)。ターレルの実在は、どこ（空間）、いつ（時間）、誰のところかを前提としている。実際の 100

ターレルはいつ誰のところに存在しているか、という問題である。100 ターレルの承認は、豊かさ、誰か（個人）の資金の承認である。しかし、誰かが 100 ターレルもっていることの承認と彼（女）が 100 ターレルについて考えているということは、多様な属性を伴う異なる見解である。

　考えられる 100 ターレルの実在の問題は、実際、わたくしや誰かにおける 100 ターレルの思考の実在にかんする問題だとカントはみなしている。考えられる 100 ターレル、つまり、100 ターレルの思考に、実在を“付け足す”なら、これはわたくしや誰かにおける 100 ターレルの思考の実在ということになるのである。

　このように、可能性の概念と現実の概念が客観的に一致するが、カントに反して対象の実際の実在の概念、述語は概念、述語だけでは満たされない内容をもっている。カントの場合、カテゴリー・思考の存在への直接的投影が発生し、実際、概念、思考の存在への置換、存在の思考への還元が発生する。ここにおいて、カントの外部の何か、この概念の対象、客体と無関係に検討される概念の本性の歪曲が起こり、対象なくしては概念は概念であることをやめる。

　実際、存在する対象は、具体的で非常に多くの規定（不可欠の前提条件、すべての思考を内含するもの）として検討されなければならない。ここで、思考に対する存在（対象）の超越性と内在性の問題、認識における暗示的なものと明示的なものの相互関係の問題が立ち上がる(**)。超越性としての存在の規定は、暗示性としての超越性理解においては、対象にかんする思考の明示的内容の範囲を無限に超越するものとして思考対象の内容を規定する可能性を与える。(16)

　“物自体”の概念、感性的、感情的経験のカントによる区別は、存在論的論拠に対するカントの批判哲学の基本的要求が構成する認識過程そのものの“正当性”を本質的に意味していた。しかし、カントの接近は本質的に“様相的”接近（現実としての様相のカント的理解）にとどまっていた。内容分析のないまま主観的領域にあれこれのカテゴリーを関係づけようとするカントの試みは、外的反射性としてのカントの方法の本質を構成した(*)。認識分析への“様相的”接近の本質は、それが規定内容から完全にそれているということである。規定は客観的なものや主観的なものと関係する。外的反射性・様相の方法原理は、固有の特性をもつそれ自身（物自体）から出発して物のすべての規定を明らかにする志向性にそ

の基盤をもっている。

カントの方法とヘーゲル的方法の原理的相異は、物に述語を外から追加する外的考察方法および認識の普遍的で拠り所となる方法としての外的反射性の方法の克服にあった。

外的反射性に対抗してヘーゲルは、より深い内的内容の解明原理として間接性の原理を提起する。ヘーゲルの思考過程は、"現象"のなかでより深い内容、本質が間接的に明らかにされ、この本質がその後、現象に内包され、直接的に与えられた形態で現象に現れることを解明する試みだった。

ヘーゲルの場合、反射性の完全な克服が起きる。それは、存在と思考の一致、つまり、存在物に代わる思考の代用を前提としている(＊＊)。ヘーゲルは、主体としての実体を検討し、すべての反射の模写、主体への述語のすべての帰属の模写を実行する。彼は認識する主体、外的主体を否定し、主体を主観性から解放する。彼は、純粋の客観性、認識される思考の自己運動、つまり、認識される思考そのものの主体への転化を固守する（彼にとって、主体は認識されるものであり、認識される内容が関係するものではあっても認識するものではない）。これと関係して、述語は実体に転化するが、この実体は主体に転化する(17)。第1段階は、述語（その内容）の実体への転化であるが、これはもともとプラトンの観念論の最初の歩みである。イデアが本質として登場する。このように、思考内容、思考がこの思考の対象に置換され、思考、思考内容が真の存在として現れる。述語内容の主体への転化は、存在にかわる思考への置換という形での論理的表現である。実在、感覚による現象から離れてイデアへの本質の転化、観念的なものに転化する概念対象の概念への回帰が発生する。初めに存在物の真の規定は感覚にではなく、思考、概念にあると主張され、後に、概念、イデアが真の存在物であるという不当な結論が導出される。プラトンからヘーゲルへの道はこのようなものなのである。

ヘーゲルは誤って認識、思考とそれらの対象を同一視している、あるいはより正確には、認識の対象を認識、思考に帰している。ここから、彼の弁証法は認識する主体と認識される対象、存在との相互作用をやめる。主体としての考え、概念、イデアは自分自身から発生する（対象の判断は現実の相互作用を排除することである）。このように、ヘーゲルの弁証法は、相互作用の外部で主体と対象との相互関係の外部で概念の内的自己発達として登場する。(17)

（"現象学"への序文での (18)）カントの批判哲学のヘーゲルによる批判は現象学——"現れる"知識の分析——として展開される。ヘーゲルの"現象学"と"論理学"の相互関係は、第1に現れる知識の発達、運動（道）として示され、第2に、この知識の対象の自己運動として提示される。カントの外的反射性の克服と物自体への志向性は、直観の回帰、所与としての物の観想の形でヘーゲル現象学では現れる。これは、所与と関係する知的なものも含めてつねに観想である。ヘーゲルにおける存在、定有、現在、これらはすべて直接的な所与の形態で存在している。これらの形態のそれぞれに同一の存在物が登場する。それらは、本質によって間接的に示される内容の多くがどのように表現され、直接的所与の形態に包摂されるかによって相互に区別される。直接的所与としてでてくるもののなかで、本質に媒介される内容がどのくらい与えられるかに応じて新しい質としての存在物が登場する。ヘーゲル"現象学"はこのように、存在の思考への還元にもとづく思考と存在の同一が立証される存在論なのである。

この観点から、ヘーゲル現象学とその後の現代現象学、すべての現代のその変種が明らかになる。たとえばラッセルにおける認識の論理的分析ではヘーゲルと同じことが起きる。認識と"経験"としての存在との同一視が、とりわけ対象とそれが経験で提示されることの無区別のなかに現れる。ここからヘーゲル"論理学"の内的構造、弁証法の批判が続き、（われわれのところでは）弁証法的理論のヘーゲル概念、哲学体系におけるその位置を保守しようとする現代マルクス主義の試みの批判がでてくる。"存在論的論拠"の視点から、すべての存在論的特性の外部で明確さが見いだされる（2つのアスペクトの分裂——存在物と実在——）。ラッセルは、こうした科学のひとつの総和を存在するものとして承認している。科学それ自体は、知識の具体的存在をもたない。諸命題の前提もそれ自体ではなんの信憑性もなく科学の諸命題が具体的意味を帯びるにつれ、受け入れるに値するようになる。ラッセルの場合、このように、（本来の内容に依存しないで）他の内容からの所与のひとつの総和の存在論的有意性が導出される、より正確にいえば、存在論的内容の現象学的内容への置換が行われる (19)。

カント的理解における"物自体"と"現象"との相互関係を分析して、われわれはこの瞞着の法則性を明るみにだし、最初ひとつのものの分裂へといたり、もはや合体することも相互に関係づけることもできない道を示した。

実際、"物自体"は物事の関連のなかに見いだされる。つまり、すでに述べたように、ことの本質は、この関連がある人間がこの関連から排除され、人間のかわりに人間につきまとう精神、意識がおかれることにある。2次的質にかかわって『存在と意識』でわれわれが帰結した論拠は物のすべての性質および物自体に拡大されねばならない[*]。2次的質の現実の承認は、おおまかにいって、2次的質が物理学の方程式に入らない限り、原則として、運動する物体、物理法則と存在のデカルト的同一視の狂いである。(18)　運動する物体と存在のデカルト的同一視の狂いは、人間の社会的存在を存在に加えるマルクス主義によって現実のものとなる。

　実際、人間実在の固有な方法での世界への参加の問題はある程度、実存主義によって定位される。本質と実在の問題にかんする実存主義の正当性は、人間に準ずる実在の最初の法則の用語にある。人間問題の解決の不十分さは第1に、本質と実在の断絶にある。第2に、人間にかんしても、そしてすべての存在物にかんしても、本質と実在の相互関係の対立にある。第3に、実在の絶対化と人間の実在本質との対立にある。全体として存在の範囲を越えでる可能性のないものゆえに、人間は最初から最後まで当初同様に現れる。人間が住む世界は人間が自分自身に対して建設する仮小屋にすぎない。それゆえ、実存主義者のM．ハイデガーは人間存在の存在論を創造したが、存在論の第2巻——このようなものとしての存在の存在論——を創造できていない[*]。

＊　　　　　　＊　　　　　　＊

　このように、存在にかんする学説史の短い分析は、われわれを存在の定義の可能性へと導く。

　存在概念への接近は2つ存在する。第1の接近は、もっとも絶対的なものとしての基本的存在であり、それが何であり何を意味するのか、という内容の開示なしにすべての存在物に共通のものである[**]。これは、存在しているものすべてに対し共通であるものの抽象化を介した暗示的定義である。第2の接近は、諸概念の相互関係を介した存在概念の内容的開示として考えられる。"存在する"と"現れる"、"存在する"と"見える"、"いる"("在する")と"変わる"、"なる""発達する"と"存在しなくなる"、"存在する"とただ"思い浮かぶ""思われる"だけなどである。"本質"と"実在"概念を分ける不可避性とかかわって

人間に対してだけでなく、すべての存在物に対して実在方法としての本質を決定しなければならないであろう。実在と本質を相互に切り離すことは不当なことである。すべての実在物にとって本質のアスペクトに対する存在のアスペクトの優位性を認める必要がある。存在とは区別される本質から出発したらその後、どんな奸策（存在的論拠）によっても存在実在の証明には達しない。最初の存在から出発しなければならない。ある質、質的定義（本質）の特性（述語）が存在なのではなく、ある存在物、存在の特性・述語が質的定義なのである。認識のすべての問題、そのすべての問題点は、ある存在特性、その質と関係している。その後の問題は、より特殊な意味で、存在物からの本質の選択である^(***)。

　人間と世界の相互関係のすべての基本的問題点は、存在物の存在が認められる最初の相互関係に内包される。

　存在の最初の確認は、「存在物が存在する」という判断の抽象的行為ではなく、欲求・所作の対象としての人間による存在の経験・受容である。これは、人間に対立するもの、人間がぶつかるもの、障害物に対して衝突するもの、素材として見いだすものと人間との相互関係である。

　"本質"からの、存在しているものの質的定義からの予想される抽象における存在は、人間実在の事実であり、ある存在物の他の存在物との"出会い"の事実である。この２つの異なる存在物は、異なる"実在方法"によって定義されうる。哲学（存在論）の基本的課題として、実存の多様な形態・方法、運動の多様な形態を主体が解明する課題がでてくる。(19) これは、存在が個々の具体的場面で現出する内的結合・関係の具体的体系に依存した存在の多層構造を解明する課題である。発達過程における存在の新しい階層の出現が、先行する階層の新しい質を登場させる。とりわけ、この状況は人間的存在において拡がる。人間的存在の特性は、人間的存在が出現する時点からすべての存在の新しい特徴づけがなされなければならないことを前提としている。人間に依存しない物から人間にいたるまで存在はあるが、存在にかんする科学は人間なしにはありえない。それゆえ、存在科学としての哲学は、存在にかんする、そして人間にかんする確証であり（客体、主体にかんする）人間の認識である。人間における意識と所作は人間実在の特殊な方法である。それゆえ、主体の"客観的現実"への関係は、理想的な認識的関係であるだけでなく、実際的所作でもある。要するに、存在物の存在物に

対する関係なのである。つまり、存在物の領域に入るというような問題は発生しないのである。われわれはつねにそこに在しているのである。"交流"がたえず行われている。存在物の相互作用、それらの相互浸透、お互いへの抵抗がたえず存在する。この"交流"とはどんなことなのか? 他の存在物との交流、それらとの相互作用は、人間の所作、意識によって実行され、意識を介した所作によって調整される。相互作用が"リードするもの"、決定因として登場する。このように存在の構成において、すべての存在物を自覚し、それを変える存在物としての人間は存在の範囲を超越することはなく、人間自身、存在物の構成に内包される存在物である。

　一般に存在に関係する存在論的特性は、それ自体で人間生活にまで拡大する。人間・主体の知性化・理想化、意識・思考の主体としての人間による検討は存在の非存在化、除去、根絶の最初の前提条件である。存在物の非物質化は主体の理想化と結合している。存在の非物質化は、実在からの本質の分離、後に存在物の存在としての存在に対抗するようになる観念、形態、表象への転化のなかで現れる。存在物の存在は存在物からの本質分離とともに、極めて問題のあるむきだしの実在に転化する。存在の除去は、もっとも深い基盤における生活、生活欲求、愛着、所作の相関概念としての客観的現実の回避であり、思考上の否定・除去であり、これと結合した"本質"の幻影への転化過程である（釈迦の涅槃へのこの道は、深い形でそして表面的形でも、ショーペンハウアーの大言壮語の道である）。

　第1のステップとして観念論は、実在に対する本質の優位を主張し、生活、所作、欲求、愛着、物質性と結合した実在から抽象される。第2のステップとして、観念論は、実在を除去し本質を幻影、観念に転化する。われわれの外部にあり、欲求・愛着の対象である物質的実在の世界から、人間が苦しみの運命にあるこの悲しみの場から、苦しみ苦悶する生きものへと脱出しようとする宗教的－倫理的志向性のなかで観念論は見いだされる。（派生的なものとして）痛みの感覚の意味での人間的苦しみの世界としてだけでなく、より広くは人間が苦しむ生きものであり、そんな世界として実在の世界は検討される。しかし、人間を欲望の対象と結びつける人間の愛着、欲望等は人間の外的世界にとって現実の内的前提条件として登場する[*]。

　まず最初に哲学史における実在にかんする問題が物質的実在にかんする問題と

して立ち上がる。ところが、物質的実在は、2つの存在物——人間と対象——の内的相互関係の問題としてでてくる。(20) 人間にとっての実在の"等価物"は物質的世界の実在に等しく、これは（すべての単独の有限の生きものとしての）人間の苦しみの性格であり、"関係している"という意味で受動的である。受動性、依存、"関係性"のこのモメントは、最初の唯物論で絶対化される。

　反対にマルクス主義は、物質世界に作用する人間に物質の働きを対置し、世界に対するこの人間の作用を大きく変える。このように、外的世界だけでなく、人間そのものの物質的実在としての実在の承認は、物質的生きものとしての愛着、所作の主体としての人間における人間の内的前提条件を解明することの必然性を意味する。

　存在しているものの内部でのこの内的相互関係、人間と対象との相互関係をカントは、存在論的述語として知性の範囲であるいは考え方に対して感じられる本質の様相的で外見上の反射的認定へと転化しようと試みた。

　この立場から涅槃の概念に内的活動を見いだす仏教の一念が理解できる。この内的活動は人間にとっての外的世界実在の内的前提条件の克服、止揚へと方向づけられる。仏教では、外的世界への依存という人間の受動性の主張が暗に保たれている。この主張は、宗教－倫理的でない現実の領域で存在の否定的主張から肯定的主張へと転換され転化されうる。活動の内部から外部への変換（涅槃としての、受動性止揚としての、受動性消失のための内的活性化の止揚としての）、自分自身から外的世界への活動方向の転換は人間活動の苦しい性格そのものを止揚する。このように、人間を苦しみに服従させ、人間を受動的生きものにする因果関係から離れるために、仏教の概念では、人間の積極性が外的世界の実在の内的前提条件の克服、止揚へと方向づけられる。仏教と対立するマルクス主義的概念は、人間を自らの活動によって世界を変革するもの、同時に、この活動の進化において世界に対する相応する内的前提条件、人間の内的構え、人間の内的態度を創造するものとして検討する(*)。

　このように、一般に存在に関係する存在論的特徴づけはそれ自体として人間の生活にまで拡がる。ここから、生活理解にとっての人間的意味と意義がでてくる。

　存在物の構成の検討にさいして、存在物の"客観的現実"への帰着が発生し、

物と対象だけが存在にとどまるなら、実体としての存在のカテゴリーは物質性に帰着され、存在は物質に帰着される。このような帰着にさいして、"主体"——実践の方法・所産としての人間的関係に内包される"人間的対象"に固有な人びとおよび物のすべての機能的特性——が存在から排除される。このさい、存在は物理的自然、運動する物質（デカルトの"世界"）としてだけ登場する。弁証法的唯物論では物質は、機械的、物理的、化学的過程の"主体"としてだけでなく、物質運動のすべての派生的形態としても物質は存在に内包される。しかし、人びとの社会的存在は、史的唯物論の相応する特別のカテゴリーにだけ反映される。人びとの史的存在への一般的存在論的哲学的カテゴリーの適用の問題が立ち上がる。こうしたカテゴリーの脱落、一般的カテゴリーの物理的自然の特別のカテゴリー（客観的現実としての物質）への帰着は同じ難点の2つの側面、2つの現れである。(21) それが、人間の実在方法にかんする問題である限り、社会生活の（そして共産主義の）問題は哲学的問題として検討しなければならない。史的構造（資本主義、共産主義）はこのさい、人間（人びと）実在の特別の方法として登場する。このように、哲学全般にかかわるカテゴリーにおいて、資本主義と共産主義のマルクス的解釈との相互関係が、人間実在の多様で具体・歴史的方法として実現されねばならない。かくて、史的唯物論の特殊なカテゴリーを一般化する人間存在の哲学的カテゴリーが現れる。客観的事実としてだけでなく、他と同様認識の対象として、そしてとりわけ社会的人間として、人間は存在の構成要素に（そしてまた、哲学のカテゴリーに）包摂されねばならない。

　新しい質における存在の最高形態（水準）としての人間の形成に応じて低水準、低階層もでてくる。存在の特別の様態として人間的対象の問題がそれ自体として立ち上がる。世界はその本質として人間と相関的な世界を前提としており、それゆえ、この世界の史的正確さを明らかにしなければならない (*)。

　さらに、この考えを承認することは、一般にカテゴリーへの新しい接近を意味する。存在物の構成要素に存在の多様な水準を承認するということは、もっとも一般的なカテゴリーが存在の異なる形で固有に登場することを承認するに等しい。このように、拙著『存在と意識』で提示した問題とともに、より一般的な、より特殊な法則について、高度でより特殊な範囲における基本的水準のより一般的法則の発現形態について、多様な水準のカテゴリーの相関関係にかんする類似

の問題が立ち上がる^(**)。たとえば、未組織の自然だけでなく、さらに人間生活において、とりわけ歴史過程で組織化された自然において、過程の質的な（そして構造的）特性に依存して質的に多様な時間構造にかんする理解が容認されるようになる。多様な水準のカテゴリーが（とりわけ人間存在の）多様な存在水準と合致する。空間は、物理－化学過程の空間として、有機体（ヴェ・イ・ヴェルナツキー）の空間として、人間的生活の空間として現出する。まったく同じように、時間が自然、物理、運動、物質、生活、人間的歴史の時間として存在する（ア・ベルクソン、ヴェ・ハイゼンベルク）。まったく同様に、存在の多様な水準、その法則および固有のカテゴリーにかんする一般的概念の連続として、多様な社会－歴史的形態（個々の史的"存在論"として）における人間実在の一般的方法と特殊な方法の問題がでてくる。

　存在とその構成要素の簡潔な特徴づけとしての存在物の検討から、われわれは存在が基本的連関と緒関係のなかで受容する一般的規定へと移行する。とりわけ、実在としての存在物の存在、存在と認識、結局、生成と発達における存在である。

2．存在、実在、生成

****

» 実在と本質

　実在は、状況、行為、過程、所作——自然発生^(***)として実在のステータスにおける自らの回復および保存として現出する。このさい、一方で、行為、過程、行動としての実在、他方で、この実在の回復、保存としての生起、この双方の全一性が示される。(22) ここから、存在するということは、行動することであり、影響を受けることであり、相互作用することであり、現実的、つまり活動的であることであり、存在物の自己決定の過程として、ある存在物の他の存在物による相互的規定の過程として終わりのない相互作用の過程に参加することである。これは、多様な存在物の実在（共存と連続的存在）の形態として時間と空間におけるすべての過程として行われる終わりのない過程である。

このように実在は概念による規定の意味においてではなく、他の存在物との相互作用におけるある存在物の特性の客観的規定の意味において決定の過程と分かちがたく結合している[*]。このように、決定（相互的決定と自己決定）の導入が規定的相互関係としてだけでなく、実存概念そのものにおける過程としても実現される。

こうした接近にさいして、相互作用の多様な範囲と実在の多様な方法とは区別しなければならない。この意味において、存在するということは、存在しているものの当該水準に応じた方法で生きることを意味する。たとえば、運動は物質の実在方法であり、運動している物質は実在している物質なのである。

存在物は普遍性として登場するが、普遍性のなかに個別性をみなければならない。その時、実在は存在物の生として、個別の存在物（生きもの）の相互作用の過程としてでてくる。ここで個別性と普遍性の問題が立ち上がる。存在物、存在するものは、規定の無限（無限の多数の全一性）を内包する具体的個別性として検討することができる。その規定そのものは、概念における決定とは異なって実際の過程としての現実において行われる。その上、現実の規定の無限性は多様な存在物の相互作用過程に存在する。この相互作用の構造と存在物の構造は他による規定と自己決定のなかに存在する。

人間的実在の特性は、自己決定と他による規定の度合のなかにある（人間の場合、意識の存在と結合した自己決定の特殊な性格のなかに）。この後者の状況は、自分の外部の実在、人間がすべての残りの存在物の実在方法に対置する人間実在の特殊な方法としての自己の範囲を超越することにかんするM.ハイデガーの考えと対立する。実際、M.ハイデガーが導入する人間実在の特性描写はこの特性を現していない。存在するということは、他への移行、自らに他を内包すること（ハイデガー的存在だけでなく、存在物の矛盾）、つまり、自分の外部にありながら自分に向かってくることを意味する。存在物の他における客観的実在（提示・反映されること）、この存在物における他の実在は人間だけの実在特性ではなく、すべての存在物の共通特性である。

このように存在することは苦しむことであり、行動し影響を与えることであり、また影響をうけることであり、存在物の自己決定、またある存在物の他による相互規定の過程としての相互作用の無限の過程に参加することである。存在す

るということは規定されることを意味するが、それは概念においてだけでなく、現実においてもそうである。実在は、観念ではなく全世界の生活過程における所在、分割、参加であり、行動し苦しむことである。

　思考、存在論においては、現実には過程として存在していることが相互関係として発出する。存在、存在物はたえず主語であり、決して述語ではない。しかし、この個々の存在物はある本質、本来の意味での本質ではなく、諸質をもっている。存在物は本質において、普遍性であり個別性である。多くの存在物の共存は空間である。(23) 存在物、存在していることは規定の無限性（無限の多数の全一性）を包摂する具体的個別性である。

　現実における規定そのものは、（在していることを確定する概念の規定とは区別される）現実の過程である。しかし、抽象的なものと具体的なものの相互関係は、思考と存在の相互関係の論理的等価物である。抽象的思考は、具体的（現実の）相互作用の無限性からの思考的抽出である。ここから、存在からの離脱、思考の抽象が起きる。このように、実在は多様な存在物の実在（実在の共存および連続性）の形態としての時間と空間のあらゆる過程として行われる無限の過程として現出する。実在は、過程としての決定と分かちがたく結合しており、確定した概念ではなく、他の存在物との相互作用におけるある存在物の特性の規定である。このように、決定は、（過程あるいは過程における状況としての）実在そのものへの過程として導入される。それゆえ、ここでは実在の人間的方法のすべての残りの実在方法に対する外的対置は必要ではなく、これらの関係のすべてのヒエラルキーの具体的研究が必要である。このさい、これらの関係の個々の相互の、逆の方向が考慮されねばならない。たとえば、有機体と環境にかんして有機体の規定への環境の関与を考慮しなければならない。

　しかし、苦しみと所作としての実在の定義はある意味において動詞「ある」「実在する」の説明である。だが、何が実在であるか、実在主体の特徴はどんなものか、あるものが実在するためにはどんな条件が必要になるのか、という問題がある。実在するということは、持続し、経過し、変化し、在することを意味する。かくて、主体にかんするある種の変化の問題が立ち上がる。たとえば、すでに述べたように、物質の存在方法としての運動には、多様な物質的形成物（原子、分子等）の実在方法として運動の多様な形態がある。この運動主体の質的相異は

"運動"、変化の質的相異に合致する(*)。

　"生きる"ということは、変化、生成、持続の過程にある無限の深みへと入っていく能力であり、変化のなかに在することである(**)。

　プラトンの場合、実際の存在物、存在は（本質としての）イデアに等しい。基本的基準は所在であり、これは生成に対置され、生成の範囲を越えて特別の世界に入ることである。生成、変化、つまり、実在の世界は彼にとっては存在しないのである。これと異なり、所在自体は変化の内部で検討しなければならないし、変化が全一性を構成する。つまり、実在は変化の内部にあり、存在も同様である。このように、プラトンと異なって変化の内部で同一性の保存過程として所在を考究することが不可欠である。このさい、変化に対立するような不変、保存よりも、変化する内部での共通点の回復、再生がきわだつ。こうしてのみ、この過程の現実の弁証法が明らかにできる。

　かくて、実在とは生活過程への参加である。生活するということは、変化し在すること、行動し苦しむこと、保存され変化することを意味する。存在するということは、生きて動くこと、生成し経過すること、変化の過程で変化し在することである。このひとつの弁証法的過程において、2つの側面が分離する。変化、生成、所作、相互作用の過程としての実在と、物、現象、過程、それらの所在の存在方法としての実在である。このひとつの過程のダイナミズム、その合法則性にかんする問題が立ち上がる。ここですべての現実過程の本質にかんする一般的状況が実在へと拡がる(***)。(24) 過程そのものの進行において形成される一般的依存、相互関係、その結果の過程そのものへの依存が問題になる。

　規定の過程は、多様な存在物の無限の相互作用における存在物の現実的変化の過程である(*)。本質が変化の内的基盤としてただひとつの存在の規定の基盤として現出する。諸条件の変化との相互関係にさいして、物、現象のすべての変化がこの基盤から導出される。存在の直接的感受性は、わずかに現れる質的明瞭さをもちつつ、なお明るみにされていない本質を伴う実在の事実、客観的事実である。変化を合法則的に条件づけるものおよび現象の本質は現象、物、物体を規定するものであり、すべての合法則的変化は変化する条件との関係から導出され、また、この規定において根拠を与えられる。

　ここで実体概念を介した本質の定義が不可欠となる。実体は現象における安定

したものとして理解される。このような場合、実体は時として本質を隠すような非本質的で副次的な状況によって複雑にされた形態で登場する本質として定義される。つまり現象における本質的なものなのである。すべてのカント的思考の研究はこの路線にそったものである。カントによれば、われわれにとってすべての到達可能な定義は存在物、物自体にふれない。この意味で、本質、実体、物自体は現象の背後にある。実際には本質は現象の"表面"だけでなく、現象のなかの本質であり、現象内の本質的なものであって、現象の背後にはない（つまり、現象にもとづいている）。いいかえれば、実在同様、本質は決定のアスペクトにおいて定義しなければならない。こうした理解のさい、本質は現象における安定したものとしてでてき、ここから多様な影響にさいして物や現象のすべての変化が規定される。本質は外的影響を特殊に変更することであり、一定の様式によって屈折させることである。本質は決定のアスペクトにおける実体の定義である。本質は構造的なものと因果的なものの相互関係であり、構造的内的結合を通して影響を及ぼし現象の構造を規定する因果関係である。何よりもまず、実在と本質の相互関係の不当で機械的対置はこれに外れる。実際には本質と実在の統一が生じる。なぜなら、本質はつねに現実にあるいは可能性として存在している何かの本質だからである。

　人間がいる世界における実在特性は人間にとって"姿を見せ感じられる"ことにある。存在物の存在（実在）は人間にとって姿を見せ、感覚に登場することにある。かくて、感覚的受容に直接与えられるものとして（人間に対して）存在するものの意味が定義される。ここから、所作と分かちがたく結合している知覚とは２つの現実の出会いと相互作用であり、実在の直接的証拠となる認識形態である。知覚と所作において、存在物（存在しているもの）の"外面"との直接接触が発生する。外面は主体と客体の相互作用とともにあるが、外面の背後に、存在物、客体の相互作用の無限の過程がある。人間の思考の出発点である知覚に直接与えられる多様な相互作用の全体的結果のみが外面に登場する(**)。知覚から思考への移行は実在しているものから本質の存在への移行である。

　思考は生活の構成要素でもあるが、ここでは現実との直接接触、現実との相互作用から離れることで現実との極めて間接的で複雑な相互作用過程であり、観念的なものへの逃避である。(25) ここでは、ふたつの物質的現実の実際的相互作

用の直接過程としての感性的認識の特権が示される。知覚するということは、本質的に存在視され、存在する現実との相互作用過程に加わり、現実に関与することを意味する。

　本質の実在を否定し、本質の外見への転化を招来する思考の進行とはどのようなものだろうか？　まず最初にギリシャ哲学では、多分、本質（$\grave{o}v\sigma i a$ (1) (*)）は存在および本質を意味する、つまり、一定の明確さをもって存在しているということである。その後、質的明確さ（本質のひとつの構成要素）は本質に転化する。本質（存在物）の質的明確さそのものがイデア（$\iota\delta\acute{e}a$ (2)）の本質に転化する。その後、他方で存在物（実在）から区別される本質は出発点に戻り、存在は本質にとって固有なのか、という問題が発生する。この問題は存在は外見にすぎないのか、ということを意味する。上述のように、哲学史においてプラトンによる概念の絶対化は、本質として概念に質的明確さ（$\tau\iota\ \varepsilon\sigma\tau i$ (3)）がでてくるとした。プラトンによれば、本質とはイデアである。イデアは一般に、存在しているという意味で、実体の意味で本質によって承認される（プラトンの場合、一般にそうであるように、イデアと実体の結合をみる）。アリストテレスの場合、実体は本質から区別される（上述のように、アリストテレスにとっての実体である限り、これは一般的概念ではなく、個体であり、あるがままの個体であり、本質ではない）。アリストテレスは本質を質的明確さとして理解している。いいかえれば、アリストテレスの場合、本質と定義との結合がある。本質は自然（$\phi\acute{v}\sigma\iota\varsigma$ (4)）と同じである。Essentia (5) は$\grave{o}v\sigma i a$のラテン語への翻訳である。翻訳は同時に、$\grave{o}v\sigma i a$のある面の他面からの区別であった。

　上述のように、本質と実在の相互関係の決裂は人間存在の説明で実存主義を克服しようとする試みである。本質と実在の決裂の克服のこの方向は、実存主義では肯定的なものである。本質と実在の統合は実在にもとづいて行われた（しかし、これは当然ながら人間存在にとってだけではない）。いいかえれば、本質と実在の相互関係では、本質がいつも実在の"述語"になるということである。

　本質と実在の相互関係は別のアスペクト——生成・発達のアスペクト——において検討できる。そのさい、本質は過去の発達の結果としてでてくる。本質は先行する発達の結果として形成されつつ、その後の発達の可能性としても現れる。ここで本質は形成過程の多様な段階で存在するものとリンクするものとして登場

する。

　かくて、われわれは本質と実在問題の多様なアスペクトを区別した。これは何よりもまず、（決定論原理にもとづく）他との相互作用過程における物および現象のすべての変化の基盤としての本質である。さらに、変化（実体）の過程でのものにおける安定性としての本質、時間における本質、結局、可能性と現実のアスペクトにおける本質は、他の可能性としての現実的な何かの本質、ある存在物の他の存在物の可能性としての本質となる。このさい、存在、存在物、存在しているものは、つねに主語であり、決して述語ではない。

» 決定論の弁証法的−唯物論的原理と実体概念 (26)

　有名なレーニンの命題は述べている。「一方で、現象の原因を見いだすためには、物質の認識を実体の認識（概念）にまで深めねばならない。他方で、原因の現実的認識は現象の外観から実体まで認識を深めることである (6)。」

　存在物を所在、そして生成するものとしてより深く意味づける、いいかえれば、変化・発達過程における保存と同一の弁証法を考察するためには、実体概念を分析する必要がある。

　物質の哲学史において、このことは第1に意識、精神への対立ではなく、実体である。このさい、実体は物質を意味し、ここから物、現象、物質的実体がつくられる（初めに実体は質的定義——水等——をもつ）。実体・本質の現代弁証法の唯物論的定義において過程および変化・転化への移行が発生する。ここで、実体は本来、本質を意味する。実体は存在している本質およびその現れとしてでてくる。さきに、存在物としての存在の問題に応じて (*)、本質と実体の相関関係が問題になったが、ここでは、われわれは存在−生成のアスペクトに移行する、つまり、"個別性"に応じた実在と本質を検討する。いいかえれば、区別されないひとつになった全体から不連続および組織された全体へと移行する。今度は、われわれがみるように、検討する存在論的カテゴリーの"一群"における決定論、相互作用の反映の"場"がこれによって規定される。この場はある種の現象の特性表現としての本質概念と相関している。変化・決定論のアスペクトで採用される実体概念と相互に関係する本質概念は発達・変化過程における一定の安定性だけでなく相互作用過程での変化全体をも意味する。

哲学史において２つの方向、２つの基本的道が存在する。最初はデモクリトスの道である。物、現象の物的、感性的世界の固有の本質の探究、定義である。この道では、正しく提起された課題解決のための機械的唯物論の不十分さが明らかになる。ここから、弁証法的唯物論の道が続く（K.マルクス）。第２の道はプラトンのそれであり、イデアの形で本質に感性的に与えられる物および現象を対置し、様相にかんしては内容とは無関係に、物に対しイデアを対置した。この道では、実体の主体への移行およびヘーゲルにおける実体としての主体の登場への移行が発生する。

　弁証法的唯物論は実体を存在論として定義し、存在物の実在の原因はそれ自身の内部に、それ自体の根拠として存在しており、その原因が存在物の内部ではなく外部にあるとする予想される存在物と区別される（スピノザ）。実体がこのさい、変化・転化過程で保存されるものとしてでてくる限り、これは発達過程の（あるいは発達過程における）決定である。実体は物の合法則的変化の内的基盤として現れる（たとえば、K.マルクスの場合、価値は外的交換関係の基盤である）。

　このような定義における実体のカテゴリーは今度は、物との関係、物と過程の問題に移行し、この問題は外的内的関係の弁証法によって決定論原理の立場からその解決を見いだす。(27)

　実体の問題は哲学的研究方法の問題と結合している。ここで発生する基本的課題は、本質において基礎づけることなく、ある分野にかんすることの内容の定義なしに、（ある対象——物、過程等——の内容豊かな開示にかんして）ある範囲へ“冷淡に”帰属されるこの種の議論を克服することにある。すでに述べたように、様相の特徴づけのカント的方法、外的“反射”思考の方法はこのようなものだった。外的関係だけのこうした概念に反して（ラッセル）、K.マルクスの『資本論』のすべての限定的－実体的思考構造が方向づけられた。関係のカテゴリーから本質のカテゴリーへの移行が、外的関係から内的、実体的関係へと実体を移行させることが不可欠である。内的関係は外的関係の基本的本質・実体である。ここで、“反射的具体性”の形で具体性のカテゴリーへの回帰が実現される、いいかえれば、物および関係のカテゴリーがひとつの包みにまとめられる。「初めにこの（限定的－実体的——ルビンシュテイン）方向は物の間の関係ではなく、ある関係にある諸物、これらの物の特性を研究することに現れる。物の本質（実体）の解明の後で、物

の間の、関係要素の間の関係そのものが再び研究の中心になるとき、公式をもつ限定の原理が働く。関係要素のひとつが主語の役割として確定され、他のものが等価物の属性（述語）としてでてくるのでＳはＰである[7]。

　一般に（全体として）"存在"から個々の存在物、物、存在物の不連続へのわれわれの研究運動はこれによって規定される。初めに、区別されない全体、その後、組織された全体（"世界"）が検討される。これは、因果関係の発現の不可避性、他の内的——"構造的"——関係の多様性および他の関係の不可避性と結合している。

　因果的法則と構造的法則が異なることはよく知られている。このように、因果関係は法則において唯一の一般的なものではない。構造的関係は、個々の一連のでき事を選択する可能性を与える。構造的関係は、内部諸条件を形づくり、これを介して内的原因の作用が屈折する。たとえば、パヴロフの場合、刺激物の働き（抑制への転化も含めて）の効果は所与の個人における過去の経験、歴史の結果として、形成される諸関係に依存している。これはでき事の当事者に固有な表現で構造的な関係（役割）である。ここから、抽象的同一視、相異だけ考慮し、保有されている共通点を見落とす事実上の非具体的接近に反して方向づけられる新しい状況、新しい結合・関係、相互作用と結合した具体的変化への一般的方法の要求が発生する。

　共通点と相異点を考慮する弁証法的接近の具体性はこのことにある。対象、物は、周囲の環境過程によって物の表面で釣り合いのとれた内的過程の"柱"である。平衡路線は物の"外形"を形づくるかのようである。

　因果的結合のダイナミックで動的性格の開示にさいして、原因そのものが行為あるいは過程として現出する。この場合、原因そのものの実体は行為、エネルギーでなければならない。実在そのものが、行為、過程、行動としてでてくる。実在がそれ自身にかんする因果関係として発露する。[28] このさい、原因の所作は原因の行動として登場する。この行動は語の広い意味で慣性として、実在（原因それ自体としての原因）の維持として、原因それ自身における反射として原因の外部（結果）だけでなく内部でもなされる。原因のそれ自体における行動は、質的規定、安定性として原因の保存に方向づけられる原因の内的運動である[8]。原因（その惹起）から区別される結果の所産は原因の内的運動の原因の範囲外への

脱出である。たとえば、外部へ方向づけられた物質運動の惹起は、この運動の原因として発現する。物質的対象や現象の範囲外での継続である。それぞれの対象は質的に規定された安定状態の基盤である内的運動で満ちている。この内的運動において対象はそれ自体を何度も再生産する（このさいこのように大いに変化する）かのようである。

　このように、因果性は実在それ自身とその保存と分かちがたく結合しており、実在自体、状態であるだけでなく、行為、過程でもある。

　たとえば、物理学における"自己運動"の概念は対象のそれ自身への作用を意味し、そのおかげで、対象は質的に規定された物体としてでてくる（たとえば、電子の場合、固有の量の実在が"自己運動"の助けをかりて説明される）。"自己運動"は"虚像光子"によって実現される。物質的対象は虚像光子によって、それ自体と相互に関係し、それ自体に作用し、それ自体の原因でもある。「虚像光子は、有機体的不可分の全一性においてその源泉とともにあり、その統合の内部にあるとき初めて与えられ、それ自体内的結合を実現し、たえずそれを再開し、このおかげで電子はその明確な特性をもって存在する[9]。」

　内的過程、原因それ自身の運動、結果から区別・分離される惹起の過程は原因と関係する内的外的部分にとってひとつの過程であるかのようである。このさい、原因行動の外的条件の総和も惹起が発生する絶縁の度合および組織の現実的孤立の度合も考慮しなければならない。

　保存の法則が一連の惹起の基盤として、因果性のある変化過程における実体性と安定性として浮上する。惹起そのものが、一連の惹起にかんする所作の伝達として現出する。つまり、原因内部での実体性の保存が原因の基盤である（物理学における保存と因果性の法則とはこのようなものである）。

　このように、原因は物としてだけでなく過程として登場する。原因は初め物の内部の過程で作動し（過程のある惰性として過程を支え、発達させる）、原因の内部で、そして外部へ、原因から区別され分離される結果へでてくる過程、運動の出口としての結果の所産が発生する。これはある程度、本質的にひとつの過程の内的な合法則的進行である。この過程のある一部は原因として物的に現出し、次の一部がひとつの過程のある程度完成した段階、一環として仕上がり、結果として原因から区別される。このように、因果性は、内的合法則性をもつ時間的に経過する

過程としてでてくる。原因と結果の分離は周囲の物的対象的性格と不可避的に結合している。たとえば、（力学、物理学における）固体の概念、数の概念、同一の（自らと対象との同一の）概念、実体の概念。(29)

　ここで、知性（理性、悟性、一般に思考）と個々のものとしての物質の結合、被規定性と規定性の結合、個々の存在と思考の推論性の結合、存在と思考の相互暗示性が明らかになる。区分と結合、分析と統合の過程は思考の過程であり、これによって、存在物の決定が明らかになる。この概念は、論理的原子論の機械的概念に対立する。すべての明示的形成の問題は、その基盤に、暗示的前提条件、深みへと進む決定の顕示を有している。思考に現出する個々の決定はなお表面で動いており、その背後に深い層が見いだされる（決定水準の"層ごとの"原理）。ここから、すでに話題となった決定と外見の相互関係の問題が発生する。実際に決定づける条件と相関しない、あるいはそうでない条件と相関するこの所与（知覚あるいは思考の外見性）は外見上のものである。外見から実際に存在することへの移行は、現実には現象を決定する条件の顕示であり、現象と諸条件との相互関係である（認識分野におけるこれを見よ）。

　ここで、所作の原理と条件、さらに外的条件と内的条件の区別というもっとも根本的問題が立ち上がる。ここで、外的なそれと区別される内的本質、内的結合および依存を明らかにする不可避性が発生する。『存在と意識』においてわたくしが形づくった外的なものと内的なものの問題解決の一般的原理は、自己決定と他への依存の相互関係にある。外的条件は、最終結果を直接には決定しないで、内部諸条件、所与の物体・現象の固有の本質を通して屈折する。実際、『存在と意識』で発達させた本質あるいは実体の概念がこれと結合している。このさい、厳密にいえば、内部諸条件は原因としてでてくる（自己発達、自己運動の問題、発達の原動力、発達の源泉は内部原因としての発達過程そのものに見いだされる）が、外部原因は条件、状況としてでてくる。原因の作用は、影響が及ぶ対象の本質、状態に依存している。それゆえ、内部諸条件（対象の状況）を通して間接的に影響を惹起する原因の作用と対象の内部諸条件（特性と状況）の形で現れる原因の作用とを区別しなければならない。たとえば、ここから、原因の作用が及ぶ対象の歴史への原因の作用の依存が導かれる。ここから、共に作用する原因の一般的結果がその各の作用の総和に等しくないという状況が理解される（因果関係の"非線形"は非加法性、非

総和性である)。一般的、全体的影響は、別々に作用する原因の影響力の総和と等しくない。

ここから、この区別から、逆の因果関係の合法則性が続く。原因にもとづく結果の影響を検討するなら、少なくとも２つの場合に区別することができる。

１）原因にもとづく結果の影響は原因そのものが変化するものである。

２）逆の関係は、しばしば原因そのものより、原因の作用条件だけを変化させる。

本来、原因と結果は同じ系に属し、この系の一般的状況は結果で変化し、またそれ自体で出発となる原因の新しい作用を惹起する。(30) 逆の関係を伴う系において、結果の原因（条件）への作用は結果の変化とともに変化し、そして結果が今度は、原因あるいは条件の変化とともに、惹起されるこの結果とともに変化する。逆の関係のメカニズムは同様に、結果の原因（条件）への作用のおかげで不断の状況の不断の回復を保障することができる（たとえば、有機体における不断の体温、糖の成分等の保存）。

逆の関係の同一の系は、有機体の感覚活動、調節原理のなかで発生する。原則として同じことは自動調節の系であり、そこにおいて結果の作用が結果の保存を諸条件に適応的に保障する。

原因結果の関係はこのようなもので条件、原因、作用、結果の多様な結合からの分離をたえず前提としている。原因と結果、その両者の関係は、すべての現象の全般的結合から“脱出”するかのようである。しかし、このさい、上述のように、決定の多様な水準が存在する（多様な水準の決定の相互関係におけるより一般的、より特殊な合法則性）。他による規定および自己規定としての決定の一般的原理は、水準から水準——物体の水準、有機体の水準、結局、意識的生物としての人間の水準——への発達過程でさまざまに現出する。

われわれの書物『存在と意識』においてわれわれは、現象の決定における心理的（意識）の場と人間の意識的実在水準での決定の新しいタイプを分析した。心理現象が人びとの生活諸条件によって制約され、また人びとの行動・活動を制約するものであることをわれわれは明らかにした。この立場から、人間の社会生活における自由と必然性の問題解決への道が明らかになる。外的諸条件は、人間、人格の内的道徳的志向性を介して作用する社会生活の条件（社会体制、政治組織等）

としてでてくる。動機づけを介した決定は、人間にとっての現象の有意義性を介した決定である。ここから、"愛着"と"義務"（外的規範）の側面からの決定の弁証法がでてくる。同様にここから、存在水準、人格的生活に依存した価値の問題、価値のスケールおよびダイナミズムへの接近の可能性がでてくる。"利益"（"功利主義"）、"幸福"（満足、楽しみ、喜び）等の問題は、抽象的にではなく、人間の生活水準に依存して解決される。この問題は以下に検討されるであろう。

　決定論の原理と結合して、すでに問題となった現実のカテゴリーの定義への道が開かれる。現実とはまず第1に、他に作用し、外部に現れ、相互作用にかかわることである。現実は、本質と実在、内部と外部の直接発生した統一である。現実は他ではなく、自分自身の現れである（それゆえ外部と内部の統一）。現実的現象は、（本質から切り離された現象と違って）本質が実現することである。現実は、（可能性として）他に暗示的に与えられるだけでなく、（外部に）明示的に、他の何かに直接作用するものである。これと異なって「可能な」ということは暗示的であり、他の現実的可能性のことである。

　因果関係、依存の樹立にさいして、通常、一般的依存、一般に概念に特徴が現れる要素間（原因結果）の結合、依存が問題になる。ここから、因果的依存は、現実ではなく、可能性の範囲と関係しているという主張がでてくる。

　すべての一般化、非個別性、非具体性を現実の範囲外へ追放する概念は、現実の因果関係──個別と現実──の非区別、発生している事例とこの単独の事例の概念における表現としての一般化の非区別にもとづいている。(31)

　唯一存在しているものとしての個体を決定づける個別の優先権を強調する論理的経験論とはこのようなものである。論理的経験論は、不定としての共通の術語の範囲を個別性のために制限する現実を確立するように相応する論理装置をつくりだす。共通の術語（不定の）を伴うすべての状況は提案的機能であり、その事実について語ることは無意味である。事実はあたかもある意味とだけ関係するようであり、共通の述語は個別性（個）の述語としてだけ登場する。しかし、これが現に存在していると主張するすべての事実は、現に存在している問題に対する答えを前提としている。問題に対する答えは、明示・解明されねばならないある理論的内容を前提とし、所与の現象の本質の解明、それゆえ、抽象と一般化を介した思考への移行を前提としている。本質はつねに現実にあるいは可能性とし

て存在している何かの本質である。ある現象（存在物）の本質が他の現象（存在物）の可能性としてでてくる、いいかえれば、ある現象から他の現象への、ある存在から他の存在への結合、移行が前者の本質を介して発生する場合でさえ、他の存在物の可能性である本質はそれ自体、現実の何かの本質である。

　この観点から、自然の現実と科学（物理等）の事実、社会生活の現実と直接資料としてでてくる解釈を含む歴史科学の事実を対比することができる。その上、現実の事実としての解釈の結果は、直接の形で現出する。このように、この直接性は、相対的で、たえず雑然とし、すべての新しい間接性を間断なく自らに吸収する。

　このように、事実の直接的所与としての現実は豊かな無限の内的内容であり、現実認識の媒介である程度明示され、直接的に与えられる形ででてくる。

　可能性と現実性の他の相互関係は本来、時間の経過のなかで解明しなければならない生成と結合している。

》 自然と物質

　存在論の輪郭は、多様な質（関係の多様性）における存在物の特性を前提としている。存在として、本質として、実体として、自然として、世界として、現実として等。このカテゴリーの多層構造は、存在内部の関係の多層構造と結合している。この多層構造は発達・生成・存在変化の進行における新しい諸階層の出現と結合している。発達における新しい諸階層の出現は、すべての先行するものが新しい質ででてくることへと通じる。こうして、高次と低次の、一般的と特殊な諸法則の相互関係にかんする言及した状況は、存在物の多様な水準のカテゴリーに合致する高次と低次のカテゴリーの相互関係に類似していることになる。存在自体の多様な水準、発達、生成を反映する存在のカテゴリー的分析がこの分野の分析対象である。

　実在の確認を包摂する存在の未分化の概念から、われわれはその質的決定へ移行し、これとかかわって存在論的実体的カテゴリーの一群が現れる。(32)

　自然は実際、存在物である。自然の実在方法は固有で、自ら存在し、発生し、存在する力をつけ発達するものとしてでてくる。自然は自ら自然に発生、発達、参加し、創造されたり偽造されるものではなく、固有の内在的必然性のゆえ発生

する存在として定着するものである。新しい銀河等のたえざる発生はこの例として役立つ。すべての自然的過程はたえざる生成としてでてくる。ソクラテス以前 (*) には自然、存在は内在的で、組織的に成長・発達し、（神に依存しないで）内的弁証法を所有するものと理解されていた（この最初の自然概念の歪曲は、自然を創造するもの［自然——神］と理解するキリスト教において発生した）。その後、自然は運動する物質となり、物理学の対象とされ、存在は物理学的定義に帰される。最初の実在方法、つまり存在の自発性としてではなく、物理学の定義する概念として特徴づけられる自然だけが文字通り存在となっている。しかし、存在は物理学の対象としてだけでなく、哲学的、歴史的、美的理解の自然としても存在している。物理学的理解による存在の自然への還元はデカルト哲学で発生し、結局、社会生活や人間の歴史が存在から生じるということになる。ところが、社会生活は人間の実在方法であり、これと同時に人間は自然的な存在物である。

　物理学的過程の主体としての自然に還元される自然と人間実在の社会歴史的方法の間の分裂を克服するためには、すでに言及した実在方法の概念を導入しなければならないし、この実在方法の主体は新しい水準ごとに決定しなければならない (**)。

　かくて、自然の非組織と組織、無生物と生物への区分にはその基盤に実在の相異なる方法がある。生活は、実在の特別な方法である。運動は、物質の実在の基本的方法である。上述のように自然の範囲には、物質運動としてのすべての変化の検討、要するに、運動概念の質的な、たとえば、化学的変化への正当な拡大も入っている。しかし、有機体の変化、人間生活、人間の社会生活へとさらに進んで、実在方法の概念そのものを運動から区別し、主体の特性によって異なる多様な実在方法を区別することが妥当である。

　実在方法のこうした一般化にさいして、2つの問題が発生する。本質の観点から自然とは何なのか（長さ、運動等 quidditas (10)）、存在の観点から自然とは何なのか。これは、自然の実在方法の問題である。人間の本質とその実在を同一視し、本質と実在方法を同一視するなら、自然にかんしても同様のことが考えられる。その上、自己の外部の存在状況、自己の範囲を越えて"他に"在する状況は多かれ少なかれすべてに存在することである。量的質的に自己の範囲を"脱出"する全体的階層が存在するが、自己の範囲を超越して自己の外部に在する特徴に

かんして、すべての他の存在から現存在を区別することはできない（***）。

　時間と空間は、存在物の"実在形態"である。このことは、実在形態が存在しているものの構造、形態、関係の方法を表現すること、つまり、これらに依存していることを意味する（とりわけ、相対性理論の唯物論的傾向はこのことに内包される）。
(33) しかし、ここから、たとえば歴史および人間生活の時間が単純で直接的ではないが、物質運動の時間と一致することが必然的ではないにせよ、少なくともありうる結論として思いうかぶ。こうして、存在物の多様な範囲、多様な実在方法に応じて、時間と空間のカテゴリーを区別する課題が発生する。

　存在の多様な水準で時間と空間のカテゴリーが分離する。

```
            ┌ 物理－化学的過程
 1）空間  ┤  有機体
            └ 人間生活
            ┌ 自然、物質
 2）時間  ┤
            └ 歴史
```

　多様な存在水準に応じた質的特性を有する決定にも同じことがいえる。外的なものと内的なもの、自己決定と他による決定の相互関係の問題は科学の普遍的な方法原理である。自立した科学分野の設定問題は、決定の多様な分野（社会の学説としてのマルクス主義、ヴェ・イ・ヴェルナツキーの地球生化学等と結合している。

　このように、物質の生成の問題は基本的に新しい水準、新しい実在方法の生成の問題であり、その１つひとつは時間、空間等においてさまざまに特徴づけられる。自然はこのような水準のひとつである（*）。

　この実在方法の特徴を完全に明らかにするためには、この方法と他の方法を関係づける必要がある。互いに交流する総和、人びとと物の体系、人びとに関係する物と現象の総和を検討するとき、存在はひとつの世界である。いいかえれば、世界は物と人びとの総和であり、人間に関係するもの、人間的本質のゆえに人間が関係するもの、人間を方向づけ人間にとって有意なものが、総和に含まれる（方向性や志向性のもとでは、意識の方向性だけでなく、すべての人間存在の方向性が考えら

れる）。

　自然および他の実在（たとえば、世界）方法の定義は人間を介してのみ考えられ
る。自然と他の存在状態——人間が自然の素材から創造する具象的世界——は人
間の実在方法を考慮して初めて理解できる。

　人間と自然の直接的統一は、素朴で清純な視点である。意識の起源と関係する
人間と自然の二分、対置は自然との新しく、間接的で意識的統一を前提してい
る[11]。人間の労働は二分の結果であり、自然の克服である[12]。マルクス主義に
とって意識的活動的存在として、意識と活動の主体としての実在が人間実在の基
盤的方法である限り、この人間的実在方法との相互関係から、"世界""自然"と
いう術語は"存在論的"概念として理解できる。[34]

　すべての概念は他との連関においてのみ明らかにされる。「各概念はそれ以外
のすべての概念とのある関係、ある関連性のなかに見いだされる[13]。」このこと
は、存在、本質、実体等の概念同様、物質概念とも関係してくる。物質概念を他
の概念との関係の外部でそれ自体として把えることは、物質概念の形而上学的絶
対物への転化を意味し、その科学性を奪うことを意味する。

　物質概念は自然と結合しており、自然界と関係している。

　最初、自然科学の発達のデカルトまで、新しい時代の科学まで物質概念はどの
ようなものだったのか[14]。感性的に現れる物性としての物質概念は、感性的に
与えられる存在物と一致し、最初、存在物はこのようなものとして登場した。こ
の存在物はソクラテス以前は物的で物質的であるが、ここでは物質的なものは、
観念的なものとの対比において、物質的なものではなかった。素朴唯物論は、観
念性との関係において（観念的なものに対して物質的なもの）、物質性の顕示、定義を
伴わないで物の物質的存在（物質的物質、物性、物質性）の主張だった。ソクラテス
が概念をこのような、つまり観念的なものとして解明するまで物質的なものは、
素朴に把えられ、不定形なもの以外のどんなものとしても存在しなかった。この
さい、物質概念そのものが物性を意味した。物質は古代人にとって物品が作られ
た物質だった。哲学は初め（ソクラテス以前）素朴唯物論だった。

　観念的なものとしての概念、イデアの発見とともに、唯物論的なものと観念的
なもの、同時に唯物論と観念論の対立が発生する。存在物が特徴づけられる概念
において、本質という表現、本質としてのイデアの確立が見いだされる。これ

は本質的に、概念の分裂だった。多分、最初は明確さをもち、実在と本質（第1に主語、第2に述語）を統合する実存する何かを意味したのであろうが、実際には、主語としての本質と述語としての実在への概念の分裂だった。ここからその始まりが観念論を導き同時に、存在論的概念の発展は後に形而上学がぶつかった袋小路へと入りこむ。ここから唯物論と観念論の明確な対立が始まる。

　存在＝物質の公式を用いる唯物論が、どのようにして理性論を越えて観念論に転移するのか、物質的なものの実体的範囲の外部に残存する現象的範囲の分離がどのようにして発生するのか、ここで観察することができる。デカルトにおける物質の理想化（もっともデモクリトスの場合も同様であるが）は物質を現実的なものから理想的なものへと転化する。物質は、抽象へ、実体化された一般的原理へと転化する。物質がその内容的特性にかんして抽象へと移行するにつれて、物質は実在・存在の領域からイデアの領域へと移動する。

　自然にかんする新時代の科学の発達は素朴な形の物質概念と不可分に結合している。かくて、最初物質は物質性、素材、長さだった（デカルト）。その後、力（ライプニッツ）、運動、抵抗、不浸透性の概念が発生し、このことは物性のさらなる概念的仕上げ（素材としての物質）を意味する。“物質”“運動”、外部からの刺激の結果としての“物質運動の慣性”の概念についても同じことがいえる。

　物理的概念で表現される運動の源泉の物質そのものへの転換の結果として物質は運動する物質として登場し、お互い影響を及ぼす物体の相互作用である運動の源泉を物質そのものの内部に（外部ではない！）所有している。(35) ここで、科学における物質の新しい概念と実体の概念との一体化が発生する［実体＝物質（ホッブズ）］。内因としての実体概念は哲学で起こり、新しい物質概念へと拡大している。物質は、新しい質として、実体の長所として登場し、初めから質的明確さを所有する。このように実体は、物理学で定義された物質内容の表示のための哲学的カテゴリーとして登場する。

　“あるがまま”、自己における内在として、生成、発達するものとしての初期の自然概念は物質概念と同一視される。自然は運動する物質として登場する。自然は最初一般的に自ずと成長・発達する存在を意味したが、物質との同一視によって物理学の対象となった。上述のように、自らの実在方法（＋存在の“自発性”）ではなく、物理学の概念が特徴づける自然だけが完全な意味で存在である。存在、

存在物——人間の存在、歴史——の先在的形態は非存在的で存在から除外され（平等のゆえに、存在＝自然＝物質）、主観的で観念的領域に属する。

　物質概念のその後の発達は素材概念と結合している。物質は大きさとエネルギーによって明確化する。このことは、物質がなお大いなる程度において、物理的概念として定着していることを意味している [15]。機械論的唯物論は、なおすべての存在形態の無機物質の物理学的存在への帰属を意味し、こうした存在物の存在範囲外への追放を意味するが、それは物理的ではない（物理学的述語によって定義されない）[16]。存在の本質は物理的存在に帰される（あるいは存在物の述語は物理的概念が現れる本質内部にとどまる／存在＝物理的存在。他のすべてのものは、最善の場合でも現象であり、主観的であり、外見である）。

　ここから、"下部"が唯物論、"上部"が観念論としての機械的唯物論の本質は明らかである。

　このように、２つの原理的に異なる道が明らかになる。最初の道は唯物論で現象世界を説明できる存在物の基本的特性解明への運動である（デモクリトス－エピクロス－K.マルクス）。この道の意味と偉大さは、これが科学の道であり世界認識の道だということにある。これは、存在物の内部にとどまり、安定性・恒常性を解明し、変化・運動を説明する道である。機械論的唯物論（ベーコンからホッブズへの道）は、再三、世界を２つに分裂させている。物質が、機械論的運動の主体として理解される限り、物質的物体は、機械論的特性の総和として理解されるが、存在が実体と現象的なものに分裂される限り、物質的世界は、物体の機械論的相互作用として理解される。[36] 実体は、機械論的特性の範囲に及ぶが、現象学は感性的世界のすべての他の特性、たとえば、副次的性質の現象性を主張する。現象学は、物質の機械論的概念の不可欠の相関概念として登場する。物質は存在物の全一性の保存に貢献している限り、大丈夫である。ここに、物質概念を有限のあるいは発端の概念に転化する考え方としての唯物論の批判的視点がある。

　ここで、第２の道、世界の分裂、感性的なものの軽視への原理的路線として存在に等しい物質から観念に等しい物質の転化、つまり、観念論への第２の道が始まる。アリストテレスの構想は、物質の機械論的概念に対する上部構造として登場する。この狂いを根絶するためには、（物に対する実体、物に対する観念の）不安定性とその外部にみられる安定性の対立を克服しなければならないし、物質を述

語、物質的世界、物質的存在として、存在、実在として検討しなければならない。ここから、観念としてではなく、実在するものとしての物質実在の承認の不可避性が発生する。しかし、ここには、現実、実在とは何なのか、という基本的問題が内包されている。

それゆえ、最初に実在を定義し、その後、物質内容が実在要求に合致しているかどうか、実在し現に存在するためには、物質はどんな条件にかなうか明らかにしなければならない。

すべての存在物の無機物質への還元を拒否して[17]、弁証法的唯物論は物質の特質を保存し、均質化と量的定義へのありえない還元を克服している。しかし、ここで量的なものの優位性を維持するということがしばしば起きる。量的相異の蓄積から質を分離することは、量の質への転化にかんする限り、弁証法的唯物論においてデカルト的機械論とヘーゲル的観念論の遺産である。存在物（存在）＝物質という状況では存在は物質に還元され、明確になり、制限されて明確になる。存在はその始まりにおいて端初的形態では物質である。それ以外の存在形態は、最初の形態の発達の所産である。しかし、発達そのものは一連の質的変化として理解される。そのため、より高次な形態をより低次な形態に還元せず、すべての存在物を物理的物質（物理学が定義するような物質）に還元せず、物質を主語と認め、すべての存在物を物質発達の述語として認めようとしている。

ここから、物質的物体、物は意識に対置されるということになる。初め一般的物質としての安定したもの、恒常的なものが特別な形成物（実体）としての領域を不可避的に超越する。一次素材としての物質において、"機械論"がもっとも直接的に現れ、これによって物質は"他のもの"、つまり意識を形成し、物質における実利性、つまり、述語を主語に転化する。この進行は、観念的なものだけでなく物質的なものとの関係においても拒否されねばならない。"逆に"物質的なもの、物体、要素（原子等）の相互関係、相互作用に物質を"取りこみ"、主語としての物質を解消し、物質を述語に転化しなければならない。物質は、苦しみと所作、作用と反作用（不浸透性、硬さ等）の相互関係として定義されねばならない。[37]

この発達過程でより広義には物質として示すことができる、いいかえれば、物質にもとづいて形成された質的に新しい独自な存在物すべてを物質と呼ぶことが

できる質的に新しい形で、存在が登場すると理解するほかない。

　物質のカテゴリーはその科学的に決定される内容にかんして自然の範囲と関係している。

　史的唯物論の基本概念を形づくって、K.マルクスが物質ではなく、社会的存在（社会的存在は社会的意識を規定する）について語ったのは偶然ではない。社会的存在に応じて、社会生活の物質的条件について語ることはできるが、上述のK.マルクスの基本概念において存在概念を物質概念に代置することはできない。どうしてもこうすることはできない、それというのも人間存在は生活過程であるが、物質カテゴリーでは、実体のアスペクトがどうしても現れるからである。

　もちろん、物質の実在方法としての運動の公式は人間を含むすべての社会生活に拡大できるが、こうした場合、（疑いもなく大変重要な）すべての存在物の全一性が強調されるであろうし、すべての存在が"運動"、過程、生成であるという疑いもなく重要な思考が表現されるであろうが、人間の特殊な実在方法については何も語られないであろう。

　このように、物質概念は存在概念にとって代わらないし、とって代わることはできない（物質概念はとって代わらないが、実体カテゴリーを必然的に前提としている）。このさい、これらの概念の各（存在、実体、物質）は、基本的哲学問題の異なるアスペクト——存在物、存在および存在物の本質の問題——を現す。それゆえ、（物質概念ではあるが）これらの何かひとつだけでなく、すべての概念が、たとえば、社会的存在にとってだけでなく、自然を含む全体としての存在物にとっても保存されねばならない。この基本概念の正当性は、物質問題が全体としてすべての側面で明らかになるにつれ、より明白に登場してくる [18]。

　存在の物質性の顕現、すなわち、物質的存在のこのようなものとしての決定・自覚は、物質的なものとそうでないもの、つまり、観念的なものとの相互関係を要求し前提としている。世界は基本的に物質的であるが、観念的なものは物質的なものから孤立しているわけではないし、二元論的にそれと対置される。しかし、観念的なものは、物質的世界、その始まりにおいて、発達の出発点において物質的であるという物質的なものの世界を越えて導出されてはならない。"それと同時に"、世界は物質的であるだけでなく、観念的でもある。この結果、存在＝物質という等式は受容することはできないし、この等式は成立しない。

物質だけでなく、意識も存在する。意識は物質に劣らず現実的である。たとえば、社会的存在は社会的意識を規定する。これは出発となる依存であるが、社会的存在の社会的意識への逆依存も存在する。とりわけ、社会的存在は社会的意識なしにはありえない。意識は外的付属物ではない。

　（人間、認識主体の世界を自覚する）意識と客観的現実との認識論的関係の出現は物質的世界の発達における意識の存在、発生と結合している。客体、客観的現実は、存在物を特徴づけるカテゴリーである。存在物が認識される限り存在しているということは、認識論的特徴づけである。存在物の、存在するもの全体のこの認識論的特徴づけは、物質にも拡がる。(38) しかし、実際には、客観的現実性として存在するのは物質だけではない。ある人間の意識も他者にとっては客観的現実である^(*)（実際、意識、物質的存在として、特殊な形で世界、周囲と相互作用する人間から切り離せない）。しかし、物質、つまり、意識をもたない物質は、認識過程でただ客観的現実としてだけ、客体としてだけ（決して主体ではなく）存在する。客観的現実として、物質は主体、人間を自覚し認識する意識の外部で、意識とは無関係に存在する。客観的現実は、認識論的観点から存在物を特徴づけるひとつのカテゴリー、認識対象の質として登場する。ヴェ・イ・レーニンは、問題のこの認識論的アスペクトを特別に強調した。これは、哲学の基本問題としての思考の存在に対する関係にかんする問題提起と結合している。しかし、もちろん、このことによって意識が存在物の範囲を超越することはないし、存在しない何かへ転化することもない。思考と存在、精神と自然は哲学の統一された基本的問題としてしばしば一体的に考えられている。しかし、思考と存在の問題において認識論的問題が前景に浮上し、精神と自然の問題では存在論的問題が前景にでてくる。

　意識と客観的現実として人間が認識する物質的存在の関係は、存在物内部の関係である。（認識主体としての人間の）意識と意識の外部で意識と無関係に存在する客観的現実としての物質を理解し正しく関係づけるためには、存在、存在物のカテゴリーに論点を移し、物質そして人間の意識を内包するその構成要素を明らかにし、存在内部でそれらの相互関係を抉別しなければならない。

　こうした意味にもかかわらず、物質カテゴリーは形而上学的絶対物ではない。物質カテゴリーは、存在と存在物の本質を特徴づける哲学的カテゴリーの全体系との相互関係においてのみ、その真の内容・意味が明らかになる。この存在物に

は物だけでなく、主体・人格もまた入る。

　物質は自然を特徴づけるカテゴリーである。しかし、全体としての自然は、た
だひとつの物質だけには帰されないし、ただ物質的としてだけ定義されない（＊
＊）。自然は音楽、宇宙、自然現象の循環であり、いっそう高貴な調和である。自
然現象としての自然は、雷雨、海鳴り、嵐、威力である。調和は、人間にとって
の静謐、静けさであり、秩序、清らかさである。他方で、自然現象の予期しない
でき事があり、この危険のため自然との闘いは避けられない。さらにまったく異
なることであるが、自然における生成は復興、発生であり、これらと結合したす
ばらしいでき事は喜びである。ひらく芽、粘着性の小葉、明るさ、奔放、色彩の
驚嘆——春、開花、生命。また別のことであるが、やさしさと生命のあたたかさ
は別の静謐であり喜びであり、赤ん坊、女性、自分の家族、親類への愛、直接的
で自然な形での隣人への愛、これらは人間に生来のものである。したがって多様
な不可分のものがある。

1．人間と宇宙——宇宙の無限、恒久性、人間の偉大さと小ささ、そしてこの相
　　互関係からくる生命のスケールの大きさ。
2．人間と自然。自然の美は人間にとっての美しさである。自覚され意識される
　　自然界との美的関係。自然現象および美としての自然は生産のための仕事場、
　　原料であるだけではない。
3．人間と世界。閉鎖的で有限な全体としての自然と人間の輪。（世界、俗人、民
　　衆、"世間"は社会であり最高の特権を有する輪である。そこには準備された型があり、"かく
　　受け入れられる""すべてはこう考えられる"という一般に認められた理解がある。）
4．人間と現実は現にあるがまま、ということである。(39) これは、真実性の
　　領域と未知で、未体験で神秘的で未解決な現実——実際に存在する——に対す
　　る人間の関係の広大な拡がりである。ここから、探究・研究の精神、真理への
　　志向性、客観性（公正、公平）が発生する。誠実さは、関係がどのように存在し
　　ているかだけでなく、他者にたいし、他者を欺かないということへの関係でも
　　ある。これらすべての美徳とそれらの各は個々に何を守り、存在物のどんなア
　　スペクトへの関係を表現するのか？
5．人間の生活は世界に、自然に、社会に、人類に、他者のなかにある。
　　物質的世界の発達の所産としての意識もまたひとつのアスペクトとして自然

に内包されている。意識は自然に降臨したようなもので、人間の社会生活のなかにその発生の前提条件を有している。

　存在物は客体、客観的現実として登場し始め、自然の発達過程において認識過程と主体客体の認識論的関係が発生する。

　意識の外部で、意識と無関係に存在する客観的現実としての物質問題に対して、存在を主観的外見で止揚するすべての詭弁的試みと異なり、ヴェ・イ・レーニンは、本質的に存在、存在物の確立を主要なものと認めている。しかし、"物質——客観的現実"という公式の両義性、多義性に言及しなければならない[*]。

　存在と物質は、主語そして述語として検討することができる。存在物としての存在は、述語ではなく、主語として把えなければならない。逆に物質は主語から述語に移動させなければならない。客観的現実の意識、つまり、人間認識において開示される存在物の外部で、これと無関係の存在はこうした方法で確立される。

　（古い形而上学、古い存在論がやったような）意識から分離されて存在する存在の承認ではなく、意識と無関係に、自発的に自分自身認める実在、存在の承認が問題になるが、これは人間の認識において明らかにされる。

　意識に与えられる範囲を"とびだす"、それを"超越する"試みに代えて、その範囲を区分する超越・中断[19]を介した飛躍を用いて存在物（"自己における"存在）の範囲に行きあたるためには、意識をもたらす存在から出発して存在、存在物の意識からの自立性を明らかにし、逆の道の可能性を止揚しなければならない。

　どこからともなくもってこられ、どんなものかわからず"自らに"示される存在と意識現象を対置し、前者を後者に溶解させることに代えて、われわれは、現象から人間に直接与えられた世界から出発し、人間には世界との活動的で認識的接触があるので、この世界から出発して、この世界のなかで存在物の存在を明らかにする。

　とりわけ、人間に与えられるこの存在（存在物）は、多様な存在論的カテゴリーの範囲で存在物の存在論的特性を明らかにするすべての存在論的研究の出発点と把えられる。意識ではなく人間が物質の相関概念であり、人間の本質は熱烈で苦難に満しており活動的である。

（主観主義を伴わない）カントの批判哲学の要求と（直観主義的自由意志を伴わない）現象学の志向性はこのように考えられる。

　（概念で表現される本質としての）イデアと区別される物質はイデア、意識と対立する現実の実在の承認を内包する。(40) 物質の客観的現実はその概念自体に内包される。ある意味で本質と実在の統一は概念のなかで描かれる。人間の実践的活動の抵抗および材料としての物質、物質的世界——物——はその相関概念としてイデアや意識ではなく、活動的生きものしての人間をもっている。このように2つの思考過程、2つの観点が予想される。物質と意識、物質と実践的活動の主体としての人間。前者への実践的接近の基盤は後者にある。存在のすべての分類をひとつの物質カテゴリーに"整える"ことが不可欠である。"存在論的論拠"はまずもって、物質、物質的世界に対して予想される。

» 時間と空間における存在の生成

　現実とは、生成過程ですでにそうなっており、そうであることをやめなかったことである。現実とは、現段階で、現時点で存在していることである。ここで、現実と過去および未来との結合が発生する。

　時間の問題は生成と結合して発生する。時間における過去、現在、未来の関係である。

　現代科学では、時間と空間が運動する物質の実在形態であるという立場が主張される。具体的には、このことは時間と空間の特性が物質運動に依存する。つまり、物質運動とともに変化するということを意味する。したがって、多様で質的に規定される物質の発達段階は、多様な時間的−空間的構造と多様な特性を有しているはずである [20]。この構造の特性は不変のままではなく、運動する物質の質的状態の変化とともに変化する。時間的−空間的連続性の幾何学上の特性は、相対性理論によれば、物質的量の蓄積とそれによって生じる重力圏に依存している。高速で強力な重力圏の条件のなかで、時間的−空間的特性は本質的に変化する。時間の流れの不均等性、非均質性、物質（そして空間）の運動からの自立性としての時間のこうした特性は相対的である（均質性、等方性、長さのある尺度の絶対性にかんする理解と同様に）。時間の流れの不均等性、多様な"リズム"（そして空間の非均質性、構造性、屈曲）が発生する [21]。

しかし、当の物理学にもとづいて、この状態に達したとしても、哲学はこの状態にとどまることはできないし一般化もできない。この一般化は、自然のなかで運動する物質から生活過程、歴史過程における人間存在の"運動"への移行にさいして時間のその後の質的特性にかんする理解を必ず招来する。内的必然性を伴ったこの思考の客観的論理は、社会史の時間およびこの過程の構造特性に依存した人間生活の時間の質的特性の承認へといたる。

　時間における移動、同一の間隔の時間的長さ、たとえば、青年期と老年期における過去、現在、未来の体験のさいの1年の多様な知覚はこのようなものである。"外見"としての知覚の純粋に主観主義的解釈は、力学的運動特性を反映したニュートン力学の"絶対的"時間が事前に唯一現実の時間として承認されたことと結合しており、人間にとっての時間現象は、主観的体験としてのニュートン力学の絶対的時間と関係していた。(41) このため、人間生活の時間は、力学的に運動する物体（物質、点）の時間の主観的歪曲（外見）へと転化した。

　このように、力学の唯一絶対の時間理解の後退とともに、無機界（力学的運動、太陽の回りの惑星の運動に等しい時間——ニュートン）の質的（構造的）過程だけでなく、生物界、さらに人間の場合、歴史過程に依存した時間の質的に多様な構造の理解が発生する。こうして、時間が人間にとってどのようにみえるかは、体験のなかに現れ、完全に客観的根拠をもっている。"外見"は人間生活に適応した時間であり、周囲の力学的過程や固有な有機体における化学的過程の時間を越えて不当に影響を及ぼす。このように、外見上、時間は自然の時間、物質の力学的運動時間が作用する一般に認められた公式の時間とだけ関係している。主観的に体験される時間は、そこで感じられる運動する物質の不当に屈折した時間というよりも、このシステムが人間生活（行動）の相対的時間であり、それはこの人間の生活設計をまったく客観的に反映している。時間概念には、過程の決定論が反映される。

　人間生活に対する時間の客観的作用にかんするK.レヴィンの実験は、人間が体験する時間の主観性に逆行する。しかし、ゲシュタルト学派の（とりわけ、レヴィンの）"現時点の因果関係"、"現在"の役割概念の理論は、ゲシュタルト心理学における一般的過程概念と結合している(*)。過程にかんしては、ゲシュタルト学派の人びとは内部からの内的決定論だけを外的なものと無関係に認めるが、

時間にかんしては、現在の外部に過去と未来に何があるか無関係に現在の決定論が生起するというのである。しかし、"時間的見通し"、(心理的観点から) 人間の現在における過去と未来の結合、相関そして、現在の行動決定への両者の関与にかんする K. レヴィンの理論は考慮され分析されねばならない。人間行動に対する時間的見通しの実際的役割、その影響がここに反映されている。

"時間リズム"のカテゴリーが選抜され、多様な水準で分析されねばならないであろう。動物の水準ではくり返される時間の周期、時間の変化と結合した周期的過程を選抜することができる。この周期の性格と結合して、時間の相対的可逆性、時間における可逆性のアスペクトを立証できる。

人間生活の場合、時間はこの過程の特性と結合しており、この過程の合法則的進行は自己否定、対立物 (生と死) への移行を招来する。ここから、生活の始まりと終わりの間に異なる時間の長さが発生する (生活が始まったばかりの青年時代と終わりに向かう時)。でき事やその経過の速度による時間の充実・豊かさが人間生活の時間のリズムを変える。

動物の生活のようなくり返される時間の周期と異なって、社会的生きものとしての人間の場合、単一の歴史的過程の継承性が活動の所産を通して、形成される。(42)

かくて、主体の生活時間、行動、体験の時間はもちろん"主観的"である。しかし、それは客観的過程を提示する主体の生活形態と結びついた意味においてであり、ただ外見の意味においてのみ主観的というのではない。

時間概念は、哲学史では2つのアスペクトで生成のカテゴリーとつながっている。1) 消失、無常、不安定、不信、破壊、つまり、"諸行無常として"、2) 連続的更新、新しいものの出現、発達、進歩、仕上げ、新しいもの、立ち上がるもののための道の開設として。ここから、現象の2つの理解および生活への2つの関係の始まりが導出される。1) 重心の超越的来世への移動 ("死後の"——キリスト教、感覚外の——プラトン、仏教におけるものの瞬間的実在の理論(*))。2) 重心の感性の領域 (快楽主義、功利主義) としての現世への移動。

一般的で理想的な概念の開示、イデアの承認が感性の貶価として登場してくる。同時に、精神的なものの意義の承認は感性的現実の改変からの抽象である。改変、革命的闘いではなくて世界の説明、理解 (理想的止揚だが事実上の保存)。哲学

思想史において感性的なものの貶価は禁欲主義的倫理と分かちがたく結合している。

　このように、存在の生成、古いもの（死すべきもの）の消滅、新しいものの発生の問題は、存在というものの変化の問題、さらに主観的恣意としてではなく、客観的合法則性として現出する人間の積極性の問題を必然的に内包している。実在主義はこの問題を逆さにしている。実在の絶対化——実在の人間本質への転化——は、実在の優位性だけが認められるという誤った理解を招く。自由の承認は、決定、過去との連関を止揚する。人間は端初として登場する。全体として、存在範囲を超越する可能性がない限り、人間は始まりとしてだけでなく終わりとしても現れる。

　逆に、生成としての存在の承認は人間的積極性および存在変化を包摂する可能性の存在論的基盤である。外見における主観的観念論による存在の止揚、すべて外見であり、真のもの、“本当のもの”は何もない、すべてははかなく空しいものだという主張は観想の倫理学的主張（生活は本気ではない）、重心の来世への移動（無の哲学としての仏教）と合致する。別の方法での存在の蘇生が人間の問題を提起する。こうした倫理学の中心問題は自己肯定、現世での生活、イニシアチヴ、責任、これらすべてとかかわるヒューマニズムの問題である。

3.　存在と認識

＊＊

» 本質と現象

　述語から主語への本質の転化、哲学思想史において、主語の述語への実在の転化はどのように発生するのか。いいかえれば、外見、思考の主観性における存在の“蒸発”、溶解過程はどのように発生するのか。かくて、人間精神の“永遠”の歴史（ドラマ）の３段階は、哲学史、および人間の思考の歴史そして各人の精神発達においてくり返される限り、永遠の歴史である。

　１．われわれが自分自身を見る存在世界は、直接的客観的現実、しつこさ、明白さ、魅惑的な静かな魅力、自然現象の力、全側面からわれわれをおおう避けら

れないものであり、無視できないものである。存在は、荘重な静謐と絶えざる運動、直接的魅力、本物、廃止できないもののなかにある。(43) 存在し現れるということは、存在の信憑性の問題である。登場し、現れ、生活するということは存在することを意味しないのか？　存在していることは明らかであり、明らかに存在している。

　1番：人間にとっての存在現象（存在の信憑性）。存在し現れる。ここには2つの段階がある。1．真、直接性。2．最初の幻想・誤解の崩壊。世界の直接的で素朴な受容は終わるのか。与えられたままの扱いは終わるのか？　認識の始まり──存在における断絶──は真と偽の類別・分離である。

　2番：存在することとそのようにみえること（存在の問題性）。物や人が自分を偽ること（外見上のこと）と現に存在していることとの間の分裂、不一致。存在の問題化は全体として、人間そのものの問題性を招来し、また内包している。直接与えられたもの、明確なものと異なる真理（それを認める不可避性）を人間（過去の世代）が明らかにすること。実際、こんなに見えるということは、このようなものだということを意味する。あるものは、真の存在物としてではなく、実際、別のものとして現れる限り、自分には外見上のものとして現れる。

　（外見と存在の相関性を無視する）外見絶対化の試みは、外見としての何かの特性が存在物の存在を暗に含み、必ず前提としていることを忘れている。このように、外見の絶対化、存在物の存在を止揚する試みはそれ自身を止揚する。何かが存在しているかもしれないという疑いがあり、それ自身によって何かが確かに存在しているという疑いに転化するのが、主観的観念論、（存在論的ニヒリズムの"道徳的"結果を伴う）懐疑論、さらに存在物を自分の表象に還元する独我論の道である。外見は存在しているとみなされる表象であるが、独我論は、これにもとづいて表象の存在を受け入れることである。

　3番：労働は認識の源泉である。ここでは現実は観想の対象としてではなく、人間の欲求・行動の対象として現れる。純粋認識ではなく人間が行う認識過程における技術、生産労働、実践の今後の役割がここからでてくる。疑いと批判を介した実証的認識の時が真実性への道である。客観性への点検によって、真の存在と外見が分解・分裂される地点へと達することになる。事の本質はここにある。批判と疑いの試練を通ってすべては再度蘇えるはずであり、ここにこそ幻影的な

人間生活でない本物であることの証拠が存する。思考の抽象概念の強さと弱さについては、強さは本質決定にあり、弱さは存在物が本物であるかどうか試す無能力にある。

　かくて、外見としての非存在は存在を予定、より正確には前提している。存在物の否定、その外見への転化はつねに部分的であり、決して全面的、全体的ではない。

　すでに述べたように、人間がいる世界の存在・存在物の基本特性は、人間にとって現れ、感性的現実に登場し、感覚に与えられるということである。認識へと向けられる現象の"切断面"、"表面"が形成されるかのようである。いいかえれば、存在が現れるという事実の存在論的根拠、存在論的基盤は、意識、行動能力を授かっている主体と客体との相互関係のなかに存する。このように、人間の知覚と行動（生活）は２つの現実の相互作用として登場する。知覚は人間と世界との現実の相互作用の"構成部分"（成分）として登場する。直接的に与えられるもの、現存するものは、それ自体で存在物として登場する。まず第１に、この要求をもち、この性質としてどんな基盤にもとづいてこれらが登場するかに問題は存在しない。(44) 直接与えられるもの、現存するものが登場するさい伴う要求を拒否するためにだけ特別な基盤は必要なのである。

　その後の思考の働きは、感覚的表面に与えられるものから出発して、それを越えて存在物の奥に隠れ、感覚的現象に現れることを示すことに向けられる。認識の始まりとともに、最初の幻想・誤解の崩壊が発生し、（あるものをあるがままに）直接的で素朴な世界の感受が終わる。偽から真の認識、選別、分離の始まりとともに、物と人びとが自分を何と偽っているか（どんなに見えるか）ということと実際存在していることとの間に不一致、分割が発生する。ここにおいて、直接与えられるもの、目に見えるものと合致しない真理の解明が人間によってなされる。ここではまた、存在物の存在を止揚する試みとして外見の哲学的思考による絶対化が発生する。あるものが何であるかという問題は、何かが存在するという疑いに転化する(*)。主観的観念論、懐疑論、独我論の方法はこのようなものである。かくて、存在物のわたくしの理解への還元が発生する。存在と見なされる理解としての外見。現象を連続する外見へと転化する現象の批評は観念論の根拠の基本点である。この批評の批判が観念論の克服・止揚と存在物の権利の回復の道であ

る。このように、現象の外見への還元と存在の止揚が存在否定の内容である。

　実際、現象は外見には帰されない。外見においては、次に述べる単純な状況の
ゆえにますます存在物の存在が止揚されえなくなる。ただ現れる限り、実際存在
している限りでは、真の存在物としてではなく、自分にとっての外見上のものと
して現れる。いいかえれば、外見と存在の相関性が無視され、外見として見える
何かの特徴づけが存在物の存在を暗に内包し、不可避的に前提していることが忘
れられる。実在、存在物の存在は現れ、見えなくなるということである。このよ
うに、"現象"概念において認識論的アスペクトと存在論的アスペクトの混交が
生ずる。現象は実際、覆い隠すものとしてではなく、存在物の発現、その外面、
認識に拡がる最初のもの（現象の"表面"）として登場する。

　客観的存在論的で超越的な現象概念と主観的認識的で内在的な現象概念の区別
は、必然的である。現象は存在論的に、具体的存在物、相互作用、多様な相互作
用の交差（純粋ではなく、副次的状況で複雑化した形での存在）として、また概念的本質、
法則として存在する。存在物としての現象と認識主体による存在物の現象の認識
としての現象は区別しなければならない。認識の多様な段階で現象はいっそう明
らかになり、認識過程でますます内容豊かになる。しかし、直接的な客観的事実
としての現象は、出現物を使い果たすことはできないし、やはり原理的に出現し
ている存在物を使いきれない間接的認識、思考過程によって出現物はいっそう明
らかとなる。

　思考、一般に認識による（存在物の）認識対象の内容のこの無尽蔵は存在物の存
在を思考、認識に還元できないということである。思考対象は対象にかんする思
考に還元されない、同時に、思考、一般に認識範囲を超越するものは思考の対象
であって、この思考から切り離された何かではない。

　かくて、現象に対する接近は区別される。1）現れるものの思考における現象
（客観的存在論的な現象の構造、中心的核として現象に実在する"本質"、非本質的副次的状況の
組合せ）、2）存在物の認識・発見の過程あるいは結果としての現象、3）（現れる
ものの）現象の構造は直接的に、一目瞭然に、直観的に与えられるものではなく、
現象に起因して間接的に露見するものである。(45) いいかえれば、現象（現象）
と現象（出現すること）との相互関係としての現象における直接的なものと間接的
なものとの弁証法である(*)。ここで、実物による直観や直接的認識と間接的な

ものである思考との相互関係が発生する。直接与えられたものとして現象そのものに留まるものと現象の背後へと進むものとの相互関係である。出現するもののすべての多様性が、現象の"表面"に直接与えられるわけではないことはよく知られている。すべての認識は、始まりあるいは終わりの点において、直接的、一目瞭然で直観的だが、認識のすべてが直観的ではない。ここから、認識の不可欠の特徴としての直接的なものと間接的なものとの連関の問題が発生する。

しかし、存在の外見への転化を最終的に終えて、存在しているものの思考内への移動を不可能にするためには、われわれがやってきたように、存在論的観点を認識論的観点から区別するだけでなく、外見の問題そのものを徹底的に分析する必要がある。知覚内の外見は外観と現れるものとの不一致である。この不一致はなぜ発生するのか。ここから、観念論的哲学思考がこの不一致をいかに利用しているか、理解されるのである。

外見問題の説明は、現象決定の解明としての認識過程の研究を通して決定論の原理の立場からのみ与えられる。存在、実在、現実は直接与えられる形で登場する。現実とは現段階（この瞬間に）で存在しているということであり、ここから、現実と現在との連関が導出される。これはすでに発生しているが、まだ存在するのをやめていない（あるいは形成過程にある）ということである。同時に、（すでに述べたように）現実的であるということは、他に作用し、外部に現れ、直接的になった本質と実在（内的なものと外的なもの）の統一としての相互作用に関与することである。現実とは、（本質から孤立的に取りだされたひとつだけの現象と異なって）その本質が実現される現象のことである。それゆえ、この限りにおいて、現実に対するヘーゲル的概念は正しい。現実的なものはすべて本質に合致するという意味で合理的であるが、いずれにせよ存在しているものがすべて現実的（つまり本質を所有している）ということではない。この意味で現実は高次の実在形態である。もうひとつの側面は（他のではなく）それ自体の現れとしての現実であり、それゆえ、現実には内的なものと外的なものとの統一がある。現実には、現象と本質は統一のなかで与えられる。この統一は、側面において、現象の形で、実在の形で与えられ、存在しているものの本質を表現する。この事実は、実際、現実にこうであるということを意味するが、実際には何が存在するのか。この解明は、ある理論的内容を前提としている。現実はそれ自身のなかに、あふれるばかりの存在と形

態を内包しており、それらのなかに現実は直接与えられている。現実の内容豊かな定義はその本質である。現実の特徴づけにおいて2つの基本的モメントが重要である。

1. 事実の直接的客観的現実。直接的客観的現実の形で、間接的認識の進行によってある程度現れる豊かな内的内容は無限である（あるということ（sein）は現在あり、直接感性に与えられる存在であり、存在（Dasein）は現実である）。

2. 現実は（可能性として）暗に他だけでなく外部にも与えられたものであり、他の何かに直接作用する（起こりうるということは、ひとつの存在に他の可能性が暗示的に示されている）。(46) いいかえれば、活動的（何か）として現実的である、ということである。

　外見、現象、本質、存在、現実の問題は決定論の原理によってとりわけ明瞭になる。認識過程は、現象決定の解明である。現象の正確な認識が依存する変わりやすい決定因の解明が不可欠である。知覚心理学の分野では、対象・物の幻覚的で現実的スケールが存在することが知られている。対象の幻覚的スケールは、非存在の規模ではなく、ある条件での知覚（たとえば、対象の見方）にさいして合法則的に発生するスケールである[1]。対象の現実的スケールの知覚の問題は、心理学における不変性の問題である。いいかえれば、多様に変化する条件と知覚の多様で変化する条件における対象の安定的特性の保存に対する人間の知覚において考慮される。また正確には、外見は非存在の対象、現象、物ではなく、知覚のある条件・事情に依存してそのように見える現象である。

　しかし、この外見の問題に対し、2つのまったく対立する接近（相互作用と交流）がある[2]。一方は先に示したように決定論の原理の立場から、そして他方は、外的相互作用、反射的関係の立場から。もし、第1の接近にさいして、現象の正確な認識が依存する可変的決定因の解明がなされるなら、第2の接近にさいして、構成要素がでてくる関係、結合やそれらの間の外的関係に依存しないで、構成要素が考慮される（H.キャントリル）[*]。この第2の接近によって、現実的対象のただ見えるだけのものによる交替への道、世界の現象的組成への還元の道が開かれる。実際、外見は現れた条件に依存した現象である。第2の接近にさいして、現象の外見と現実における本質（何が現に存在しているのか）の相関性は必然的であり、存在物や現実を外見において止揚することの不合理性は明白である。

観念論の認識理論は、存在を物の“外観”へ転化するために、対象の外見とその実際の内容との不一致を利用する。ここから、物の概念として後のすべての思考が生じる。実際、知覚に与えられるのは、物の形象ではなく、物それ自体であり、主体に、知覚する人間に、現れるがままに与えられる。いいかえれば、物の形象はある知覚条件での物の現象である（したがって、ある条件の物のある“外観”・形象への影響が発生する）。物の形象ではなく、物自体が知覚されるが、物の知覚は、知覚される物（知覚対象としての物）と同一ではない。物自体はその実在条件によって決定されるのに対し、物の知覚（形象）は、知覚条件、人間に対するものの“現象”条件によって決定される[*]。物“自体”の存在から他のための存在への移行は、物の被規定性に作用しない、ある“様相”の範囲から他のそれへの単純な移行ではない。このような同一物の多様な範囲への様相的移動は一般には存在しないし、存在することはできない。“それ自体”における存在から“他にとって”（主体にとって）のこの存在の移行はその内容の変化と不可避的に結合している。反映論における決定論原理の存在論的アスペクトは水平的垂直的観点からの相互関係であり相互依存である（最低および最高の水準は一般的で特殊な法則でありカテゴリーである）。(47) 科学の方法的原理としての決定論原理そのものの今後の練上げが不可欠である。ここで、相互作用とその性格の問題にかかわって相互作用と交流を考慮し分析しなければならない。つまり外的関係の背後に内的関係が存在する限り、外的相互作用と外的関係を弁証法的に克服しなければならない（エリ・ア・マニコフスキー「K. マルクス『資本論』における“物”と“関係”カテゴリー」『哲学の諸問題』1956 年 5 号参照）。正確には、外的関係の背後に、一般的特性と内的関係がある。

　知覚とは、人間（つまり、現実的で物理的生きもの）の現実的、つまり、人間に作用を及ぼす世界との相互作用である（現実の個人〈人間〉の欲求への関係としての物の知覚・意味の運動的で感情的−評価的アスペクトが出発点である）。反映の真の理論は、物の理想的写しとしての形象理解の反対物である。知覚においては、物の形象ではなく、物自体が人間（知覚する人間）に見えるがままに与えられる。物自体はその実在条件によって決定されるが、人間[*]にとっての物の現象（物“それ自体”の存在から“他にとって”の存在への移行）は、ある“様相の”範囲から物の被規定性に作用しない他の範囲への単純な移行ではない。

　このように反映は、代役、写しとしてではなく、他への反射、つまり、他に

とっての現象として解釈しなければならない (**)。このことは、反映自体が他にとっての存在現象の存在論的カテゴリーにおいて現れることを意味している。知覚は実際の物質的生きものである人間と現実的、つまり人間に作用する世界との相互作用として検討しなければならない。いいかえれば、存在現象は他にとって物・現象等の実在条件であり、人間による補足的な知覚条件であると考えられる (***)。ここから、知覚の真の決定は、(物の形象としての) 知覚と物の関係の理解であり、この決定は実在条件の知覚条件への転化に応じてある内容の他のそれへの転化を前提としている。このように、"形象"という術語は、本質的に写し、模写物、写真等の資格のためではなく、知覚の感性 (概念における抽象思考と異なって感性的認識) としての形象性の表現のためにだけ役立つ。ハイデガーにとって、存在物の存在は見せる (現れる) ことであり、見えなくなることである。バークリーの場合、存在は現象に還元され、ここで現象は存在物にまで昇級する。正しくは、現象が現れている存在物のランクまで昇級することである (現象=現れている存在物)。存在物の存在は現象において始まるが、存在物の存在は、存在物が現れることには帰されない。決定論原理に従えば、現象とは相互作用の所産である。しかし、認識過程では2つの観点を区別する必要がある。

1．(どんな) 存在物の相互関係も相互作用である。

2．認識する人間との相互関係。

　人間の認識は現象の感性的表面に対する (最初の) 相互作用に関係する。感性的所与は、感性的知覚の対象が没入する存在物の奥深い層の表面的観点である。現象の感性的表面に、認識する人間との相互作用過程で顕現する (相互作用の) 奥深い過程の最終的で全体的な結果が見いだされる。人間を内包する相互作用において、内的相互作用の結果が人間との相互作用の表面、切断面にでてくる。この表面は、独自のスクリーンであり、内的相互作用の記録し公開する結果である。認識は所与の切断面の認識でしかなく、この背後に深みへと入っていく無限があり、ここから存在しているものにかんする思考の無限へと没頭することになる。
(48) 認識することへと向けられる現象表面の"切断面"の形成、つまり、存在が現れる (存在するとは現れることを"意味する") という事実は、(認識) 主体と客体との相互作用における存在論的根拠であり、存在論的基盤である。

　認識論的観点を介した存在論的観点の理解とはこのようなものである。

この条件でのみ、全体として物における部分の相互関係は概観できるようになるので、形象の立論としての反映は区分を要求する。観想におけるこの区分の対応物は、存在物における区分の可能性の存在論的条件である。

　感性的認識の特権は、2つの物質的現実の現実的相互作用過程の直接性にある。知覚するということは存在論化される、つまり、存在する現実との相互作用過程に加わり、現実に関与していることを意味する（知覚は生活と活動の成分である）。感性的認識は、物体の相互作用に類似している。現実であることの証拠は2つの物質的現実の相互作用として理解される感性的認識に内包されている。

　ここから、現実認識における感性的なものの特権が発生する。ここから、感覚における現実としての感性的認識における所与、いいかえれば、2つの物質的現実——物と人間——の相互作用としての感覚（感覚過程）が発生する。またここから、働きかけと応答的行為の相互作用、つまり、反射理論[*]のすべての内容が発生する。

　存在物、現実を"対象"、観想的所与としての形象へと帰着させ、人間を観想家へと帰着させて、観念的哲学的思考は、人間と周囲世界との現実的相互作用を解消し、現実の観念によるすり替えへの道を開くことになる。当初から観念だけが残され、すべての現実、現実のすべての相互作用は解消されたかのように、最初の状況はすでに準備されている。

　実際、すでに述べたように、一次的関係は意識ではなく人間世界との関係である。このことは、観想的、理論的ではなく、世界に対する人間の活動的、実践的関係が一次的であることを意味する。それゆえ、第1に認識は調整としての作用に包摂される。所与の観想（観想としての知覚）としての対象へと存在を帰着させることは、（対象、観想の対象としての）形象と物との観念論的関係へと現実を止揚する第1歩である。これに対し、対象のカテゴリー、対象性の定義にさいして、物（物質的対象）のカテゴリーを人間とその活動・労働との相関概念として導入し、一般にただ観想の対象として、形象の相関概念として対象を制限しないことが必要である。かくて、認識理論が発生し、この理論は分析過程で認識の存在論的前提条件を明らかにし、この理論の存在論への関係が変化するにつれ、根本的に変化する。このことにより、認識の理論は意識を存在の外部に追いやる主観主義から解放されている。対象と認識主体である人間との相互作用、交流としての認識

理解がこの認識理論の出発点である。

　知覚理論のこの哲学的分析、形象理論の批判、認識理論の端緒の定義は存在と思考のその後の関係を理解し、認識のすべての道を見守る可能性を与える。

» 思考の存在に対する関係と認識の論理構造

　最初、現実の本質が認識・思考によって明らかにされていないとき、現実は主として実在として登場し、存在物とはこのようなものであり、存在物の本質はなお解明されていない。(49) 認識過程の前進につれて、思考は概念において、現実の本質をますます明らかにする。このさい、このすべての本質、概念的定義は、そもそもの初めから認識の出発として、解明を要する対象として登場する現実の述語である。記述のように、存在、存在物はつねに主語であり、決して述語ではない。しかし、各存在物はある本質をもっている、つまり、本来、より正確には本質ではなく性質をもっている。本質は最初、存在物の質的被規定性を帯有しているが、その後、本質はたんなる質的被規定性とは区別されるより特殊な内容を取得する。ここにおいて、語のより特殊な意味において、存在物の質的被規定性から本質への発達路線が予定される（参照：ヴェ・イ・レーニン「物質認識の深化としての物質−因果関係−実体 (2)」）。

　観念論の基本的方向は述語の主語への転化にある。本質は所与（イデア）として検討されるが、述語−実在は解明されていない。これは、存在に対し思考の優位性の承認を意味する。存在物の存在それ自体、その実在が未解明なのである。実際のところ、主語ではなく述語はずっと未解明のままなのである。問題は、存在とは何かであって、存在があるかどうかではない。ここでは存在の本質が問題なのであって、存在自体ではない。本質はつねにある存在物の本質であり（他の存在物の可能性である）、実在以前に与えられる本質について問うことができるが、それは現実離れしたもので、認識する物の考えのなかでのみ存在する。この意味において本質の実在にかんする問題は思考と存在の相互関係の問題である。本質と実在のこの相互関係を投映することは正しくないし、このさい、まず本質が考慮され、後に存在それ自体が問題になる。これは観念的なものと現実的なものとの関係であるが、現実的なものの内部においてではない。

　この問題は次のような意味を帯有している。ある条件で存在しうる何かの本質

について、別の条件でも存在するのか、あるいは存在しうるのか。このように、存在している何かの本質についてなのか、ある本質の実在についてなのかという問題が立てられる。

このように、思考に対する感性の優位性と本質の概念的定義に対する実在の優位性が主張される。知識の構成要素の論理的分析は、概念（イデア）で規定される本質に対する感性的に直接与えられる実在のこの優位性について証明する。

認識の構成要素において、論理的分析は、概念的諸要素の寄せ集めの背後にある感性的に与えられる現実、実在する現実との直接接触へと開かれる "窓" という概念に "包まれて" いる。現実の発話は以下の形で実行される。

１）（他者に訴えること、指摘することとかかわって）これ、それ、ここ、今、わたくし等。これは、２つの概念的に特殊でない現実の出会い以外の何ものでもない。ヘーゲルの場合、概念的思考過程で現実を簡素化する確認・試みが起きる（『精神現象学 (3)』）が、逆にラッセルの場合、簡素化されない。

２）個別の実在の発話として固有名詞がある。(50) 固有名詞は、ラッセル (4) がやったように、"座標" を用いて知的領域から一掃することはできない。固有名詞の背後には、集団のことばによる実在の発話がある。ここにイワン・チェプロフがいる。これは終わりのあるいは最初の固有名詞導入方法であり、この任務は人間を提示することである。"叙述" を用いてなされる他のすべての方法は、出発点でこのことを前提としている。固有名詞にかんして、実在を主張する、つまり、導出することはできない、なぜなら、実在、さらに個人の実在は固有名詞によってすでに前提されているからである。認識の現実的道は、固有名詞からその実在へではなく、実在からその名称へといたるのである。

３）質とは、存在物の質的特徴である。一般化される場合、規定される概念、たとえば、色、音等の質における機能的特徴にかんして一般化され、また、感性的所与への不可避の訴えが内包される。ほら、赤だ。いいかえれば、存在物に出発点が見出され、これが思考によって、分析、一般化、抽象化されるのである。

一般化された質（赤い）は出発点であり、存在している何か、感性的所与の呈示である。"ほら、赤よ。"ここから出発して、一般的状況である "叙述" が生ずる。"叙述" は、一般状況で簡明に表現される条件に応える唯一の存在物の存在、実在の承認を意味する、つまり、所与の提案的機能を真の判断へと向ける対象が

存在しているのである。提案的機能の真の判断への転化は、その前提条件として相応する対象の存在あるいは実在を帯有している。ラッセルの場合、事実から派生する何かとして、存在、実在が登場するかのように見える。実際、相応する対象の実在だけが、提案的機能を真の判断に転化できる、つまり、事実の必然性は、実在によって明らかになる。

　認識の前進とともに、概念的決定および"叙述"の範囲は拡大し、対象のますます多くの特性は、思考・概念のなかでその表現・定義を獲得するようになる。しかし、これはその基盤にある直接感性的に与えられる存在（実在）への訴えの範囲を止揚することはできない。感性的に与えられる実在は"本質"の概念的決定の明確で不可避の前提条件である。感性の思考に対する優位性は、実在の本質に対する優位性である。

　実在と関係する感性的認識の具体性・豊かさおよび思考の抽象性という平凡で両義的主張に対し、ヘーゲルは感性的認識の貧困・抽象性と思考・概念の具体性という主張を対置する。この衝突の解決のためには、何よりもまず、認識の対象と対象を認識することを区別しなければならない。感性的認識が概念的決定としてどんなに貧困であろうと、この認識対象、対象の存在・実在は感覚・知覚に直接与えられる。無限の具体性は感性的認識のなかにあり、思考のすべての無限の過程は、知覚対象のこの具体性を頭のなかで（ある程度しか）再現できない。存在＝無、ここからヘーゲル論理学は始まり、直接的なもの、感性的に与えられるものはそれ自体では無効とされる。ヘーゲルは、認識、思考とその対象を誤って同一視する（あるいはより正確には、認識対象を認識、思考に帰着させる）。(51) それゆえ、直接的な感性的認識において、思考により描かれる明白な決定の貧困さを立証することで、ヘーゲルは、第1にこの認識対象の具体性を見落し[*]、第2に、知覚による決定の貧困さとかかわって思考による決定の相対的具体性を立証して対象にかんする思考によるすべての決定の抽象性を見落す。その実在が知覚・感性的認識に直接与えられる存在、現に存在する対象の思考的再現過程が、誤って認識対象の形成過程、概念の自己運動過程における存在物の存在の形成過程のように見える。存在は思考に帰着され、存在論は論理学に帰着される。考えはあたかも対象を再生産しなくて、生産し決定するかのようである。思考における対象の再生産は対象の形成へと変わる。このことと以下のことは結合している。1）

あたかも、知識成分から完全に存在しなくなる（達成のための出発点としてだけ役立つが、達成後は存在しなくなる）出発点としてだけの知識の感性的要素の過小評価があるが、実際には、知識の感性的要素は決して一掃されない。2）思考過程そのものを外的に制約されず、間接的でもなく、ただ思考の内的自己運動とだけ理解する。3）存在物のより具体的決定が抽象的なものとして先行するかのような幻想的理解がヘーゲルの場合、人為的で時には虚構の転化弁証法を惹起する。この人為性と虚構の源は、ある概念的対象から、対象への関与なく、この対象と相関なく次の対象へ移行しようとする試みにある。概念の対象は、ある概念対象から別のそれへの運動・転化に関与していないかのようである。

　実際、直接与えられ、現にある存在の感性的認識は、現存するものへと"開かれた窓"、変わりやすいものの存在のなかに独自の論理構造を帯有している。そして、このことにある意義を与えるのは、この個別性に意義・恒常性を決定できない抽象的思考ではなく、実在(*)そのものである。

　この論理構造においては、直接現在する存在の感性的認識は、存在から離れ、上方に立ち上がるかのように、認識がよりどころとする不可避の出発点があるだけでなく、どんな思考運動によっても認識成分から決して一掃されない人間による世界認識の不可避の構成要素である。

　相応する概念の多義（これ、それ、ここ、今等）は、この概念が関係する実在、現実そのものが考えの一意的明確さを与える基本的状況の表現でしかない。考えのすべての決定は形態をもっている。（ある）特性Aを所有しているということはBという特性ももっている、つまり、ある条件を満たすということは別の条件をも満たすということである。これらはすべて連関だけであり、このため、"ひとつがあれば、両方ともある"（条件付き判断、連関にかんする判断の法則）。2つのタイプの科学分野が存在する。宇宙論、地理学等——決定（対象）にかんする科学と物理、化学——連関、特性にかんする科学。この結合において、多様な科学における居所と"固有名詞"の問題は区別される。しかし、認識の論理構造、また認識・思考そのものの内部構造にかんする同等でない理解は、存在論的なものと認識論的なものとの相互関係、存在と思考の相互関係の誤った理解の論理的表現である。

　現実の直接的な感性的認識の定義の多様性、それらの矛盾（実際には、とりわけ

現実がこの公式上同一視される定義に多様な内容を与え、この概念を用いて、可変的で導入されるものの場に多様な意味をおくことに本来存する）を示して、ヘーゲルは、感性的認識、同時にこの論理構造を認識成分から完全に外そうと試みた。(52) 感性的認識にかんするヘーゲルのこの立場は、その論理構造およびそれに内包される認識と感性的に直接与えられる存在との相互関係の表現へと拡大される。この立場は、思考と存在の相互関係の問題（存在を思考に帰着させる同一視）にかんするヘーゲルの立場と相関している。思考の感性的認識に対する関係は思考の存在（実在し現在する存在）に対する関係に等しい。しかし、この後者の立場が、ヘーゲルが実現しようとした認識構造を決定した。思考からの存在形成（感覚・知覚・思考を用いた存在の再現ではない）。ヘーゲルにとって抽象から具体への上昇が存在生成の道なのである。思想が絶対者として登場し、主体へと転化する。存在の科学が思考の科学に転化する（が、全然違う！）。“論理学”が“第１”の哲学、“存在論”の代わりにおかれる（自然弁証法としての論理学と比較せよ）(5)。

　かくて、われわれは、認識の論理構造の不適切な理解が、存在論的なものと認識論的なもの、思考と存在の誤った相互関係の論理的表現であり、この相互関係の誤った理解は、認識そのもの、思考そのものの内部構造の理解のなかにその表現を見いだすことを立証した。

　抽象的思考は、その基盤に具体的で個別的な現実的相互作用の無限から思考上の抽出としての抽象をもっている。ここから、存在からの思考の離脱、抽象化が始まる。存在物の定義の無限性は、概念における有限の定義とたえず合致する。存在物の定義の無限性という場合、行為ではなく、物、現象等が続く限り、無限に長く続く過程が存在するという定義が考慮されている。それゆえ、感性的認識の対象と対象の感性的認識は必ず識別しなければならない(*)。

　感性的認識の対象は個別性、無限性をもつもっとも豊かな存在物である。対象の感性的認識は、存在しているものの認識、認識対象の実在の現実的確証としての認識が対象に内包される限り、（定義にかんし）貧困ではあるがもっとも基本的なものである。いいかえれば、感性的認識の客体は無限であるが、知覚が示す客体の定義は大きく制限されている。しかし、知覚においてだけ、所与の客体は現にあるがままに与えられる。

　存在の対象的認識に伴う評価の直接性と矛盾をヘーゲルは明らかにする。すで

に述べたことだが、ヘーゲルは、概念のその後の運動を客体の形成として定義しようとした。ところが、概念のその後の運動は、認識に依存しない実在を前提とするその再現である。実在、存在物はすべての思考過程の前提条件であり、思考上の定義の無限の目的である。

　現実の質・特性の述語あるいは属性への転化は、論理の発達、思考の人間の判断および意見への転化と結合している。テーブルが赤いということはこのテーブルは赤であり、存在しているテーブルは赤だということである。何か（X）が存在しており、それはテーブルであり赤だということである。あるものは関係として１個（個）であり、それがテーブルとして決定されれば、それがその決定である。(53) ある質をもって存在する客体が判断主体である。判断主体としてのテーブルは、本質的にこの主体が現れる居所の決定である。個別の客体が真の主体である。知覚の判断は実在の判断である。述語が関係するのは X であるという判断主体は、ラッセルが仮定するようなすべての述語の総和（すべての述語がつるされるラッセルの"鉤"）ではない。その上、すべての決定はラッセルによれば、述語によるのだから、主体の部分には何も残っていないのである。個々の質（赤い、柔かい）が自立した存在物でなく、現にある実在でない限り、"テーブルは赤い"という判断主体は、一般化された質の総和ではなく、存在している何かである。主体はある存在物であり、無限の相互作用の交差点にある質の相互作用である（いいかえれば、無限の相互作用の結果は個的なものなのである）。

　この無限に個的な総和の個別性は、相互作用、連関の主導的体系のひとつであり、この体系の内部ですべては流れ、変化する。個々の概念的定義（ひとつの質）は第１に、この一般化されたものの個別の意味（赤い）の全体的スケールを止揚され一般化された形で包摂している。第２に、概念的定義は、相当数の潜在的パラメータを包含しており、その各が個々の具体的場面である意味をもつ一連の一定しないパラメータを前提としている。実際生活において起きるのは、こうした質の総和ではなく、知覚・思考におけるように、一般的でなく個的に各質がでてくる作用の交差点である。このように、存在するものには総和として、質ではなく、質を決定する作用が存在する。存在しているものの個別性は、質の総和を通してではなく、存在しているものが受ける作用の無限性を通して現れる（赤さ、赤いということは個別の客体、存在している何かの述語としての質、特性である）。

このように、こうしたものとしての主体は実在である。この非一般化、個別性が相互作用における“場であり個”である。主体はある存在物であり、無限の相互作用の交差点にある質が相互に利用されることであり、無限の相互作用の個的結果である。人間の固有名詞は社会的諸関係における“場”である。知覚の各判断において、実在は基盤としてでてくる。われわれが語ったように、会得するということは、作用を試みることであり、この行為において実在はすでに固有に前提されているのである。

　このこととかかわって、われわれがすでに検討してきた個別の存在物、存在しているものの構造の問題が再び立ち上がる。存在しているということは、つねに個別性を帯有しており、独自の特性を備えているが、一連の形成にとっての共通点はつねに個別性のなかで提示される。存在しているということの概念は、行為・作用への関与、運動・変化状態での所在、変化しているものの変容のなかでの同一視を前提としている。さらにこの概念は、無限性（有限で具体的数としての無尽蔵）、明確さ、具体性、独自性としての個別性を前提としている。個別の存在物——主体は述語でありその変化である——として受容され、またそう見えるもののまん中で、この“階層”への自分の“要求”の試練に耐えないこともあり耐えることもある。そして、これは言語の問題ではなく、存在物の現実的構造の実際の依存関係の問題である。科学史の例では、実体、本質、主体が人格である。人格は、“でき事”の連続としてあるいは歴史的人格として、あるいはこれこれを行った人の“名前”として決定される。

　その上、人格の“論理構造”および人格判断は科学においてきわだつ。(54)個体はある連関（関係と相互作用）において不可分の単位として登場する。個体は関係のメンバーであり、変化主体である。個的客体は“物質運動”の或る形態の主体である（ここから、変化の主体は、発言の発端となる主体として把捉しなければならないし、述語は派生的である）。

　このさい、物質運動の同一体系・形態の範囲内で或る個体の他の個体からの特殊性、異質性が前景に浮上する。同一体系における各個体の相異性、質的独自性はすでにライプニッツによって言及された。しかし、個体の特性はその“場”とだけでなく、各“場”における相互作用の質的特殊性および総体の唯一性とも関係している。個別的存在物の構造は、多様な明確さ（質）の総和・集合であるだ

けでなく、決定のすべての多様性にさいしての所与の個別的実在の全一性であり中心である（個別的なものはそれ自体で一般的なものと個的なものの双方をそれ自体のなかに内包している）。これは"対等"の決定であり、それ以外のすべての特性、質が述語として関係する主体である。この主体は全体の不可分の全一性（構造）としての全一性を前提している。

　この個別的存在物の無尽蔵は、存在物の特性・方向性の（静的）無限性の結果としてだけでなく、その（強度）の発達の結果としても発生する。ここで、形成過程での多くのでき事が考えられる。変化過程における安定性は実体(*)として定義される。実体とは、物が受ける変革の過程・結果において、すべては何から構成されるのか、すべては何から立ち上がるのか、ということである。それぞれの物にとって独自の過程が存在する。生きているものにとって、生活とはこうした過程であり、人間の生活過程は、生物学的だけでなく、歴史的過程としても存在する。この過程——生活過程——が終わるとき、この過程の主体も終わりになるだろう。個別的であること、変革主体、ある過程の述語は主体ではなく、他の過程、他の関係における個体である。このように、（変化・変革）過程の関係・結合の特別な体系とこの体系にかんする（あるいはおける）個体は分離している。ここから、多様な分野、"層"、あるいは視野（個別的なものの関係性）における個性のヒエラルキーが発生する。

　すでに話題になった基本的問題、ある種の変化主体の問題、いいかえれば、特殊過程（物質運動の形態）の、相応する実在方法の、そして実在方法の主体の現在にかんする問題が根本である。ここから、所与の存在物の基本的で質的な特性がでてき、個別的に存在しているものの基盤（決定の基盤）としての本質がでてくる。変化する条件に応じて、この基盤から内的変化基盤としてのすべての物質（現象）変化、本質が導出される。

　とりわけ、このこととかかわって、受容され、主体と述語としての個別的存在物から現出するすべてのもののまん中に、この階層での試練に耐えない主体もいれば耐える主体もいる。これは言語や提案形態の問題ではなく、存在物の現実的構造、現実的依存の問題である。

　思想、認識の領域への移行は一般化、抽象化を介して発生する。副次的、偶有的なものからの本質の分離は、存在物のなかで起きる。質の一般化は認識過程で

起こり、実際には、無限の相互作用の結果として質の個性化は存在する。"赤い"ということはつねに赤として（赤い特性をもって）存在する何か (X) である。赤いということは主体の特性を意味する、いいかえれば、この特性を所有しうる客体を前提としている。(55)

　かくて、感性的認識の特権の論理的分析は、実在が抽象思考とではなく、この特性とだけ結合している、より正確にはとりわけ感性的認識が実在と結合していることを明らかにする。

　認識のその後の道はどんなものなのか？　その後の分析と認識にとって、"現実"というカテゴリーの定義が不可欠である。存在、実在、現実は、直接与えられているものの形態である。直接感性に与えられ現在する存在が現実である。認識の道は、現実、具体的存在物から出発して、また現実に戻るものである。このように、直接的な客観的現実の形態はこの実在であるが、現実の内容豊かな定義がその本質である。ヘーゲル論理学の道は、純粋の存在から現実（本質から実在）へ向かう。具体的現実の生成過程としてのヘーゲルの"上昇"の道は（抽象）概念を介してのものである。実際、具体的で客観的現実の思考上の再現の道がある。この理解にとって、2つの進路、連続性、ヒエラルキー、"自分自身において"と"われわれにとって"というアリストテレスの区別は重要である。しかし、実際、純粋な存在は、同一の現実（ヘーゲルにおける純粋な存在＝純粋思考）の異なる客観的現実形態である。認識の道の起点と終点は、思考においてではなく、現実においてつながっている。

　しかしながら、始まりと終わりの段階での現実の多様な存在形態に注目しなければならない。初め、現実の本質はなお思考によって明らかにされておらず、現実は主として実在であり、そうしたものとしての存在物の本質はなお解明されていない。このように、認識においては、本質に対する実在の優位性が存在するが、存在論的観点からは双方の"同時性"が存在する。生活において現出するのは、質の総和ではなく作用の交差であるので、各質は一般にではなく知覚や思考におけるように、個人的形で現れる。ヘーゲルの場合、現実は本質のカテゴリーのひとつであり、実際、本質は現実のカテゴリーのひとつである。有限としての現実はすっかり思想・認識に収まるわけではなく、思想・認識はつねに現実の内部に存在する。個々の概念、個々の理論等は、思考対象とは一致しない対象につ

いての考えである。すべての定義、カテゴリー、概念等にさいして、客体（これらの述語の主体）はその思考的決定範囲を凌駕するが、このカテゴリー、概念、思考はその決定の核心である。

　現実からすべての概念を介しての現実への認識の道は、すでに述べたように、ヘーゲルにとってイデアから現実を介してイデアへという道である。ヘーゲルの場合、道の第1部分、実際には変化した第2部分が現実の生成として登場するが、実際には現実の思考的再現である。ここでは、結局、ヘーゲルの存在と思考の同一視が表現されている。この同一視にかわって存在と思考の相互関係における現実の弁証法が明らかにされねばならない。この弁証法は現実的存在の認識への吸収と認識の現実への浸透の同時過程に存在する。いいかえれば、概念の存在への浸透は存在の認識への浸透として理解しなければならない。

　認識的表現での存在のこの存在論的特徴づけは、認識と存在の外的相互関係に背反している。認識の基盤である2つの現実の出会いは不可欠である。存在と認識の相互関係の外的で反射的決定の内的なそれへの移行は、哲学史の分析にさいして明らかになる。(56) 最初、ギリシャ古典哲学では客観的なもの（$\tau\grave{\alpha}\ \acute{o}\nu\tau\alpha$ (6)）、自然（$\phi\acute{v}\sigma\iota\varsigma$ (7)）だけが与えられたが、認識主体および認識される客体への関係の検討対象として自覚されない限り、このようなものとしては予定されない。認識するものの自分自身への反射が始まる時にのみ、実際客観的なものとして登場したものが客観的なものとして決定される。とりわけ、カントの批判哲学の客観的意味とカントにおけるその現れの主観主義的形態は、ここに内包される。

　原理的に認識にとって来世的で近よりがたいものを哲学的な認識対象としようとする伝統的な形而上学と存在論に対するわれわれの批判と、この批判によるカントの批判哲学の基本的要求をわれわれが実現する道は、以下のことに存する。認識過程は、思想・認識とは無関係な存在の特性および連関の発見として進行する。しかし、カテゴリーは認識過程で明らかになるように、カテゴリーは（認識とは無関係に存在する）存在の連関の定義である。存在は思考から独立しているが、カテゴリーは思考によってのみ決定される。カテゴリーにおける客観的のものと主観的なものの矛盾は、存在と思考の関係の矛盾と合致する。この時、カテゴリーは認識対象の存在であるかどうかの存在の評定（決定）として登場する。概

念（思想）は、存在の特性、存在の被認識特性、つまり、認識に浮上する存在特性を表現する述語である。いいかえれば、連関の"論理学"、認識対象（存在）の決定は対象の認識を介して屈折したものとして存在する(*)。

　直観論と現象学の批判とかかわって、認識における直接的なものと間接的なものの相互関係の問題が立ち上がる。直接性のモメントは、認識の初めと終わりに存在する。しかし、初めと終わりの直接性は異なっており、異なる考えにおける直接性であるという事情は極めて重要である。最初は、存在の直接的な客観的事実（初めは現象の分析であって概念の分析ではない）であるが、終わりの直接性は、真実の明白さ、存在認識の明白さである。今述べた直接性の思想は、現象学では本質的観想に反映され、ゲシュタルト学派では判断に、スピノザの場合、認識の第3種概念に反映される。現象学における直観は、所与と関係する知性的なものも含めて、すべて観想である。実際、内容はその内的連関と関係において、認識によって間接的に明らかになるが、このさい、全体は直接性の形ででてくることがある。現に経験的所与のもっとも深い分析を内包しているが、マルクスのことばでは、ア・プリオリな構成のようにみえるマルクスの理論が例として役立つことがある。カテゴリーは、認識の段階、認識の存在への浸透、そして存在そのものの連関を表現する定義として登場する。内容分析なしにあれこれのカテゴリーを主観的なものの領域に帰着させるカントに対するわれわれの批判の基盤はここにある（カテゴリーの反射性と現実としてのカントの様式理解に対する批判はここにある）。外部からの述語を物に帰する外的推論のヘーゲルによる批判（認識の普遍的方法としての外的推論の批判）、ヘーゲルの媒介性の要求は、外的なものと相関する内的連関、内的合法則性の解明としての認識状況に維持されている。しかし、現象学の基本思想の真の萌芽は、新しいタイプの存在論への接近以外の何ものでもない。哲学では、認識の現象学は、直接現在する存在から現実への道として、さらに認識の結果解明されるように内的相互関係・連関における存在カテゴリーの"論理学"あるいは"存在論"として登場する。

　ここから、現実的なものと論理的なものの矛盾の相互関係の問題も論理的なものの止揚過程も明瞭になる。(57) 存在、存在物は抽象を介して思考に入る。存在の個別的アスペクトに注目し選定することが思想である。物において、現実の現象において諸矛盾が存在する。論理矛盾は、その相関の外的直接性の結果とし

て発生する。論理矛盾の真の相関は間接的でなければならない。その結果、論理矛盾は抽象的対立（矛盾）としてとどまりながらも、論理矛盾の形であることをやめる。しかし、外的矛盾（たとえば、異なる関係、異なる時間等）だけでなく、内部矛盾も存在する。それゆえ、論理矛盾は一般に間接的（抽象的）ではなく、外的だけでない矛盾である。論理矛盾は媒介する連結環によって止揚される。論理矛盾の現実的止揚の道としての弁証法は、媒介する連関の解明に存する。いいかえれば、直接的に把えられた抽象的状況は、課題の客観的状況、物において矛盾したままである（物の諸側面の抽象的決定・検討にさいして、実際、物に存在する矛盾）。直接的相関は外的な、（主体によって）外からなされる反射的相関である。このような相関は止揚すべき論理矛盾を惹起する。形式論理矛盾の止揚は媒介を介して実行され、その結果、形式論理矛盾は内的なものとなる。形式論理矛盾は媒介を介して相互に関係し、現にこの矛盾を克服し解明するその後の発達の道が拓かれる [8]。

» 認識における暗示的なものと明示的なものとの相互関係

　マルクス主義哲学の最初の前提条件は、認識とは無関係な物質的存在の実在である。基本的インストルメントによってこの前提条件は実現されるのであるが、このインストルメントとは暗示としての超越的所与の概念である。2つの超越的概念が存在する。1）内在的なものからの経路でない空 [9] によって分離された孤立した存在物としての超越、2）概念が取りくむ範囲の超越。これらは思考の範囲外の思考対象の登場である。われわれの見解では、超越は思考とは無関係な、対象としての存在の暗示的な客観的事実であり、いいかえれば、この対象にかんする思考範囲を越えでる思考の対象である。人間が超越的なものと遭遇し、たえずぶつかり合うということは、少なくともそれへの途上にあり、人間がたえず動いていることを証明している。思考範囲を越えでる存在の無限の登場の問題解決への接近、同時に、その範囲をこえる思考の登場に向けた、また実在する存在とは無関係な領域への登場の接近はこうした定式化に存する。

　これは、存在論の基本的問題のひとつである。それは、考え、概念、意識・存在のカテゴリー、物質、思考の暗示的前提条件としての思考の対象、これらの相互関係の存在論的アスペクトである。その解決が存在論のすべての問題への方法論的接近を切り拓く。なぜなら、ここでは認識論的なものの助けによって、存在

的なものを明示できるからである。

　現象におけるその本質の解明過程から間接的認識の結果が直接的所与の形で登場することになる。(58) 間接的認識の結果だけでなく、認識範囲を不断に越えでて（超越的）、明示的にではなく、ただ暗示的にだけ与えられる何かもまた直接的形態をとって存在する。

　暗示的に与えられるものとしての超越的なものの概念は、明示的に与えられるもの（予め定められたもの）の範囲を超越する何かを意味するが、それを自覚している人間とつらなるすべての連関を断った存在の孤立ではない。このことは、認識対象の分析が対象の認識分析を介して間接的なものとして与えられることを意味する。超越的ということは、使い果たすことのない人間の思考がこれに巻きこまれているということである。"超越的"ということばの意味は、ことばが明らかにする対象の内容を含んではいるが、そのことばが明らかにする意味の範囲を越える対象特性の決定は含んでいない。考えの進行、認識の進行は、所与の状況における暗示的に与えられたもの、実際に内包されているが、その状況で"予め定められていないこと"、明示的に立証されていないことから出発し、すぐ前の段階で暗示的に内包されていたことの発現、明示的定式化、"明確化"へと向かう。

　出発点としての現実は、暗示的に与えられる最大のもの（たえず移ろう境界をもつ思考にとって超越的なもの）で同時に、概念において明示的に与えられる最小のものである。このさい、超越的ということは、所与の範囲の不断の脱出として、明示的に与えられているものの範囲を越える認識の導出として理解される。現にある所与、内在的なものが不可避的に遊離し、またそれを導く超越的なものは、（現在する）所与によって暗示的に支持されているものである(*)。そうでなければ、"遭遇する"ことはないだろうし、これについての話も無意味であろう。

　認識としての思考は、自らの概念、判断のための対象利用であり、無対象の考えの相互関係ではないのだから、語の通常の意味において、「"内在的なもの"と"超越的なもの"」は認識過程で不可避的に連関しているものの断絶の結果である。

　このさい、全体として、存在の（意味と暗示的な客観的現実の）無尽蔵としての超越性の新しい理解が予定されている。思考内容として、一般に、認識対象——存在物——の認識としてのこの無尽蔵は存在、存在物が思考、認識に還元できない

ことを表現している。

　所与は知覚において明示的であり、同時に、所与が示すものは思考によって暗示的に明らかになる。所与の認識は全体として明示的であるが、客体（存在物）の暗示的部分としてその後の内容を牽引している。

　同時に、内在的なものと超越的なものの概念は、別のアスペクトで現象と本質の相互関係の問題を確定する。つまり、直接示される所与を介した、（所与）の直接的認識と間接的認識の相互関係。

　ここから、存在の開示、思考のその客体との合致としてだけでなく、人間との相関だけで決定されうるような概念としても真実決定の可能性が拓かれる。人間との相関においてのみ、存在を認識する人間にとってだけ、真実の実在は可能である。真理はしばしば、正真、一致、（論理的規則にかんして）正しさとして決定されるが、この時、論理的で正しい導出が実際、存在そのものにどのように関係しているのか、という問題が立ち上がる。いいかえれば、正しいものが実際どのように相応しているのか、という問題が立ち上がる。たとえば、真理にかんする状況の相互関係の上部構造的論証とはこのようなものであり、それは除外された第3の法則にもとづいている。何かが真である（何かが存在する）、なぜなら、何かがそれに矛盾し、真でないのだから、何かは真のはずだからである。初め、真理にかんする判断の相互関係を検討し、その後、客体にかんしてこの判断の結論を下すという考えの進行そのものが偽りである。真理の問題は認識における存在が人間にとってどのように拓かれるかという問題である。他方で、人間の認識は哲学における存在（そして認識対象）としての存在（多様な科学における質的明確さとしての存在物）の発見・露呈である。(59) このさい、人間の活動、実践がかかわる存在の発見、その現象そのものが人間の意識活動だけではなく、人間の存在・実在そのものの様態である。一致、正しさ等としての真理にくわえて、現実の人間の欲求とかかわって存在の適応能力、有意義性のような新しい質が拓かれる。このように、対象への観念的相貌の観念的関係に代わって、われわれは客体への人間の行為・知覚の現実的関係と遭遇する。世界への指向性、世界への参加は（意識としての）認識だけでなく、人間欲求（欲求と対象は同様にこの問題の検討に入るはずである）、感情、その対象および人間の行為等、要するに人間のすべての特徴づけとして登場する。

ここから、認識、存在解明における人間的関係の役割が明瞭になってくる。科学的認識の主体は、社会・歴史的に形成された形態において認識される存在を自覚する社会的主体である。具体的個人において実現される全体性が科学的認識の主体である。全体としての意識・認識は人間のことば、交流、社会生活を前提としている。

　かくて、認識に対する存在の開示において、物質的存在の人間に対する関係において、２つの相互に連関する方向性が拓かれる。１）客観的現実としての、人間の自覚の対象としての存在、２）存在を認識・開示し、自己意識を実現する主体としての人間。

　存在の３つのバラバラな分野——自然、社会、思考——への分裂がどのように克服されるのか、ここですでに明白となっている。ここから、存在の決定・カテゴリー学説が弁証法的論理学として検討されるという命題の完全な論理主義が明白となっている。この命題は、存在と思考、存在の思考的再現過程と概念の自己発展における存在形成とのヘーゲル的同一視を止揚するものである。認識論的なものと存在論的なもの、存在論的なものと現象論的なものの旧来の関係の原理的変容・変革が発生する。

———————— ◯ ———————— ◯ ————————

　カテゴリーの立論にさいして、再度、この相互関係の変化をみることになるかもしれない。カテゴリーの一般的構想とはこのようなものである。最初、直接与えられた現にある存在——感性的認識で明らかになる客観的現実——のカテゴリー的構造が登場する。この構造もまた、全体として、認識の発達、間接的知識——思考——の発達に応じて発達し豊かになる。最初、一般的背景とそこできわだつ個々の対象・現象を区別することができる。それらの結合、共依存と連続性、時間と空間、変化と安定等である（基本カテゴリーの現れの一次的形態）。

　諸カテゴリーの結合・相互関係は後に、認識の最高段階で明らかとなるが、現実は本質に媒介される現象の連関として登場する。現実認識の最高段階での連関は、現実そのものへの一定の接近を伴う結合・カテゴリーとして登場する。このさい、認識過程、認識することそのものの現実の構成への関与が発生する。物だけでなく、主体、その連関および社会生活における人格もこの現実に入る。これとかかわって存在の多様な分野、実在の多様な方法のカテゴリー的構成が検討さ

れねばならない。(60)

　この一般的構想は、カテゴリーに対する広く流布している視点との矛盾に陥っている (10)。この視点に従えば、存在カテゴリーは、実直で論理的に意味づけされた連続性において登場し、物質世界とのこうした連関のなかで、人間的認識の歴史におけるカテゴリーで解明され反映されてきた。存在の体系は認識において開示されてきた連続性において与えられる。カテゴリー、存在の連関の相互関係は、思考と対象の矛盾の克服過程における主体−客体の弁証法を介して開示される。ここで、存在論的なものと認識論的なものの相互関係は、前者が後者を介した屈折において与えられるということである。実際、カテゴリーの性格は、認識の段階、サイクルを規定し、対象への深化の水準・段階を反映する。主体と客体、また概念と現実の関係は客観的存在・現実のカテゴリーの結合を唯一示すものとして登場する。

　ヘーゲル的道である"上昇"——抽象的概念による具体的現実の形成過程、具体的客観的現実の思想的再現の道、同時に、連続性、ヒエラルキー、つまり、前述のことと後続のこと、"自己における"存在と"われわれにとって"の存在の2つの進行のアリストテレス的区別とこの概念を比較考察することは興味深い。

　この概念の突破口の2つの出発点はいずれにしても予定されている。

1. "物質世界"というカテゴリーを最初に問題にするとき、かくも内容豊かな客観的現実の決定はどのような様式で、認識にとってそれはどんなものとして、直接的所与はどんなものとして登場するのか？

2. 存在カテゴリーの進展のすべての進行は思考と対象との相互関係によって制約されている。しかし、すべては客観的対象性のアスペクトにおいてのみ把握される。その特性において、主体は認識される内容の領域を越えた検討の外にあり、そのままでは主体に、また認識対象とはならない。カテゴリーの最後のサイクル、領域において、"活動"、"目的"等は現れるが、それらはヘーゲルにおけるように、あたかも主体とは無関係であるかのように存在する。活動、目的、活動の方法・手段は存在するが、活動する人、より正確には、活動する人びとは存在しない。このカテゴリー体系の構想に従えば、世界には物しか存在せず、人びと、また、物を介して実現する人びとの関係は存在しないのである。"手段"としてさえ、物はあたかも人びととは無関係であるかのように作

用する！　それは"自己における"道具である！　カテゴリーの考察から、そして現実にかんする考察からさえ、人間は抜け落ちているのである。

　人間を存在の範囲・領域に導き入れ、これにもとづいてカテゴリーを決定しなければならない。同一の認識段階における存在物の相互関係、連関、構造を現すカテゴリーを検討しなければならない。いいかえれば、同一の認識段階で明らかになり、それゆえ、多様な認識段階ではなく、存在の多様な連関を表現する存在物のカテゴリーを検討しなければならない。このカテゴリーを曲解する認識論的関係は均等にされ、それゆえ、止揚されねばならない。存在物そのものの多様な層、水準を表現するカテゴリーはこのような方法で検討しなければならない。たとえば、無機の自然、有機的（生命）、人間の実在方法を特徴づけるカテゴリー。その後、これらの水準の各は、認識の多様な水準で登場する。認識の多様な水準で現れる質の存在論的特徴づけそれぞれの相異は、認識それ自体の水準ではなく、存在そのものの独自の基本的構造特性を帯有している。存在そのものにおける多様な相互関係が認識の多様な水準、存在と思考の多様な相互関係にとっての基盤となる。

　さらに、人間の認識・思考それ自体を人間生活の要素として、つまり、人間としての存在と存在物との相互作用として把えなければならない。(61) 自覚し認識する主体としての人間は、認識される存在の内部にあるものとして、存在物の諸形態のひとつとして検討しなければならない。人間は、主体として、同時に哲学的認識の特殊な対象として、特殊な実在方法として、より正確には、特殊な実在方法をもつ存在物として登場する。人間は、思考と対象との相互関係、思索し認識する人間と人間も構成員であるところの存在物との相互関係という人間存在の水準で、いいかえれば、認識論的関係において登場する。このように、カテゴリーの体系に、多様なアスペクトを反映する多様な集団がきわだつが、それでもすべての体系は、質的に異なる部分を内包する不可分の全体へと結合される。以下の多様な相互関係が多様な認識水準、存在と思考の多様な相互関係にとっての基盤となる。最初に、直接与えられ現存する存在のカテゴリー構造は、客観的現実であり、感性的認識において（あるがままに）開示されるこの感性的認識もまた、全体としての（知識に媒介された思考）、認識の発達に応じて発達し豊かになる。ここに共通の背景——そこできわだっているのは個々の対象・現象——があり、そ

れらの間の連関、共依存、連続性、つまり、時間と空間、変化と安定等がある（基本カテゴリーの最初の発現形態）。諸カテゴリーの連関、相互関係は、最高の認識段階で開示され、本質によって媒介される現象の連関としての現実である。連関およびカテゴリーとしての現実認識の最高段階での連関は、大雑把にいって現実そのものである。

　その後、認識過程、認識活動そのものの現実の構成——物だけでなく、主体、それらの連関、社会生活における人格（生活過程としての人びとの存在）——への参加がある。このこととかかわって、多様な存在分野および多様な実在方法のカテゴリー的構成が決定される。

　概念・カテゴリーの発達・具体化は、現実の方向性の発達・具体化とともに発生する（一方で、カテゴリーのこの発達は、反映としてではなく、現実の諸側面の発達・具体化としてではなく、現実の所与の諸側面の人間的認識の深化・発達の結果として現れる）[11]。第1のサイクル——様相の反射的カテゴリー——が現実を招来する。第2のサイクル——現実の範囲——は無機的、有機的自然、人間である。認識的観点、思考の存在への関係は人間とともに発生し、思考と対象の関係は存在と連関しており、その上、認識活動は存在内部で見いだされる。逆の順序の可能性もあるが、いずれの場合も、人間を介してのみ連関は実現される。

　つまり、存在における関係として存在論的相異が基本である。最初、認識にとってあることが理解しやすく、後に別のことが理解しやすくなる。認識の進行、順序は対象そのものの客観的依存関係によって制約されている。したがって、認識の多様な水準は、存在物の多様な存在論的特性を惹起することも創造することもなく、ただ開示するだけである。

　認識の相異なる深さは、このようなものとしてのカテゴリーそのものとではなく、類別される現実の諸側面と関係する、つまり、現象と本質との相互関係ではなく、このようなものとしての現象そのものとその本質が問題となる。[62] 具体的現実の認識過程は、現象から本質へと進行する。しかし、現象および本質のカテゴリーは、認識の同一段階でその客観性において"同時"に与えられる。

　現実には、現象と本質は一体性において与えられる。この一体性は、現象の形で、実在の形で、直接的所与の形で実現される。このような場合、実在は、存在しているものの本質を表現する。現実は、諸現象の連関あるいは現象の本質を介

して連関する諸現象の併発として登場する。

　現象および本質のカテゴリー、偶然性と必然性という図式は単調であるが、現象それ自体と偶然性は、本質と必然性より前から認識されている。われわれには最初、現象が与えられ、後に本質が与えられるが、概念、現象および本質のカテゴリーは哲学的認識の同一水準を表現する。

カテゴリー

存在	実在	現実
本質－現象	（外見－現象）	
質	**実体**	**物質**
（確実性）	（属性）	（内容－形式）
（質的明確さ）		
	空間	－時間
	偶然性	－必然性
	原因	－法則（条件－基盤）
		合法則性
	可能性	－蓋然性
	運動	－変化－発達
生成		
（発生する）	過程	
	質	－特性
	共通点	－特殊な－個別の

基礎－本質－発現

内容－形式

同一－一体性

相異－対立－矛盾－衝突

因果関係－必然性

偶然性－可能性－蓋然性

現実

必然性－合目的性

目的－自由（？）

カテゴリーの相互関係のこのような理解は、研究の今後の道を構想する可能性を与える。理論的－認識論的、方法論的導入において、存在と思考、存在と認識の相互関係のアスペクトから、存在へのアクセスの問題をわれわれは提起した。哲学思想史において、現象、外観、外見による存在の霧消過程がどのように実行されたか分析して、われわれは、一次的、出発点としての存在を再現する思想の対立的進行を考究してきた。ここでは、出発点で２つの物質的現実（そのひとつは人間）の相互作用、反作用のモメントとして登場する存在の直接的な客観的現実の形態の分析が最重要な役割を演じた。われわれは実際、存在物そのものへのカテゴリー的分析、このようなものとしての"存在論"、人間を含む存在そのものの構造へと接近した。それゆえ、この存在物（人間）がその特殊な実在方法においてどのようなものなのか、さらに分析しなければならない。

第2部

序文 (63)

　本書第1部で人間との相互関係にある世界のことが問題になったとすれば、今度は世界と相互関係にある人間のことが問題になるであろう。全体として存在の問題性は、人間それ自体の問題性を必然的に招来し、また包摂している。後者の問題の総和は、エトスあるいは倫理学の範囲——他者との関係における人間存在——を構成する。すでに第1部で、認識の問題を検討して、それをもとにして存在の哲学的一掃が発生するという人間−主体−主観性−外見という虚偽の平等を明らかにしてきた。人間は客観的に存在するものとして、人間と相互に関係するものの客観的特性が規定される関係によって検討しなければならない。このことは、人間にとって存在が発生にさいして客観的にどんなものになるのか、という問題の解決を意味する。ここで、すべての下位の水準で存在物の新しい水準の発生とともに新しい特性が現れるという『存在と意識』でわれわれが発展させた一般原理が実現される。その一部としての人間発達の所産と相互関係にある"世界"として登場する存在を獲得することの意義・意味がここで明らかになる。人間である限り、すべての座標系の出発点として現に存在しているもの以外のものとしては現れない。人間的積極性、存在の変化する可能性のゆえに、人間的存在はこのような出発点をもち、このことによって、人間的実在は、他のすべてのものと区別される。人間の出現とともに宇宙は認識され、意味づけられる宇宙となり、それは人間の活動によって変化するものでもある。存在するのは、主体、つまり宇宙を認識する人間（人間とその意識）と無関係なものとしての宇宙だけではない。まったくの客観性にくわえて認識主体も存在する。変わりやすく、また人間活動によって可変的で認識され意味づけられる宇宙そのものは、客観的事実である。宇宙そのものは、客観的存在の抽象物ではなく、認識し意味づけ客観化されるものとしての人間、その意識、その存在を包摂している。このように、自覚

と活動は宇宙そのものにおける新しい実在方法として登場するが、わたくしの意識の主観性は宇宙と無関係ではない。それゆえ、存在の最終的止揚は、人間発達の最高の所産——人間的存在——の検討を介してのみ実現されるであろう。

世界の無限、巨大な宇宙空間は、人間的可能性によって“測定される”世界における前進であるかのように存在する。存在特性は創造されるのではなく、ただ関係としてのみ現れるが、多様な関係によって“測定される”この特性は人間の宇宙空間への浸透とともにさまざまな形で登場する。宇宙の遠大な広がりは、大きな差異をもって登場するが、決して、“一般的に”現実を超越したあの世にある何かとして不可分で一様なものではない（わたくしの運動で空間を“測定し”、わたくしがその規模を示し、その規模は新たにわたくしのために登場し完成する）。世界の特性は、人間に対し、ダイナミックで可変的関係として登場し、この関係においては、人間の世界観、固有な精神性が最終ではないが、基本的で決定的役割を演ずる。(64) 真実の開示としての世界認識、真実に対する（時として英雄的）闘い、世界への関与と人間の幸福のための世界の把捉、自然における美の享受と芸術でのその創造、これらすべては、直接には倫理学的なものに関係しないが（人間の人間に対する関係が倫理学的なものの対象である）、人間の人間に対する倫理学的関係の不可欠の前提条件、基盤であり、内部諸条件である人間の精神力を創造する。この理解において倫理学は、いわば、人倫を説くことに内包される人間的関係の分離できない分野であり、存在論の不可欠の構成要素である。これは、人間実在の特殊な方法として登場する存在の意識的調整を介した存在の決定因以外の何ものでもない。

同様に、美しさの問題も解決される。こうした接近にさいして、美しさは“表現力”としてだけ登場するのではない。自然は美しいが、人間の体験・知覚としてだけ美しいのではない。これは自然の固有の客観的特性であり、この性質は自然を一定のつながりと関係の体系において、とりわけ、人間が関与する体系において特徴づける。

かくて、認識論・倫理学・美学の個別性・断片性・孤立性が克服される限り、知・善・美は、人間から疎外されないし、そのことによってお互いがお互いから疎外されない。たとえば、美しいものは、直接人間に与えられる感性において自然の性質として登場し、真と善は、概念的内容において決定される人びとの関係

として登場する。このように、美的アスペクトは、存在論の基本問題のひとつであり、より正確には、美学の基本問題は存在論的問題のアスペクトとして登場する。

　このように、芸術における美しさはすべての部分の明確な区分における人間の知覚にとって、外被、"余分な"すべての剥ぎ取りであるかのような現象の仕上げである。この仕上げは、所与の現象すべてのパラメータの決定（たとえば、すべての"パラメータ"における音の明確さ）とこの区分に対応する相互連関（音楽の"抑揚"としての音）を前提としている(*)。

　確かに、認識の問題、認識において開示される真実は、存在に対する人間の孤立的に把えられた関係の分離された認識論的アスペクトとしては登場しない。この関係は人間的美徳と悪徳に媒介されている。他者に対する関係は存在・真実への認識論的関係に入ることになる。このさい、真実とは正しさだけでなく、正義、公正であり、存在しているものをあるがままに受容する能力であり、現実をしっかり見て、現実を開示する能力である。同時に、真実は、不十分さをみること、認識過程における困難を克服すること、認識過程における勇気を発揮することを意味する。逆に、非真実は、誤り、誤解、認識過程における虚偽の設定として登場し、その背後には、欺瞞、嘘、虚偽（誤解への導入）、隠し、秘密、騙し、覆いたいという志向性が隠されている。このように、虚偽は現に存在しているもの、存在、現実（真実）、あるいは他者に対し一般化された関係として登場する。

　世界と他者に対して、このように、"プリウス"に転化する自己における個別の主体の出発点での承認に逆行する主体−客体概念の存在論的前提とはこのようなものである。外部世界の実在の問題と他者の実在（と他者への関係の）問題は世界と他者を主体の実在の前提条件として拓く最初の設定において結合されねばならない。人間は、存在内部で、存在との特殊な関係において、認識・活動の主体として、生活主体として把えなければならない。こうした接近は、主体と相互関係にある客体の異なる概念を前提としている。(65) 客体としての存在は主体を包摂する存在である(*)。人びとの実践活動に関与する対象世界としての存在物は、質的決定において実践活動と相互に関係する。ここから、客体としての存在を客観的現実、物件、現存在、所与だけに帰着させることは不当である。人間を世界で孤立した客観的現存在として検討する概念の批判はこうした指針のもとに

なされる。

　このことは、存在や存在物にかんする個々の、いくらか基本的で一般的な立場が倫理学における自らの反響をうけとめ、それが人間や人間関係に拡大していくが、逆に倫理学のすべての基本的立場が存在における自らの前提条件を所有することを意味する。かくて、たとえば、決定論の一般原理に従えば、外的原因はつねに内部諸条件を介して作用する。だから、ある外的作用の最終効果は物体や現象に対する外的作用だけでなく、内的特性にも依存し、人間に対しては倫理学的意味——人間行動における決定と自己決定、自由と必然の相互関係——を必然的に帯有し始める。

　マルクス主義が人間を社会的存在として検討する限り、共産主義もまたそうである限り、社会変革、社会生活改変の問題が哲学の中心問題として登場する。社会的理想は、人間の未来、人間の性格の問題を包摂している。かくて、人間生活の条件、人間生活の社会的条件と世界・他者に対する人間の内的存在の問題としての内的本質は近似してくる。この"大"倫理学は、倫理学の特殊理解の範囲を越えなければならない。しかし、倫理学的なものは、人間における社会的なものであるだけでなく、自然的で、意識を介して屈折し統制されるもので、それ自体、社会的なものと相関している。（マルクスによれば）社会的諸関係の総体のほかに、基本的関係——他者への倫理学的関係、自分と自分の生活（悲劇、ユーモア、活動）への関係——が人間を特徴づけ、これを介して、人間の特殊な存在論を検討することが可能となる。自分の生活が前述のすべてのことにおいて屈折する一般的前提条件、一般的なものと特殊なものとしての出発点である。世界に対する関係は語の広い意味で建築様式や芸術様式にたとえられることがある。これらのなかで、クラシック－ロマンチシズム－リアリズムがきわだっている。リアリズムは、時にはクラシックとの、時にはロマンチシズムとの統合として登場する。世界に対して、健康的で道徳的生活の前提条件、自然への関係、生活への関係としての世界の無限および非創造性の承認が加わる。人間の世界に対する関係の崇高さは、人間生活における英雄的ともいえる本質——ヒロイズム、神聖さ、英知（誠実）——について証明している。

1. "わたくし"と他者

※※※

　それ自体として把えられ、自らの類的本質を証示できる対象は何ひとつとしてない。個的のものの個的なものに対する関係を介して、個的なものに共通点が現れ、この時、ある個的なものは他の個的なものの等価物として登場する。類のカテゴリーは、物のカテゴリーとかかわる関係のカテゴリーを介して現実化する。

　このことは、人間の類的特性が或る人の他者に対する関係を介してどのように明らかになるか理解するためのすべての論理的カテゴリーの基盤である[(1)]。(66)

　この関係の発見は、子どもによる自らの"わたくし"であるという自覚とともに始まる。子どもは初め、他者が自分を呼ぶ(ペーチャ、ヴァーニャ)ように、自分のことを呼ぶ。つまり、幼児は自分のために存在し、だから、他者にとっての客体である。幼児は、他者の自分への関係を介して自分自身を自覚するようになる。他者の自分に対する優位性は、ジャン・ピアジェの次の観察によって確かなものとなっている。みんなに昼食セットを配膳するために、人数を数えるのだが、幼児は自分自身を数に入れていないのである。幼児は自分より先に他者を自覚するのである。

　"わたくし"としての各人は、"君""彼(女)"(2、3人称)から出発し、この時、すでに"わたくし"はこのようなものとして自覚されている。このようなものとしての"君"が"わたくし"に先んずるとはいえないが、他の主体が"わたくし"としての自己意識に先行している、というのが正しい。

　"わたくし"は活動する"人称"である。この分離は、過程(何かが無人称文の形で起きる)と活動(当人が何かをする)との区別と連関している。活動は、人間の自由な行動、つまり、意識的に調整される行動と連関している。自由で調整可能で、意識的に制御される活動は、活動する個人、この活動の主体——当の個人としての"わたくし"——を必然的に前提している。

　"わたくし"は意識ではなく、人間であり、意識的活動家としての主体である。(特殊で理論的で意識的活動の)認識主体として、人間は再度登場する。最初、人間は、行動・実践的活動の主体として登場する。

　"他のわたくし"の実在の問題は、他の活動する個人の実在の問題である。他

人の精神・意識の実在の問題は、他の活動する個人の問題において、孤立的にではなく、暗示的に与えられる（この実在は幼児にとって発生的には初めてのことである）。他者の意識の問題は、他の人びとの行動の意識的で自由な性格にかんする問題であり、他の人びとによる意識的調整の問題である。意識にかんする問題は初め、この実践的問題において暗示的にのみ与えられる。他者の意識・精神の特殊な困難さは、関係する現実的文脈からこの問題が分離されていることによって条件づけられている。最初、人間の意識は、生活、行動、すべての外的なもの、物質的なものから分離され、後に、意識への接近の道が見つからないことを不思議に思う。

　自己意識もまた、意識主体、現実的個人としての自分自身の自覚であり、決して自分の意識の自覚ではない。自らの意識の自覚は、別の問題であり、何か（ある対象）の知識はわたくしが知っていることの知識を含むのだろうか？　自己意識の対象としての"わたくし"は、主体と客体の一体性を前提としている。"わたくし"は、自分自身への関係の対象として自己を所有するものとして登場する。"わたくし"が自分を自分自身に対置する２つの形態の不可分性が"わたくし"という概念の固有な本質を構成する。普遍性としての"わたくし"は、他にとって客観的に同一の現実的主体、個人と結合しているのではなく、自分にとって、この"わたくし"自身にとって、わたくしが他の具体的で多くの体験と結合していることを哲学的分析は明らかにしている。

　自己意識において、普遍性としての"わたくし"（je）は私的なもの、個別的なのものとしての客体である"わたくし"（moi）を所有している。ここで、一般に"わたくし"が客体（具体的で経験的生きもの）である限り、このようなものとしてのわたくしは、最初、他にとって理論的、実践的に存在する。同様に、他の自己意識する主体も初め、わたくしにとってこうしたものとして存在する。このように、客体として存在する他への自己の関係を介してのみわたくしは、自己のためにも存在する。(67)

　"わたくし"という思想にさいして、"わたくし"が削除できないということから、カントは、"わたくし"は意識主体としてのみ与えられるとか、"わたくし"は判断主体としてのみ自分を行使でき、わたくしが客体として与えられるという命題は存在しないという間違った結論を導出した。

実際、現実的主体としての“わたくし”にかんする対象的意識は、何よりもま
ず、行動主体、生活主体の意識として発達し、精神的主体、認識主体としてだけ
発達するのではない。主体は、意識的に活動する個人であり、一般に生活主体で
ある。したがって、世界を自覚する意識的生きものとして、世界と自分自身を認
識し自覚するのである。その上、“わたくし”はわがわたくしの“わたくし”だ
けではない。だが、これはそれぞれの人間の“わたくし”でありそれぞれの“わ
たくし”の“わたくし”である。このことから、各人はこの固有の“わたくし”
の具体的意味を付さなければならない。自己意識は固有の“わたくし”の対象的
意識であり、具体的で私的な“わたくし”に包摂される普遍的“わたくし”であ
る。本質的なものが現れる主体とは思索する意識主体であり、この主体において
普遍的なものは、もっとも完全で集中した形で提起され実現される(*)。

　“わたくし”はすべての人にとって、それぞれの“わたくし”にとって固有の
普遍性であり、自らの対象としてこの私的で固有な“わたくし”を所有してい
る。普遍性としての“わたくし”は、私的で具体的な“わたくし”から分離され
えないし、特殊な現実にも転化されえない。しかし、この普遍性に対し、必ずい
つも、ある私的意味が付与されるはずである。ある人の私的意味が付与されるか
もしれないが、どんな意味でも付与されるということではない。これらの私的意
味は、普遍性としての“わたくし”を内包しているが、私的な“わたくし”が
普遍性を内包し、それぞれの私的“わたくし”が普遍性を包摂している限り、そ
れらの誰ひとりもこの普遍性に対する自らの関係を介してしか規定されえない
し、私的で具体的な“わたくし”のそれぞれは他に対する自らの関係を介しての
み規定される。私的で具体的な“わたくし”は互いに他を前提としている。それ
ゆえ、ある“わたくし”（わたくしの）の他の“わたくし”に対するどんな優位性
も存在しない。他の“わたくし”の実在が、わたくしの“わたくし”より問題が
多く疑わしくなったとしても、そういえる。これらはすべてが“わたくし”であ
り、誰かにとってのそれぞれのわたくしの“わたくし”である。

　“わたくし”は意識でも精神的主体でもなく、意識を所有し授けられている人
間であり、より正確には、世界、他者、そして自分自身を自覚する意識的生きも
のとしての人間である。自己意識は、意識を自覚することではなく、世界を自覚
し変革する存在として、実践的理論的活動過程における活動主体として、さらに

自覚的活動主体として自分自身を自覚することである。

　ペ・ナトルプによれば、固有の意味における内容として"わたくし"自身を提出するあらゆる表現は、形象的標識としての価値しかもたないという[**]。ペ・ナトルプは次のように考えている。"わたくし"は対象にはなりえない。だからより正確には、あらゆる対象と異なって、"わたくし"は、わたくしに対して何かが対象となることを意味する[2]。ここでは2つの考えが混同している。

1．普遍性としての"わたくし"、わたくしに対して何かが対象一般である"わたくし"一般 (je) は、知覚、観想、感性的なもの、つまり、直接的自覚の対象とはなりえないが、具体的な経験主体 (moi) ——自分の外観、顔、習慣等をもつわたくし自身にはなりうる。

2．普遍性と個別性の一体性 (je と moi) としての"わたくし"は、わたくしが行動において、他者との関係において現れる限り、その具体性のなかで認識される。ここでは、具体的"わたくし"が他者との関係において現実化する。

　現実に、"わたくし"は、直接的自覚の対象としてのみ、他者（他の具体的"わたくし"）とは無関係に、自分自身だけとの関係において解明することはできない。この相互関係において、個々の具体的わたくしは、他の具体的"わたくし"の対象として登場するが、正確には、他の具体的"わたくし"はわたくしにとっての対象でもある。ここで、相互関係が発生する。(68) この関係の構成員はお互いを前提し、また暗示している。わたくしの対象にとって、わたくし自身が対象なのである。

　このことに次のことを書き加えねばならない。他の"わたくし"へのわたくしの関係、所与のこの"わたくし"の他の"わたくし"への関係は、対象としてのわたくしに対する他のわたくしの関係によって媒介されている。すなわち、わたくし自身にとっての主体としてのわたくしの存在は、媒介され制約されており、他にとっての対象としてのわたくしの存在を自己の不可欠の前提条件として帯有している。つまり、問題はわたくしの自分への関係が、わたくしの他への関係（ピョートルとパーヴェルにかんするマルクスの表現[3]）によって媒介されていることに存するだけでなく、わたくしの自分自身への関係は、他者のわたくしに対する関係によっても媒介されていることに存する。

　主体間の相互関係において、わが私的"わたくし"に原則的にはどんな特権も

存在しない。それゆえ、相異なる私的"わたくし"間の関係は可逆的である。理論的には、この所与の"わたくし"にとってどんな優先権も存在しない。わたくしの他者への関係は他者のわたくしへの関係を前提としている。"わたくし"もまた、わたくしが最初に他者と標示した人にとって同様の他者であり、他者も"わたくし"同様、"わたくし"である（座標系の出発点）！"わたくし"と"他者"。他者は"わたくし"にとっては他者であるが、彼（女）にとっては"わたくし"である。自己にとって、他者は"わたくし"同様、"わたくし"でもある。他者を"他者"の立場に帰着させることはできない。これは、わたくしからみて、決定される視座であり、他者の本質ではない。

ひとりのわが（仮名）"わたくし"の先在を筋の通らない特権として止揚しなければならない。他者の立場からのわたくし自身の検討もまた、他の"わたくし"（仮名）の立場からのわたくし（他者にとっての"他者"）の検討同様、先在的である。人間生活において経験上、幼児の場合、他の人びとの彼（女）に対する関係が彼（女）の自分への関係を規定し、自己意識を形成する。

客観的認識の"純粋で"超越的主体は、多くの経験主体（"わたくし"）の形でのみ現に存在する普遍的なものである。こうした具体的で経験主体の各は、自己の"他者"への関係（自らのお互いへの関係〔自らの他者に対する関係とともに自己に対する関係〕）を介してのみ決定される。

他の"わたくし"のわが"わたくし"への関係はわたくしの実在条件として登場する。それぞれの"わたくし"は、それが普遍性の"わたくし"でもある限り、集団的主体、諸主体の友好関係、"諸主体の共和国"であり、人格の友好である。現実には、この"わたくし"が"わたくし"である。科学の主体は人類であり、ことばの主体は、個人であるとともに民衆（その言語）である。

存在物の認識の社会的被制約性は、何よりもまず、物だけでなく、主体、人格が存在の構成に入ることに現れる。主体、人格は存在物に含まれるが、物と個人という存在物の認識活動を行う。

人間が認識する現実は、認識過程における認識主体として、その相関概念として認識・意識それ自体ではなく、人間を帯有している。理想的関係としての観想やその対象ではなく、人間と外的物質世界との現実的相互作用が存在する。

個々の人間（たとえば、学者）の生活において、その認識活動が当人の生活や実

践活動から孤立したものになっていることがある。しかし、対象世界と人間の関係認識にとって、止揚は一般に社会歴史的な人間存在の最重要な分野の止揚を意味する。もし、客観的存在の構成が対象性、物的性質にのみ帰されるなら、意識主体・人格・人びとはそこから消えてしまう。(69) 主体は、客観的現実のすべての分野に対立し、超越的で純粋な主体としての唯一のものである。これは、意識主体としての他者に対する独我論である。独我論的詭弁の源泉は、他者の実在への疑念にある！ 認識の出発点としての唯一の主体という理解は退けねばならない。"わたくし"——認識主体——は普遍的主体であり、集団であり、経験主体と同類である。意識－認識は、思考——ことば、つまり、交流——を前提としている。つまり、存在——人間存在と対象"世界"——は、社会的に制約されている。存在の認識（概念的なもの）はすべて社会的に制約されており、すべては、社会的に制約された人間生活の所産である。かくて、科学的認識の集団的主体——"わたくし"は"われわれ"である——が現に存在する！

　結局、対人関係が、存在、存在物、その構成を人間がどのように認識するかにあたっての不可欠の条件である。

　わたくしの自己意識だけでなく、わたくしの存在それ自体も、他者の存在・行動に規定されているということは経験的事実である。つまり、他者の存在を証明する必要はないが、詭弁は止揚する必要がある。このため、他者の存在が、あたかも、証明を要求し必要としているかのように思えるのである。

　多様な"わたくし"の互いへの相互的な関係は（主体として）普遍性の"わたくし"を自己において実現する具体的経験的生きものの実在条件として登場する。上述のように、意識的生きものとしての"わたくし"は、認識だけでなく、行動、生活の主体である。

　現実の人間は、人間のありのままの抽象化ではなく、具体歴史的人間であり、階級社会ではつねに階級的性格を帯有している。しかし、このことは、現実の人間が特殊で反応する所与の一般状況の特徴をもち、ただ歴史具体的だということを意味しない。この歴史具体性の内部では、現実の人間は意識・認識、また行動の観点から、倫理学(*)の基礎としての人間存在論の解釈の基盤を形成する普遍性の特徴をもたないことを意味するのではない。

　"鏡"の概念は、価値だけでなく、人間に応じて存在する（K.マルクス）。いいか

えれば、主体だけでなく、他の主体——わたくしが知覚することとわたくし自身を反映する"鏡"——もまた存在する。人間にとって、他者は自らの人間性の尺度、代弁者である。他者にとってはわが"わたくし"も同様である。この対象性、平等性のゆえに、各人は人類——人間という"属"——の代表者であり、他者の"人間性"の世界の代弁者である。かくて、意識を有する人格、主体の実在、他者の精神・意識の実在がわたくしの実在の発端となる条件である。

　もうひとつの問題が設定されなければならない。存在物の本質的決定の主体は誰なのか、思索する意識の主体は誰なのか、という問題である。この主体においては、彼我の"わたくし"の個人的特性は抑制される。この"わたくし"は、普遍性における"わたくし"一般であり、これに対し、個別の"わたくし"は、可変的ではあるが、一般公式にあてはまる。任意の"わたくし"（これもそれも、わたくしのわたくしも他のわたくしも）も一般公式に当てはまるかもしれないが、どんな"わたくし"も入らないわけにはいかない。

　他者認識においては、2つの問題を区分しなければならない。1）他の"わたくし"の実在はどのように認識されるのか、と2）その実在の客観的証明。

　他の"わたくし"の認識は、存在・存在物の現実認識の一般的問題から発生する。上述のように、後に、他の"わたくし"の構成の問題が立ち上がる。これは質的明確さの問題であり、より広くは、対象——物的で主体——個人的と定義される構成の問題である。

　人間が創造し練りあげる対象世界（自然）の存在論的ステータスと、存在、客観的現実の完全な人間性喪失（自然）の錯誤に注目しなければならない。(70) 人間的対象世界の歴史的（社会-歴史的）性格は、人間実在の特殊な方法として登場する。

　生活——活動と認識——の過程において、客観的現実に対する実践的理論的活動の主体として、"わたくし"は独立した。"わたくし"は個人を意味するが、それは個々の個人（人格）を意味する。各人は"わたくし"を語るが、このさい、この"わたくし"は毎回他者を意味する。かくて、"わたくし"は、個人を意味するが、わたくし自体は、ひとりの–唯一の"わたくし"に関係する個別の意味も、私的意味ももっておらず、普遍的な意味を帯有している。"わたくし"は、人格・主体である存在物の構造を表現する一般公式である。個別の意味がこの一

般公式に当てはまるはずである。個々の具体的で個別の個人は、この一般的 "わたくし" の個別の意味である。とりわけ、個々のわが "わたくし"（所与の主体の "わたくし"）は自らの他の "わたくし" への関係を介してのみ決定されうる。多様な具体的で経験的 "わたくし" は、必ず共存し、互いを暗示し前提する。この理論的検討にさいして、わたくしの間の関係は、相互的である。実際、経験的、発生的に、固有のわが "わたくし" の分離の前提条件として、優位性は他の "わたくし" に属する（幼児の場合、自己意識の形成は、他者や微笑等への反応から始まる）。多様で具体的で個別の "わたくし" のこの連関、相互的被制約性、このため、わが "わたくし" はすでに他の "わたくし" を前提しているということを曖昧にする誤りは、わたくし自身の話、判断にかかわる普遍的意味と個別の意味の "わたくし" の無区別にある。ここから、わたくし自身の承認と他者の実在の立証不可能性という独我論が発生する。

　他者はその活動において、焦点あるいは中心として登場し、その回りに人間世界が組織される。人びとと、各人、わたくしを囲む物は、何よりもまず、人間活動の所産・手段・対象としての "信号的" 特性において登場する。その主導的特性は、人びとの間の関係、とりわけ、労働的、生産的、社会的諸関係によって実現されるようになる（物神崇拝のマルクス的問題の隠された面）。たとえば、とりわけ人びとの交流に貢献する若干のもの（本、新聞、電話、ラジオ等）は、他者の実在を前提とし、他者との関係が対象の客観的特性に反映されることになる。

　行動および認識主体としての人間は、意識的存在であり、意識を所有する存在物である。意識は、人間が世界を自覚する過程の前提条件であり所産である。人間は世界を自覚する生きものとして登場する。"わたくし" は、世界を自覚する過程（活動）の主体である。"わたくし" は、認識し行動する個人、人間、主体の普遍的特性をもって登場し、客観的現実を概括し認識する過程で形成される。概念において発生する世界（客観的現実）認識としての概括とその主体である普遍性としての "わたくし" は、統一的で同一の過程の 2 極的結果である。意識の形成は、社会的所産としての言語、ことばの発生と連関している。ここにおいて、意識の社会－歴史的被制約性が現れる。科学としての認識特性において、現実の "わたくし" は "われわれ" であり、科学的認識の主体は、社会的主体である。

　存在は全体として認識主体を内包している。世界を認識する主体（認識および生

活の主体）はどの程度、そしてどのように認識されうるのか、つまり、認識の対象となりうるのか？　存在および意識の問題は、主体（意識）の存在および主体の物質的客観的存在への関係（行動）の問題として新しい存在論的観点から立ち上がる。(71) 初め、人間の発生以前には、未組織の自然の水準では、存在における主体と客体の矛盾はなかった。人間が存在物として出現したとき、主体と客体の二分も発生した。このように、存在と人間、主体と客体、存在と意識の相互関係の特性は、世界における人間実在の方法の決定をまって初めて理解できるのである。

2．人間生活の存在論

　人間の世界に対する関係の分析は、心理学的で、主観－倫理学的観点からではなく、世界における人間の実在方法の解明を前提とする存在論的観点から始めなければならない。そして、その後で初めて、この存在論的観点の倫理学的観点への移行が実現されるであろう。

　一方で、世界に対する人間の関係は、人間を内包し、人間を取りこみ、抑圧でき、また人間の全生涯を制約する無限としての関係である。他方で、世界への関係は、人間が認識によって浸透でき、行動によって変革できる対象としての関係である。意識と行動の現在は、世界における人間の実在方法の基本的特性である。ここで、人間の因果の連鎖への参加、人間の生活条件への依存、生活条件の人間的活動への依存が始まる。世界に対する人間の独自な関係は、人間における意識の現在と密接に関係している。人間は、原則としてすべての存在を自覚する存在、存在物の一部として登場する。このことは、存在物の構造、人間の一般的特徴づけにおける主要な事実である。自覚するということは、何とかして存在全体を把え、観想によってそれを理解し、浸透し、全体を把えようとする分担を意味する。人間を包摂する宇宙における人間の独自性、立場、役割はここに存する。

　人間は、現存する存在を変革する自らの行動でもって存在に参入する。この過

程は、連鎖状の激しい反応の連続である。各の客観的事実——現存する存在——は、新しく現存する存在の新しい客観的事実を惹起する当面の行動によって掘りおこされ、この新しく現存する存在はまた、次の人間行動によって掘りおこされる。大きな変革は革命であり、その後、相対的安定化が始まり、人間をとりまく所与の状況を掘りおこしたり変革したりする新しい行動へと再び転化する。この行動は、状況それ自体によって、また人間欲求との相互関係によって惹起される。つまり、ある状況にある人間の場合、人間が包摂される状況範囲を越えるよう人間を導く何かが存在する。状況は人間行動を決定する要素のひとつでしかない。人間は、計画、構想、課題、目的をもっており、要求と相関する条件を見極めて状況を識別する生きものである。あらゆる状況が本質的に自己にとって問題となってくる。ここから、状況の限界からの人間の絶えざる脱出が始まるが、状況それ自体は形成物である。人間における内的なものと相関的になった形成物あるいはその途上にあるものが今度は、その状況範囲を越えて導出する外的な何かと相関する。状況とかかわるこの外的なものは、人間にかんする内的なものと結合している。人間の意識は、人間が周囲のもの（自然、世界）と区別されているが、同時に、周囲と結合し相関していることを前提としている。ここから、人間存在の最重要な特性が現出することになる。人間の世界との不可分の相互関係、世界からの独立は、認識だけでなく、存在においても実現される。

　人間存在と人間を包摂する存在との複雑な構造とはこのようなものである。人間存在の存在論は、存在一般の存在論、とりわけ、未組織の自然の存在の存在論には帰されない。しかし、人間行動が、所与・現在〔現に存すること〕の打破・否定として、存在物の変化、変革として登場する限り、双方をお互いから遊離させることはできない。(72) 生成は初め、状況における所在であり、後に意識と行動におけるこの状況からの脱出である。『ドイツ・イデオロギー』において、K.マルクスは、生産物と社会制度の世界、真摯に感性的な世界を精練する人間的実践の役割、そして、人間的諸関係を物件と敵対する勢力へと転化する疎外の役割を分析している。しかし、社会的存在と社会的意識の相互関係にかんするマルクスのこの命題(4)の解釈について、時々非常識な考えが発生する。たとえば、国家、政治体制等は、上部構造だから人びとの社会的存在には入らない、と主張される。しかし、上部構造はイデオロギーであり、イデオロギーは社会意識の内

容なのである。存在は、あたかも、意識の外部に意識と無関係に存在しているかのようである。このアポリアの根源は、本書第1部で物質は意識との関係においてのみ決定されるとした命題に遡及する。いいかえれば、もし、物質が意識の外部に、意識と無関係に存在するのであれば、存在は意識の外部に、意識と無関係に存在するということである。実際、意識は存在を否定しない、それは意識自体が存在に内包されているからである。とりわけ、社会的存在におけるこの絶対化の不当性は明らかである。社会意識なしには、社会的存在はありえないというのが第1。第2は国家、政治体制でこれはイデオロギーである。国家、政治体制は必ず思想的内容を含んでいるが、前者は決して後者には帰されない。一般に、意識、思想は、物質的担い手なしには存在しないのである。政治体制、国家体制は、存在であり、現実であり、あるイデオロギー、ある思想の担い手である。しかし、政治的国家的体制は、完全に理想化することも、また思想・イデオロギーに帰着することもできない。社会的存在のこのアポリアは存在一般、存在概念へと拡大される。世界への人間の関与は、自然獲得としての認識および人間行動によって実現される。それゆえ、労働、実践は、主体と客体の相互関係、それらの弁証法の特別で基本的形態として登場する。

　しかし、ここで行動主義とプラグマティズムに固有な活動の役割の誇張という危険性を指摘しなければならない。こうした誇張の前では、自然変革の正当な主張は自然の止揚へと転化する。人間の周囲の世界において、人間自身において、一次的に、自然に与えられるものすべては、世界が実際、生産活動の所産であるかのように、"製造され"、大生産されるものに転化する。こうした現実のプラグマティックな一掃に対し、人間と存在のもうひとつの相互関係である認識と美的体験、観想を介した人間の存在への関与を対置しなければならない。世界の無限、世界への人間の関与、人間の体力と美の観想は自分自身に直接与えられた完成物である。自らの直接的な感性的存在に永続する現象の完璧さは、心根の第1の層としての美的なものである。人間に対して顕現する自然の美および美的感情を形成する前提条件としての美しいものへの感情とは、世界に対する人間の観想的関係である。この観想性を、人間の消極性、受動性、不活発の同義概念として理解してはならない。(73) 観想性は、（行動、生産との相互関係において）世界、存在に対する人間関係のもうひとつの手段であり、感情的美的関係、認識的関係の手

段である。人間の偉大さ、人間の積極性は、行為においてだけでなく、宇宙・世界・存在を理解し正しく関係する観想・能力においても現れる。自然は、観想の客体であるだけではなく、人類史の所産であるだけでもなく、人びとの生産活動の素材、半製品であるだけでもない。

　ここで、精神現象の分析にさいして、われわれが利用した同じ方法が基本的なものとして登場する。その方法とは、世界に対するすべての本質的結合・関係のなかで人間を把えること、人間の質・特徴づけを明示することであり、これらの結合・関係の１つひとつにおいて、人間は登場する(*)。世界に対するこの２つの基本的関係を示すこと——意識と行動、感性と活動、認識・観想と変革、これらは人間実在の特殊な方法を特徴づける——は人間の存在論に弁別的存在論としての倫理学の対象へと移行する可能性を与える。一般的存在論と弁別的存在論が存在し、倫理学は、人間存在の弁別的関係の最終結果として登場する。すべての倫理学の基本課題は、他者、人びととの関係のなかで人間実在を承認することである。倫理学は人間存在の新しく、高度で特殊な範囲の構造的原理を示す。倫理学の出発点は、人間存在の最重要な前提条件を解明することである。行動する、つまり、決定する不可避性——暗示的判断としてのふるまい——がたえず倫理学的問題を提起する。人間の人間に対する関係は、意識的で活動的存在としての人間の世界に対する最初の関係なしには理解できない。結局、すべては、人間の人間に対する関係に通じるが、これだけ、つまり、人間関係に始まり人間関係に終わるということだけを考慮することは、中途半端な人間学主義であり、世界における人間の客観的布置を理解しない倫理学である。

　人間——限りある生きもの——は以下のようなものとして、世界に、無限の存在に関与する。１）現実を変革する存在、２）理想的実在の形態に移行するもの。存在の自覚の過程は、人間の外部の存在の主体本質の理想的形態への移行（“物自体”の“われわれにとっての物”への移行）である。意識の、実在の意識的方法の問題は、有限の人間の無限の存在への関与の問題として、人間における存在の理想的証示の問題として、有限の人間の無限の存在への移行の問題として登場する。後者の問題（行動、意識的行動）は、意識的に行動する生きものによる存在の変容・変革の問題として登場する。かくて、理想的には、無限の存在が、有限の存在である人間に関与するが、現実には、有限のものが無限のものに包摂さ

れる。双方とも、運動のなかに、生成のなかに存在する。有限の人間的存在は、"発生源" として登場し、ここから、すべての存在へと拡がる "爆発的反応" が生じる。存在に対する人間の関係からのみ、人間生活のすべての弁証法——その有限性とともに無限性——は理解できる。

　わたくしはたえず自分の行動で状況を掘りおこし、変化させる^(**)。ここにおいて、わたくしは見いだされ、つねにわたくし自身の範囲を超越しようとする。自分自身の範囲からのこの脱出は、わたくしの本質の否定ではなく、実存主義者が考えているように、わたくしの本質の生成であるとともに実現であり、わたくし自身および生成の否定ではなく、生成と実現である。わたくしの現存在、わたくしの完成、有限性だけが否定される。このように、わたくしの人間的存在の構造は、その複雑性において、ダイナミズムにおいて発揮される。わたくしの行動は、あるアスペクトでは、わたくし自身を否定するかもしれないが、別のアスペクトでは、わたくしを変革し、証示し、実現させる。したがって、ここから、"わたくし" という人間の多様なアスペクトが理解できるのである。(74) このように、人間生活の個々の現在において、人間の現存在の概念は、人間のすべての存在物への関与を介してのみ決定され、理解できるのである。人間生活の個々の時点での人間の現存在のその未来への関係は、個々の現在におけるすべての存在物、物質的なものと理想的なもの、人類の先行する発達——科学、芸術等——によって惹起されるすべてに対する人間の関係によって媒介される。このように、人間生活は、人類、人民、社会の活動の所産において具現される人類の生活との相互作用に入っていく。ここから、自由と必然の問題が提起される。自由は、すべてからの自由、非決定論一般としてではなく、具体的条件、現存在、所与の状況とかかわる自由として理解される。

　いいかえれば、K.マルクスが解明した弁証法、その批判的で革命的精神は、自然における弁証法、客観的弁証法の承認であるだけでなく、自然と人間、主体と客体の相互関係の弁証法でもある。矛盾は、物における矛盾としてだけでなく、人間の物との相互関係における矛盾として、人間の意識・行動を介して自然にかんして発生する弁証法としても存在する。弁証法の批判的で革命的精神は、存在するすべてのものが、一連のでき事における一時的構成分子でしかないということにおいて明らかになる。

否定の客観的法則は、以下の方向性で決定することができる。

1）ある現象と他の現象の比較・相互関係の結果としてのあるものの不十分さ、主体によるその確認と現象における本質実現の不十分さの露見。過程の最初と最後の段階の不一致。

2）過程、その合法則的進行は、自己否定、その対立物（生と死）への移行を招来する。

3）"自己発達の過程"、ここでは、各段階の過程そのものには、他の発達への移行としての自己発達の非存在の原因が内包される。

4）"強い"質の知覚・自覚の過程では、すべての他のもの、弱いものの否定としての停滞が発生する。

5）人間存在の不十分さを補うような派生的なものとしての人間存在の価値概念。

6）矛盾の問題。これは同時に、否定、非存在の問題でもある。他の関係における物は、所与の関係における物ではない（＊）。

7）結局、自由（詳細は後述）とは所与の否定だけではなく、その利用でもある（この立場からすれば、サルトル批判は不可避）。

8）闘争、古いものの破砕、人間の能力は、所与、現在するものを拒否する。

9）"非存在"は否定と時間である。結局、ここから、悪の問題が関係してくる

たえざる変化の過程において、生は当然死を招来し、存在するものすべてがその否定を包摂し、同時に、存在し、現在し、所与のすべては新しいものを孕んでいる。状況における発見は、この状況の分解を前提としており、状況範囲を超越して人間に対してもちあがる要求・課題と相関する条件の分離を前提としている。ここで、人間の行動を制約する事情（条件）とその事情を変化させる行動の弁証法が明らかになる。存在、客観的状況を変容する行動自体が、同時に、こうした状況で、とりわけこうした行動になる新しいなにかを人間それ自身のなかに実現する。

存在に対する人間の意識にも同じことがいえる。(75) 人間的存在は、すべての世界、すべての存在物、すべての人類が少なくとも潜在的に提示される個別性として登場する。状況からの脱出は、意識を介して実現される（＊）。意識におい

ても、行動においても、状況の打破・破砕、要求とかかわって諸条件の分離が実現される。

　前述のように、人間は存在の一部であり、宇宙、すべての存在の一面である有限の存在物である。人間は現実であり、ここではこの有限性の超越性が観念的に理解される。全体としての存在に対するこの人間的存在の客観的関係が存在する。ここから、これにもとづいて、世界に対する人間の主観的関係が発生する。かくて、主観と客観の相互関係、相互作用は、観念的に意識においてだけでなく、現実的、物質的に労働においても把えられなければならない。行動、労働（生産、創造）は、不可欠で本質的な構成部分として、存在論、人間的存在・実在の存在論に内包されなければならない。

　ここから、弁別的存在論として倫理学を定義することへの道が拓かれる。人間が倫理的になるための可能性を与え、外的前提条件を包摂する社会——政治的組織、社会——政治的体制に対する闘いを倫理学に、倫理学的課題に必ず入れなければならない。個人的生活および個人的関係と結合する歴史的倫理的課題も、歴史的状況・時代・局面と結合した歴史的倫理的課題も——前者か後者かではなく、双方の課題とも——人間の前に提示される課題に入る。

　ここでは、倫理学と政治の特別の関係の分析には入らないで、本来的に倫理学の対象の決定にとって不可欠である倫理学と政治の一般的相互関係だけが究明される。

　空想的社会主義の一般的立場は、最初、新しい社会にふさわしい人間をはぐくみ、その後、こうした人たちの手で、社会組織を変革することだった(**)。K. マルクスとレーニンの立場は原則的に異なっていた。古い人間的"素性"、精神的不全を招来する搾取的組織を伴いながらも、最初に革命による新しい社会を建設し、そこにおいて、新しい人間を建設することだった。このように、新しい公正な社会組織のための闘い、新しい社会の建設、自分の生活と活動によるこの建設への参加が人間を形成する。しかしながら、新しい社会組織が必ずしもそれ自体で新しい人間をつくりだすのではない。なぜなら、内的なものは外的なものの機械的投影ではないからである。社会変革それ自体が人間の変革・形成を招来するということはこれによって止揚されるし、それ以上何も必要ない。このことによって別のことが主張される。社会を変革し、社会主義社会をつくることで、人

間は新しい人間関係に入り、自己変革するのである。さらに、新しい社会的諸関係にだけには帰されない教育の特別の課題が発生するが、この課題解決の基盤として倫理学が登場する。

このように、人間、人びとはその相互関係において倫理学の対象として登場する。基本方針は、社会的人間の個人内部への吸収を実現し、個人的なものと社会的なものの二元論の止揚におかれなければならない。人間の本質は、社会的諸関係の総体である。K.マルクスが行った基本的発見はこの命題に包摂される。

前述のように、個々の科学の創造は、特殊な概念的特徴づけのなかで相応する関係において登場する現象のある分野の内的で特殊な法則の発見である。しかし、マルクス主義の通常の解釈の不十分さは、この法則の基本的で個別的で決定的な人間本質への転化にある。(76) ここにおいて、精神現象にしたがってわれわれが提示した命題が影響力をもち続ける。精神現象の実在が生物学的現象と相応する合法則性を排除しないように、社会現象の実在は、精神現象の実在を排除しない。精神現象およびこの現象の発達の固有の法則の存在は、この現象の社会的被制約性の否定を必ずしも意味しない。ここで、多様な結合・関係において把えられる多様な水準、現象の多様な特徴づけの相互関係の正しい理解が問題になってくる。

人間の本質は、社会的諸関係の総体である。人間学主義（とりわけ、フォイエルバッハの人間学主義）のマルクス主義的克服とはこのようなものである。社会的諸関係において、社会的現象とその決定の史的理解はK.マルクスによって区別された。社会階級の体現者として、人間は社会的カテゴリーを人格化するものとして登場する。人間のこのアスペクトを明るみにし、社会科学においてこの質として人間を分離することは極めて重要であり不可欠である。しかし、（主として具体-社会的）関係における人間のこの概念的特性の人間の完全で唯一の特徴づけへの転化は、マルクス主義の不当な解釈である。自然それ自体は、人間の手によって自然的素材からつくられる対象的世界（自然は半製品で生産物質であるだけでない）であるだけではないし、人間もまた社会的諸関係の派生物であるだけではない。人びとの間の関係は、経済的関係であるだけでなく、それはある経済様式、ある社会-歴史的発展段階の諸条件のなかでつねに実現される。人間の内的内容は、世界に対する関係の無限の豊かさ――生死、苦しみ、危険、喜びへの認識的、美的、

倫理学的関係——を包摂している。

　前述のように、人間存在論において、世界に対し活動的であるだけでなく認識的で観想的関係の存在は、人間の最重要な特性を構成する。弁別的存在論としての倫理学において、この特性を失うことはできない。人間の人間に対する関係の検討にさいして、人間の世界に対する関係が保たれなければならない。この関係は、自然の魂をもつ一部としての人間の人間に対する関係の別の側面を理解することになるであろう。それは、美しさに対する芸術的構成、さまざまな感情、彫刻術と音楽、姿勢と運動、まなざしの表情と動き、声、つまり音色とことばのメロディ等の存在に対する関係である。自然とのこの結合は、人間の感情、意識、世界のすべてとの関係におけるすべての他の"隠された真相"として生き続けなければならない。もともと人間が規定され、座標系である存在のすべてとのまっとうな関係をもつ人間だけが、他者との関係でもまっとうでありうる。

　しかし、前述のことは、たとえば、内部から外にでる本能と"検閲し抑制する"社会の２つの基盤の矛盾として人間を検討したフロイトのように、人間において、２つの基盤を同時に承認しなければならないことを意味するのではない。フロイトがみた人間のすべての視点とはこのようなものである。(情熱、愛着等の感情的基盤を構成する) 自然的存在としての人間に対する人間の生来の関係は、人間、まして人びとに対する倫理学的関係 (愛、善行等) ではないということを理解しなければならない。人間の人間に対する関係には、生活にこうした不純物のない形では決して現れない諸力のありのままの前提条件と源泉が存在するだけである。

　(77) かくて、人間における生来的なもの、世界における生来的なものとの結合は、拒否されるべきではなく、解明されなければならない。人間におけるすべての生来的なもの、すべての自然的なものの無視・拒否にもとづく道徳を主張する試みは固有の基盤を無視することになる。しかし、倫理学的なものの理解の出発点が、自然的なもの、世界との関係におかれるなら、このようなものとしての自然性は問題を解決しない。自然的なものは、ただ背景としてだけ存在するのである。自然的なものは、つねに社会的諸関係の内部にある人間にも存在する。ここから、自然的結びつきの影響力に自らを委ねるということも考慮して初めて道徳、道徳的行動が登場するのである。

　存在論に包摂される倫理学は、生活への道徳の関与の表現である。このこと

は、善行（一般に道徳）は他者に対する関係のアスペクトにおいてだけでなく、人間生活の内容としても検討しなければならないことを意味している（*）。各人の生活の意味について、当人が他者のために何をしたか（他者への愛、他者に対する善行あるいは悪行）だけで答えることはできない。各人の生活の意味は、当人の全生活内容の他者との相互関係においてのみ決定される。一般に生活それ自体はこのような意味をもたない。道徳的命題、一般にモラルの全般的で全人類的で相対的性格をもち、所与の個人生活にだけ応じては存在しない道徳の特性はここからきているのである。

　ここから、人間の個人的生活の概念の意味が明らかになる。こうした理解における人間の個人的生活は、個別的多様性、および（社会的機能の担い手としてのあるいは自然的存在としての人間等に対する関係を含む）より抽象的関係のヒエラルキーを包摂するもっとも豊かでもっとも具体的なものである。個人生活から引きだすことができる抽象性よりもその具体性において人間の個人生活はいっそう内容が充実している。このように、個人生活は、私的生活、つまり、すべての社会的なものが疎遠にされた生活としてではなく、社会的なものを内包した生活として登場する。しかし、それだけではなく、存在に対する認識的関係、存在に対する美的関係、人間的存在、自己の実在の主張としての他者への関係としても登場する。“人道的”人間の実在の主張は、前述のように、倫理学の不可欠の条件・要素としての社会変革のための闘争を包摂している。

　いいかえれば、弁別的存在論としての倫理学の主張は、世界と他者に対するすべての客観的関係の相互作用の総和において把えられる主体の客観的認識の一般的問題としての承認を意味する。世界に対する関係と同様に、ここでは、現に存在するものの観想、知覚の要素が保存されねばならない。この同じ要素が或る人の他に対する倫理学的関係の基盤なのである。ある目的達成の手段としての人間利用ではなく、このようなものとしての人間実在の承認、当の人間の実在の主張がこの関係の基盤である。それは、世界のすべてのものが改革・変革に相当せず人間行動の対象であるわけではないのと同じことである。

　キリスト教的ヒューマニズムが主張するような人間、その不幸・不運に同情することが倫理学の基本的内容ではない。なぜなら、不幸・不運、人間的実在の苦難は、人間の基本的特徴づけではないからである。快楽主義、功利主義の主張と

異なって、満足・快楽の総和としての幸福追求が人間実在の目的や意味ではない。基本的な倫理学的課題は何よりも基本的な存在論的課題として登場する。人間の生活と活動によって創造されるすべての可能性の考慮と実現、つまり、人間実在の最高水準、人間存在の頂上を求める闘いがその課題なのである。(78) 人間生活の最高水準の建設は、人間の価値を貶めるすべてに対する闘いである。このことが倫理学における基本であり、この周囲のほかのことは派生的で補充的である。つまり、人間実在にしたがった"最高"（善行あるいは悪行）のものであり、人間実在そのものに対して評価されるのではなく、単純な人間の自己完成として感得されるものでもない。"最高である"ということの評価は、それがどのように現れ、行動するのか、他者の何を変容させ、仕上げたのか、という視点からなされる。ふるまいの評価は、人間を高めるのか貶めるかという視点からなされるのであって、自己の誇りの意味においてではなく、他者にとっての自己の生活の尊厳、道徳的価値の意味においてなされる。

　ここでわれわれは再び、人びとの関係、人間の人間に対する関係、自己と他者の関係の問題に戻ろうと思う。わが"わたくし"の自覚・実在そのものが、他の"わたくし"の実在から導出されたのとまったく同じように、ある人の他者に対する関係の中身の決定は、他者を介してなされる。それぞれの主体、人間の意識は、社会的に制約された一般化として、いいかえれば、社会的に制約され一般化された主体として存在する。このように、超人の概念は崩壊する。高潔な人間の擁護は人間生活の最高水準の擁護であり、人間生活に反して見いだされる何かではない。倫理学の主体は何よりも生きて行動する主体である。倫理学的なものの実際の実現は、人間の世界・他者との相互作用である。

　世界・他者との関係における観想主義（ある目的達成のさい、人間を道具・手段としてだけ利用することの不可能性）についての前述のことは、受動性、消極性、被動性としての観想性の一般的理解を意味しているのではない。観想性のこのマルクス主義的理解は、行動だけでなく意識によっても与えられる本質としての人間の定義から導出される^(*)。このさい、意識のマルクス主義的理解は、人間による知覚・自覚という世界への関係方法の行動とは異なる方法としての観想性理解へと拡大する。同じ原理が人びとのお互いの関係にも適用される。人間に対して当人を道徳的にするという直接目的をもつ行動としての特殊な道徳的ふるまいの不可

避性を否定するとともに、われわれは他者、道徳的問題に、冷淡・無関心で無党派的で中立の立場にも反対する。新しい人間"建設"のための"戦闘的善行"と闘いが真の倫理学の内容である。倫理学の意義は、困難、苦しみ、不幸、生活の苦境に瞑目することではなく、人間の精神内容の豊かさ、しかるべき人間になるための闘いの過程でうまく克服できない困難に屈しないで内的に克服するため、動員できるすべてのことに開眼することにある。

社会改革の不可避性にさいして、どんな社会体制も人間的情調のすべての不幸なでき事はうまく解除できないことを理解しなければならない。資本主義体制がうみだす不幸を人間の"本性"とするのは正しくないが、他方で、社会的問題の解決——社会が生産するすべての物質的財貨の分配——がすべての生活の問題、人間的生活のすべての問題を一掃するかのような理解は謬見であり幻想である。

人間生活のまったき豊かさを明示することが何よりも人間を強固にし、所与の条件でこの上ない生活を送ることを援助することになるのである。(79)

3．生活主体としての人間

人間生活の2つの基本的方法が存在し、同様に、生活に対して人間の2つの関係が存在する。第1は、人間が生活する直接的連関の範囲内での生活である。初め、父母、その後、恋人、教師、さらに、夫、子ども等である。ここでは、人間はすべて生活内部にあり、当人のすべての関係は、全体としての生活に対してではなく、個々の現象に対する関係である。全体としての生活に対する関係の欠如は、人間が生活から離れられず、生活の内省のための生活を越えた思索的立場に立てていないことと関係している。これは生活に対する存在的関係ではあるが、このようなものとして自覚された関係ではない。

このような生活は、ほぼ自然な過程として登場し、すべての場合に、こうした生活を送る人間の直接性と全体性は明らかである。ありのままの状態としての第1のもっとも堅固な道徳基盤が人間の他者との相互の直接的結合にある限り、他者との結合がゆるぎないこのような生活は、道徳的生活のもっとも期待できる支

えである。ここでは、道徳は、潔白として、悪を知らないもの、ありのままの自然な人間の状態として、そうした人間の性格・存在の状態として登場する。

　しっかり形成された生活様式と結合したこの道徳基盤の不安定は通常、この形成された生活習慣、生活様式の一変によって起きる。新しい社会における若者の道徳的困難の原因とはこのようなものである。ここでは、新しい道徳を意識的に建設しなければならないし、新しい基盤のもとでは、自分だけ無垢でいることは不可能である。

　このように、堅固な存在、生活様式が再び固まるまで待たなければならないが、別の意識的な方法で、道徳に接近しなければならない。この方法は奈辺に存在するのだろうか？

　第2の実在方法は、内省と関係している。内省は、この連続した生活過程を阻止・中断し、人間を思索的に生活の外部に追いだすかのようである。人間は生活の外部にその場を占めているかのようである。これは、決定的な転換のモメントである。ここで、第1の実在方法は終わる。ここで、精神的すさみ、ニヒリズム、道徳的懐疑論、シニシズム、モラルの退廃（あるいはそれほどひどくない場合、モラルの不安定）への道が始まる。あるいは、もうひとつの道、つまり、新しい意識的基盤にもとづいた道徳的な人間生活の建設への道が始まる。生活の哲学的意味づけは、内省と結合している。

　生活に対するしかるべき関係の涵養のために、生活判断のために生活外部で生活に対する立場を占有するために、直接的な生活過程の完全な独占からの脱出として、分裂としての意識がここにおいて登場する。この瞬間から人間の個々のふるまいは、生活に対する哲学的判断の性格、その判断と結合した生活への一般的関係の性格を獲得する。実際、この瞬間からモラルの観点からの人間の責任の問題、行うことすべて、また行わないことすべてに対する責任の問題が立ち上がる。

　直接生活と新しい基盤にもとづいたその想起のこの分裂から、人間の第2の実在方法は始まり、そしてここに成立する。この瞬間から“より近くのもの”と“より遠いもの”との問題、生活・周囲への人間の直接的関係の相互作用の問題、“より遠いもの”を介した自覚的関係、間接的関係の問題が発生する。

　人間行動の決定因の一般的問題において、この内省、いいかえれば、世界観的

感情に対する意識が、内部と外部の諸条件の合法則的相互関係に規定される一般的印象に加えられる内部諸条件として登場する。(80) ある状況における主体の行動、またこの状況における主体の制約と自由の程度は、生活に対する人間の一般化された最終的関係に依存している。

悲劇、ドラマ、喜劇としての人間生活そのものが、世界観的感情、つまり、生活範囲を越えた内省の客観的基盤である。客観的実在としての悲劇的なものへの人間の関係が、生活に対する人間の悲劇的関係の基盤である。生活に対する悲劇的、ユーモラス等の関係が真にふさわしいものであるためには、生活自体の相応の特性にもとづいていなければならない。一般に死に対して過不足ない悲劇的関係が存在するが、生と死の相互関係の多様な条件にさいして、客観的で多様なものを自覚する関係が発生し、死を悲劇的にしたりしなかったりする。このように、主体、人間の生活概念の創造が必ず発生し、ここから、自然な、合法則的といった生と死への関係がでてくるのであろう。

このように、一方で、生活の悲劇的側面、自由な一般化、普遍化としての生活への悲劇的関係を感知し理解する能力と、他方で、生活それ自体から合法則的に現れる側面としての悲劇、生活における必然としての悲劇を区別しなければならない。いいかえれば、生活における悲劇的なものと喜劇的なもの、あるいは生活の悲劇性と喜劇性が問題になってくる。

生活への一般化された関係（感情総体）として個々に現れるこうした感情のそれぞれは、正当化されない。ある感情の優位の問題は、具体歴史的で当人の状況に応じて具体的に解決しなければならない。この出発点となる識別なくして、客観的なものと主観的なものの弁証法のさらなる理解は不可能である。たとえば、ベッドでの死、人間の生命、生命力はすでに使いはたされ、人間は衰え、生でありながら死が始まって間近に迫った死は客観的に悲劇なのだろうか？　多分、そうではないだろう。

ここから、一般化された感情（感情総体）の探求の不当性も明らかであり、一般化された感情においては、すべてが一体化され、あたかも統合されたかのようであり（ハラルド・ヘフディングのユーモア）、こうした感情の一般化の不当性、この一般化の説明は、皮肉の例として与えられ、すべては嘲笑され、神聖なものは何もなく、すべては無意味であろう。このようなある一般的感情（感情総体）の探求に

かわって、感情の表現手段、調性のすべてを解明しなければならない。これを介して人間は芸術家同様、世界を見、理解するのである。

　生活の悲劇の問題は、苦しみの問題ではなく、悲劇的運命、善悪のからみ合い、生活の矛盾、悪を介して善にいかねばならないという問題であり、善の崩壊等である。よいこと、すばらしいことが崩壊せざるをえないとき、人間とは無関係なある状況のために、自覚された目的としての善へ悪を介して進まねばならないとき、悲劇は発生する。よいこと、すばらしいことが、人間にとって破滅的葛藤へと巻きこまれる場合に、悲劇は発生する。

　生活においては、悲劇的なことも喜劇的なことも発生し、善が勝ったり悪が勝ったりする。これらの間の客観的相互関係、それらのからみ合いをきわ立たせ、それぞれの状況に適応的に関係することにすべては帰せられる。同一状況において、最初どんなものが優位にみえるか、関係者がその状況にどう関与するかに依存して、この状況に対する多様な人びとの多様な関係が発生する。

　いいかえれば、状況は発生することにユーモアとあるいはアイロニーをもって関係する人間を包摂している。(81) 諸力の最終的相互関係は、人間に依存している。だから、発生することに対し、悲劇的、アイロニー的、ユーモア的関係のどれが優勢であるかは状況によってだけでなく、この状況に関与する人間によって異なる。ユーモア、アイロニーはつねに関係する現実に適応的でなければならないが、それは人間、主体に典型的なものである。なぜなら、その状況に入る人間がこの自身の関係でもって状況を、状況における相互関係を変容するからである。

　かくて、本質は、善と悪、悲劇と喜劇の相互関係に、矛盾とその解決の人間による自覚に存するのであって、ひとつの感情（ユーモア、悲劇、アイロニー）の絶対化にあるのではない。主体の現実に対するこうした関係のどのひとつも絶対化することはできない。たとえば、アイロニーの一般化、現実に対するすべてに拡大されるアイロニーな関係の一般化は、このアイロニーな関係を理想にまで拡大することを意味する。この立場から、この理想に合致しないアイロニー自体がもとづく基盤そのものを根絶するものへのアイロニーな関係が打ちたてられる。すべてに拡大される一般化されたアイロニーな関係は、ニヒリズムへと転化され、すべての、そしてあらゆる種類の理想を否定するのである。

世界観的感情の相互関係は、偉大な芸術家のパレットの色彩の相互関係のように、同時的で、個人的で、合法則的である。多様な相互関係において、その1つひとつが独自のニュアンス（価値）を所有しており、多様な調子の多様な組合せが可能であるが、この相互関係はつねに合法則的である。これらすべてのアスペクト（ユーモア的、アイロニー的、悲劇的関係）の連関、それらの相互移行は、現実の諸矛盾の複雑さ・相互関係と合致する。さまざまな色の一定の相互関係だけが美学的に美しく、これと同様、多様な歴史的個人的状況に応じて正当化できる世界観的、感情的調性の多様な結合が可能であり、またそれは根拠のあるものである。いいかえれば、世界に対する倫理感情の一定の相互関係だけが、典型的な生活状況に対する人間の関係の表現として正当化され、また合法則的である。

　この規則の例外が、生活に対する悲劇的関係の一定の優位性を構成する。この優位性は真剣さの精神と結合して正当化される。真剣さの精神、真剣であること、つまり、生活に対する責任ある態度は、生活に対する現実的態度であり、すべての歴史的、個人的具体性に相応するものである。悲劇の感情、つまり、真剣さの精神は、何よりもまず、存在と非存在、生と死に関係している。この感情の起源を理解するためには、後に生と死に対する人間の関係を惹起する生死の真の弁証法をまず理解しなければならない。死の事実は、人間生活を有限の何かであるだけでなく、最終の何かへと転化する。死によって生はある瞬間からどんなものも変化させることのできない何かとなるのである。死は生を完了した外的何かに転化し、こうして生の内面的充実の問題を提起するのである。死は過程としての生を解消し、永久に不変な何かへと転化する。人間の生は、死の事実によって、総括されるものへと転化する。死において、この結果が確定する。死の存在のために、生への真剣で責任ある態度が発生するのである。わたくし自身にとって、わたくしの死は、終わりであるだけでなく完成でもある。つまり生は、終わるだけでなく完成されるべきものであり、生涯を通じて自分の完成を受けもつものなのである。

　同時に、人間が自然の、人間社会の一部である限り、（人間が生きている限り過程としてだけでない）未完成の全体性としての人間生活は民衆・人類の生活に入り、そこにおいて持続するのである。(82) このさい、他者の将来の問題がわたくしの生活の意味、他者、人類にとってのわたくしの生活の客観的意味を変容させる

かもしれないが、それは、わたくし自身が自分の生活にどんな内容を与えてきたかに制約されている。

　死はまた、人びとに何かを与えたり、人びとのことを気遣う可能性の終局を意味する。このため、死は生を自分の可能性に見合った形で生きる義務へと転化させる。このように、死の存在が、生を真剣で責任ある何か、期限付きの義務、しかもその遂行期限がいつ終了するのかわからない義務へと転化させる。これはある程度倫理学的規範にかなう生への合法則的で真剣な態度である。

　どんな条件において、生と死へのこの真剣な関係は悲劇的として登場するのだろうか？　わたくし自身の死に対するわたくしの関係は現在のところ悲劇的ではない。わたくしの死への関係は、特殊な事情、特殊な条件のために、ある重要なこと、計画を急に中断しなければならないような場合にのみ、悲劇的となるであろう。自分の死に対するわたくしの態度は、2つの事情によって規定される。第1は、わたくしの生きがいとすることが中断されず、死の到来のとき、わたくしの人生をどれだけまっとうしたか、第2は、わたくしを必要とした人びとの運命をどれだけ見捨てず、見殺しにしなかったか、ということである。

　このように、生活における悲劇の解釈は、全面的で個別的な実在、人間（個々の人格）、民衆、国家、人類、人間的実在（生活）、個別的人間の運命、人間が代表となり拠り所として闘う思想の運命の問題に逢着することになる。悲劇的なことは、ヘーゲルが主張したような思想の衝突とだけではなく、必ず思想の持主としての人びとの運命と関係してくる。この衝突において、思想・精神力の葛藤は、この葛藤が発生し高まり、そして解決される生活において人間を襲う破局と相関し、破局によって鋭くなりまた規定され、結合しているのである。ゲーテは、悲劇的なことに関心を示さなかったが、完全に悲劇的状況を認めていた。このようにみていないヘーゲルはゲーテを批判する。2つの力のそれぞれはそれ自体として正当であるが、双方の葛藤に悲劇があるとヘーゲルはいう。ヘーゲルにとっての悲劇は破局にではなく、2つの人種的力（家族と国家）の葛藤に存する。葛藤の敵対的意味は、専門領域の分界にあり、これら2つの力の相互関係にある。ヘーゲルにとって、個人が滅びることは重要ではなく、このさい、思想の力が発揮されることだけが重要なのである。生活から思想領域へと移行する葛藤はつねに解決されるが、人間生活にかんしては、何も言及できないのである。しかし、前述

のように、ここで分析を要する本質的なことは、今起こっていることに対する人間の関係である。仕事、思想との闘いのさなかでの滅亡、人間の死の悲惨さは、この仕事、思想に対する人間の関係に依存している。人間社会の史的状況、史的運命とかかわって予想される楽観的悲劇とはこのようなものである（楽観的悲劇のために、思想、社会体制と人びと、人格の相互関係の問題がみえなくなることがある）。

　客観的状況とこれに対する人間の予想される関係の不一致がユーモアとアイロニーの基盤を構成する。ユーモアの本質は、生活におけるこっけいさを直接起きる場でそのようなものとして見、感じることにあるのではなく、こっけいなものと会得し適切に関係し、要求するものを本気で把えるに値しないものと示すことにある。いいかえれば、でき事の進行とともに現れる気取ったものを常に無意味・無価値としてみるのではなく、無意味・無価値なものとして何かに関係することが重要である。たとえば、いたずらに強い生活の善良な微笑に類似する自らの固有の運命の転変にかんするユーモアとはこのようなものである。

　ここから、2つの異なる問題が発生する。(83) 何がおもしろいのか、誰にとっておもしろいのか？　じかにおもしろいのは喜劇である。笑いは、生活における喜劇への直接的関係として登場する。アイロニーとユーモアは、直接的おもしろさへの関係ではなく、善と悪、崇高と下劣の相互関係に対する関係である。より正確には、前者の立場から、あるいは前者にもとづいた後者に対する関係である。

　アイロニーは相互を対置させ、崇高な理想の立場から、それに合致しないすべてを非難する。ユーモアはこうした矛盾を解決し調和させ、和解の基盤としての肯定的牽引を選択する。ユーモアとアイロニーにおいて、語の広い意味で、善悪の相互関係、より正確には、善の立場からの悪への、弱さへの関係が問題になる。この相互関係の異なる理解あるいは現実における異なる相互関係がユーモアとアイロニーを惹起し、双方の客観的根拠は異なる理解、相互関係にある。多様な面で、善悪の異なる相互関係が力関係によってある場合には、ユーモアの客観的基盤、正当化として、他の場合は、アイロニーのそれとして登場する。

　上述のことに応じて、ユーモアの多様な種類、多様なニュアンス、多様な条件・状況における価値の水準は区別される。悲劇を隠し解消するユーモア（見えない涙を通した目に見える笑い）、やけっぱちな洒落（Galgenhumor）、悪意のないユー

モア、優れて愛する人の悪意のない弱さへの関係としてのやさしい微笑（これは自己暴露でも優れたことの劣化でもなく、人間における偉大さ、肯定的なものの基盤としての強調である）。

　かくて、悲劇と喜劇は自らに相応で適応的関係を要求する生活のアスペクトである。ユーモアとアイロニーは、善等との相関において、弱さ、不足、未完成、ゆがみ、悪に対する人間の一定の関係である。生活、ある状況に対するこの関係は人によって異なっている（状況それ自体の相異のためだけではない）。それは人間（多様な人びと）がある状況に関与し、その状況のそれぞれにおいて、語の広い意味において、善悪の間の力の相互関係が変化するからである。それゆえ、問題は、関係——アイロニー、ユーモア——が状況、生活の客観的状況に適応的であるか、ということだけでなく、この関係は何らかの形でこの状況に関係する人間の質を必ず表現しているのである。だからして、多様な人びとが状況を多様に体験し、関係し、その状況に居合わせることで状況の力関係を客観的に変化させるのである。

　このように、意識を内包する人間的実在の特性に固有なものとしての自らの理想的で志向的"設計"と、他への移行を表現する現実の因果関係として実在が登場する。人間生活は、"構想"（最初、無意識的な）、後に構想の実現として登場する。決意の特性による人間の決定性と同時に、人間が何をし、何になるかということ、そして自分自身に対する責任。この状況は、実存主義者の主張と対立する、それは実存主義者にとっては、認識対象が存在するだけで、主体はただ"体験する"だけだからである。

　人間は、世界との一定の関係のなかで存在し規定されるだけでなく、自ら世界に関係し、人間の意識的自己規定が包摂されるこの関係を自ら規定する。(84)重要なのは、客観的条件による被制約性だけでなく、主観主義的（つまり、客体に対する主体）にではなく、客観的変化、状況の変化の表現として理解される主体の立場の相異でもある。

　人生におけるすべてがよくてすばらしいものであるかのように主張して人生はすばらしいと語ることは、哀れな欺瞞である。すべてはすばらしいことでいっぱいだということを無にするように、人生は忌まわしく非常につらいものだと語ることは、それ自身の破綻を証明する嘘でしかない。人生は生命力があり、無限に

多様であらゆる善と悪にみちている。そして結局、人間には人生において、ひとつの課題がある。それは自分で、できるだけ美しいこと、好ましいことを招来することである。

人間の、人間的実在の最初の特性は、意識それ自体ではなく、世界を自覚する存在、意識だけでなく行動の主体としての人間が存在の全体的決定に関与することにある。周囲のことと行動の自覚を包接し、変化へと方向づける意識的調節は、存在発達における重要な部分である。人間特性は、"意識を介した被決定性"である、いいかえれば、世界および固有な行動の意識による屈折である。ここに、人間の自由および存在決定の問題を理解する上での本質がある(*)。

現象の因果的被制約性の問題は、科学的方法の中心問題である。最近、量子力学の発達にかんする物理学の分野で、この問題が鋭さを増してきた。もっとも論争的問題は、遺伝学の発達と結合した現代生物学の問題であり、結局、有機体の被制約性、不安定性の問題に突きあたる。ここでは精神現象および人間行動の範囲の説明が最重要な観点であるが、他の分野でこの問題はどんな位置を占めているのだろうか。心理学は一般に、非決定論の主要な拠点であり、意志の自由は、決定論原理がもっとも真剣な自らの経験に付される場である。

意志の自由にかんする伝統的問題提起は、心理学主義である(**)。実際、自己決定と他、外的なものによる決定はどこでも同程度に存在する。これらの相互関係のヒエラルキーが存在するが、ここでは、意識をもつ存在の水準における自己決定が最高水準として登場する。

決定論との論争において、非決定論は、機械論的な決定論の弱さを利用する。ラプラースの決定論の極端な形は、決定の機械論的方法のすべての現象へのたんなる機械的拡大を意味する。しかし、機械的決定論の限界とその克服は、しばしば外的方法であり、決定論の弁証法的－唯物論的原理の発展によるものではない。

実在の承認と結合して、わが国の哲学文献で正当に引用される機械的決定論の批判は、必然的であるだけでなく、偶然でもある。しかし、機械的決定論の他の止揚様式、外的なものと内的なものの弁証法の解明がわれわれにとって劣らず重要である。外部原因は内部諸条件を介して作用する。この命題はすべての水準で重要な意味をもっているが、内的なものの内省的理解の克服にとって、精神的な

　3. 生活主体としての人間

ものの水準においてとりわけ重要である。

　内的なものの役割分析は、多様な結合が存在していることを理解しやすくする。他の結合を惹起する基盤、これらの結合——構造、つまり、構造的結合——の原因が個々の要素、アスペクト、諸側面をひとつの全体に統合する。多くの、その上、重要な法則がとりわけ結びつきの構造を表現する。ことに、多様な側面をあるひとつの全体へと統合する結合の構造が、外部原因の行動の効果の総和の媒体となる内部条件を形づくる内的結合である。(85)

　命題によれば、外部原因は内部諸条件を介して作用する、だから、行動の効果は、客体の内的特性に依存し、本質的に、どの決定も他、外的なものによる決定、自己決定（客体の内的特性の決定）として不可欠である。

　一般的方法のこの見解にもとづいて、われわれは、一連の物質世界の現象へ精神現象が介在する決定論問題の興味深い解明へ接近できるであろう。

　中心命題は、精神現象が本質的に制約されるもの、また制約するものとして存在の因果関係に内包されることにある。精神現象は、生活条件の客観的作用に制約され、同時に、行動を制約する。精神現象が現実を反映し、運動および行動を調整することに、ことの本質はある。ここにおいて、運動、行動、ふるまいにかんする精神過程（求心性、逆の結合等）の調整機能としての命題が完全に明らかになる（周知のように、作用の構造は、求心性の部分も実行の部分も含んでいる）。人間行動にかんする付帯現象説と非決定論は問題のこうした解釈によって完全に止揚される。

　人間は、自らを周囲——自然、世界——から区別し、また、それらと結合し相互に関係することを前提し明示する人間の意識の実在は、既述のように、人間の特性であり、結果としてここから、人間存在の最重要な特徴が現出する。ここにおいて、人間と世界との相互関係、認識や存在における自然との結合だけでなく、そこからの孤立も発生するのである。この認識次元において、現存世界の観念世界への移行が実現される。人間の世界への浸透、馴化、そして世界の変容の無限の過程は、実践と行動において実現するのである。

　自由の問題のマルクス主義的定立の実存主義的それとの相異は、実存主義者の場合、存在にかんして主体の活動性を熟思していないことにある。このため、存在は人間の意識の対象でしかなく、人間は対象をもつ存在として登場するのである。しかし、マルクス主義によれば、存在は意識だけでなく、行動、実践の対象

でもあるのである。

　もっとも広い視点では、自由は反映と同様の状況にある。自由は、反映同様、決定論の原理では存在の土台そのもので起き、この原理に従えば、必然は現象の内的発達に存する。自由の限界は、現象の外的条件への依存によって規定される。自然においては自然的条件によって、社会においては社会的条件によって。

　自由の問題は３つのアスペクトで登場する。ａ）自己決定——多様な水準における行動決定にかんする内的なものの役割——として、ｂ）社会生活における人間の自由（人格の自由と社会的要請）として、ｃ）スピノザ的意味における自由（固有の愛着現象に対する意識による統制）として。

　人間は所与の客観的条件のなかで行動する。わたくしの実在の不可欠の条件としての他の人びとと、他者が、社会レベルでの決定的条件のひとつとして登場する。この不可欠の条件は、わたくしを条件づけ決定づけ、暗示的に与えられ、わたくしのなかに存在する。ここにおいて、真の弁証法が発生する。人間は所与の諸条件を変容できるが、最初、所与の諸条件が人間に与えられ、人間はここから出発しなければならない。人間が条件を変革する場合でさえ、人間は所与の素材から構想しなければならない。いいかえれば、人間が構想し創造する素材は同時に、人間によって創造され、人間に与えられる。(86) このように、自由とは実存主義が宣言するような所与の否定だけではなく、所与の承認でもあるのだ。自由は所与の否定であり、承認でもあるのだ。この立場から、実存主義に対するマルクス主義的批判はなされる。自由は、１）全体として決定論の問題と結合して、２）社会における個人の生活と結合して、登場する。サルトルは、自由について否定を介して定義するが、第１に、自由とは所与の否定だけでなく、その利用でもある。第２に、自由な行為の現在、過去からの分離、自由な行為の未来だけへの投影（"計画"）は不当である。ガロディは、「自由とは人間発達の意識レベルでは存在の否定である」というサルトルの公式に注目しているが、実際、ここにおいて否定だけでなく、人間発達の内面的合法則性の主張も起きるのである(*)。

　人間におけるすべてが、未来からも過去からもどんな運動も変化もうけないという実存主義の基本命題は批判されなければならない。これは、未来体制の素描、実在からの解放、消極性としての所与からの解放としての構想概念である。

所与の克服のためには、それを考慮する必要はなく、所与の条件から脱出する必要がないかのように、所与の命題を拒否、否定するものとして自由は登場する。人間は自分の行動の所産であり総和であるが、人間が自ら計画し創造するものは、どんな基盤ももっていないかのようである。すべては、未来からする人間の計画、構想によって決定され、過去や人間的自然によっては何も決定されないかのようである。

　ハイデガー他によれば、人間は条件と相関し、状況の範囲を超越する計画、構想、課題、目的をもつ存在として登場する。人間が有する存在・状況による非決定性を非決定性一般と同一視するため、実存主義者にあっては自由を非決定性と同一視する幻想が発生する。

　自由はここに存在する。人間は直接自分の行為で、なお存在していない本来的なものになるべきで、そのことで、現在の自分をやめることになる。純粋な否定は、どんな継承性もない完全な不連続を意味する。主観性はこの不断の凌駕にあり、それゆえ純粋否定となる。自由は、世界そして自分自身との決定的決裂として存在する。人間は自らの行動によってこれを実現し、その基盤において、自由は人間のこころにある否定と共起する。人間は"計画"をもつ生きものである。なぜなら、計画においては、実在が本質に前駆し、完成している本質はひとつもなく、人間自身がそれを創造し、自分から何かを行うのである。人間の本質である自由は、ここに起因しているのである。ここには、未来への方向転換だけがあり、これによって、人間は過去およびその決定から脱出するかのようである。

　否定弁証法は決定的で創造的過程として存在することに、K.マルクスは注意を向けた。否定を明らかにして、ヘーゲルは歴史の運動の抽象的表現を発見した。否定は自立し生きた運動の内的源泉であると、ヘーゲルはいう。自然における発達、運動は、過去から未来への運動として実現する。現在する個々の時点で、その後の発達・運動の源泉はこのようなものなので、過去へ向かうことで、発達・運動は未来を惹起する、あるいはより正確には、未来を惹起するために、発達・運動は過去へ遡及するのである。現在のある状況（モメント）から他への連続的運動が発生し、その過程で、第1の状況に対し第2の状況は未来として登場し、第2の状況に対し第1の状況は過去として登場する。

　人間の現存在、人間が自ら行うことのできるもの、人間のその後の運命にも同

じことがいえる。現存在は、先行する発達、また、その進行のなかで形成される内的前提条件、内部諸条件の所産である。先行する発達は、世界との相互作用過程において、人間のその後の形成、人間の内部諸条件の因となる。(87) 自己の社会的立場の決定における人間の固有の役割とはこのようなものである。人間、その特性、決意の被制約性と人間の責任は、何を行うかだけでなく、何になるのか、自分が何として現れるのか、に対してである。自分が何であるかは、自分の生活の過去のある時点で何になろうとしたのか、と関係しているのだから。人間生活における現在、過去、未来の不可避的結合とは、このようなものである。人間が自分の未来を規定する可能性は、自分の生活の過去の諸段階のそれぞれを規定する可能性である。過去の1つひとつの段階が、未来のそれになろうとしたのだから。

　ゲシュタルト学派と実存主義者における"場"の概念の批判は、この条件と要求を相関させる条件・要求・人格の場における区別の道を選択しなければならない。実存主義者にとって（また、ゲシュタルト学派にとっても同様に）場は、状況の統一的で不可分の総和である。場において行動する人格は、どうしても場から独立することはできないのである。人格を包摂する場は、実存主義者によって、相互に依存する可変的なもののひとつの体系として検討されるが、人格におけるどの変化も、すべての場の自己発達として検討されるのである。しかし、人間の生活は、思考分析のさい、われわれが用いてきた同じシェマで説明可能である。思考と行動の進行にとって、条件と要求（多様な状況とは異なって語の固有の意味での条件(*)）の相互関係が決定的である。ある状況の問題性は、明示的でなく暗示的に与えられる（これは限界からの無限の"脱出"(**)）何かの場への参加、存在の無限への参加、相互関係と相互作用の無限の体系への参加に存する。いいかえれば、場はつねに所与の何かを包摂しているが、そこではあたかも空で空白の場所（Leerstellungen）が存在しているかのようで、このため、場の限界を脱出し場とすべての存在物とを結合する何かを"見落す"ことになるのである。

　場の連続的区分、課題・目的等とかかわって重要なことの選択、人間生活において行為による場の変容は、必然的に場の限界からの脱出である（場自身、つねに暗示的で決して明示的ではないが、ただ予め与えられている）。

　思考の内部諸条件明示の方法、対象認識の方法は、主体の客観的認識および主

観的認識の一般的方法と一致する。思考研究の方法と主体明示、主観性の一般的認識論的問題は、同程度に決定論の弁証法的−唯物論的原理にもとづいている。われわれは、ユーモア、アイロニー等の問題分析にさいして、場と主体の全体としての相互関係が、この場の内部に存在し場に入り、何らかの形で場に関係する主体自身に依存するものとしてこのことを顕示した。

　個人の自由は社会生活の諸条件のなかでしか実現できない。ここにおいて、存在論・論理学の観点から、また、倫理学・政治学の観点から個別的なものと一般的なものとの相互関係の問題としての個人の問題が立ち上がる。人間は、社会、国家、人類との相互関係において存在する。ここから、多様な社会−歴史的発展段階における自由とその抑制の多様な相互関係が発生する。しかし、哲学（存在論）と論理学における個別的なものと普遍的なものの一般的問題は倫理学における個人と社会的幸福の問題として存在する。すべての人びとの幸福は、個人の幸福と集団（国民、国家）の幸福に区分される。目的の観点からすれば、すべての人の未来の幸福は、各人の、また各人の人間人格の幸福として登場しなければならない。しかし、各人が社会幸福に役立つわけではなく、社会活動がその手段であり、その目的は、各人の幸福、発達、自らの能力の開花、人格としての人間生活の充溢である。(88) 原則として、すべての人びとが各人のためになるには、社会を介さなければならない。しかし、政治的観点から、個人と社会、個別性と共通性の問題は、それぞれの社会で異なって解決される（個人的イニシアチヴにもとづいて建設される社会は、カトリック教的、全体主義的な社会とは区別される）。発達の一般的方向性は、個々の人間から社会を介して個々の人間へと実現される。ひとりの子どもの苦しみにかえて、すべての人類の進歩と幸福を打ちたてられるのか（進歩はひとりの子どもの涙を必要とするのか）というドストエフスキーの問題には、２通りの考え方がある。その真実は、普遍的なものと個別的なものとの結合にある（原則としてこうした価値の進歩を達成する社会が存在する）。その虚偽は偶然としての、また、質において普遍的なものに対置される個別的なものの絶対化にある。苦しみを避けることがいつも可能とは限らない。しかし、個別性は唯一性と同義語ではない。すべての個別的なものは他との相互関係においてのみ存在する。単数において個別的なのではなく、複数、他との相互関係において個別的なのである。たとえば、すべてがあるから各があり、すべてがなければ各もない。これらすべて

の相互関係は倫理学と政治学では異なって（異なる政治学においても異なって）語られる。実存主義における個別的人間実在の形而上学も、人間の社会的諸関係を社会的"仮面"の関係に帰する社会的生活の形而上学も同様に不当なものである。問題は、あるものと他との相互関係、交流、あるものの他を介する間接性の発見にある(*)。

　美学、芸術において、その外見や感性のなかに、現象の本質が発露するように、倫理学においても人間に応じて現象としての人びとの生活に人間および人間関係の本質が現れるはずである。生活のなかで人間を実現するという課題は、人間的本質の現象として人間から"疎外"を克服することである。思想、理想、価値、義務等の形で存在する観念的なものの"疎外"の克服は、それらの抹消ではなく実現によって可能となる。ここから、倫理学において、現在（真正な）の生活にかんする中心概念が発生する。理想・価値の発生と生活過程でのその実現は、疎外、不一致、対置の形成とその克服以外の何ものでもない。

　社会生活は、作品、"人間的対象"の創造における人間の客観化に現れる。疎外は、特殊な歴史的状況で客観化が採用する私的形態として登場する。ヘーゲルは、客観化と疎外を識別しなかった。その識別は、K.マルクスによってなされた。ヘーゲルは客観化されたものはどんなものでも疎外に帰着させ、物件そのものを意識の疎外として理解した。疎外は広い意味で、人間が自らを具体化する活動・所産において人間を客観化する一般的問題として登場する。所産、客体化の形で、具体化された人間存在は、生活の転換に入り、経済的観点からだけでなく、精神的にも他者を熟知するようになる。しかし、疎外の本質は対象の人間に対する関係からのさらなる抽象の所産であり、その相互関係において保存されるものの分離である。この考え方は、自然の内容——その特殊な"見通し"、状態、運動等——の観察者による法則、客観化の不変性の考え方に似ている。

　物神崇拝は物を介して実現する人びとの関係である。人間の物に対する関係も人びとの関係としての物相互の関係も商品に対してだけ、また、資本主義社会に対してだけ正当なのではない。

　精神の自由も人間の偉大さも、社会において初めて可能となる。集団性、思想的共通性は、個人、各人のイニシアチヴと責任を批判する考えの維持とともに存在するはずである。(89)自由は最初、われわれにとって、必然性、被制約性一

般と結合して登場したが、これは自由の可能性にすぎない。人間の自由は現実の生活および社会においてのみ実現される。個人にとって自由は、個人的イニシアチヴとして、自分の恐怖とリスクに作用する可能性、思想の自由、批判と点検の権利、良心の自由として存在する。

　ここから個人は、社会のありうる代表者として登場する。反対に、真の悲劇（個人的心理学的観点からでなく）は、社会生活に組みこまれた個人生活の悲惨さ（プーシキンの場合、ボリス・ゴドゥノーフの悲劇）であり、ここでは必ず葛藤が発生する。

　ある目的達成の手段として人間が利用するのは、社会条件における人間に応じた倫理学的道徳的生活の基盤の侵害である。しかし、このことは一般に社会におけるある機能や役割を失うことを意味しない。疎外の問題は、人間の社会的仮面、社会的機能・役割の保持者への帰着のさい発生する。この機能・役割にしたがって、ある実践的目的達成の手段として、人間は利用される。相応の範囲へと追いやられる機能・生活の保持者へと転化する人間生活の被制約性は、人間の貧困化あるいは本質的偏頗である。このような人間こそが語の固有の意味で醜い人である。人びとは生活過程で仮面、機能の擬人化した保持者としての他者と関係するように、人びとの生活はこのようなものとして経過し、人びとはこれにしたがって利用されるだけである。人間の"仮面"へのこの帰着を克服することが、"仮面"から完全な人間的存在の人間への移行である。人間とその仮面、機能との相互関係の弁証法は、この機能、役割がどんなものであるか、と結合している（たとえば、民衆、人類、理想、真実の闘士の代表としての個々の人間）。一方で、これは極限の貧困と限界への役割の帰着である。他方で、個人的生活の喪失、あるいはいずれにしても、個人的生活の縮小である。人間的存在、その補助的機能ではなく、そのものにおける本質への最大の関心を明確にして、"無関心"というカント的原理の両義性を止揚しなければならない。

　一般的方法は、思考研究のさい現れる現象の"仮面剥奪"の道であり、他のすべての分野に関係し、この問題分析のさいにも利用できる。周知のように、知覚において、対象存在の完全さの仮面化、物の実際利用で定着する"強い"特性による実際には弱い特性の仮面化、物の機能的特性、用途による仮面化が発生する(*)。認識・思考過程で、対象の仮面をつけた特性の仮面剥奪、いいかえれば、対象のすべての特性の実際重要な機能的特性による仮面化の止揚、すべてのパ

ラメータ（音、形、色をもつ対象例）にかんして、対象を決定するすべての仮面剥奪が発生する。仮面剥奪は、対象の新しい結合・関係への参加によってなされる。まったく同様に、人間は人間が存在・生活の全側面とかかわって登場する程度に応じて自らの存在を見いだし、すべての人間的質において現れる。

　これこそが人間的生活の水準が決定される人間的存在のパラメータの決定である。これらの質の可能性と客観的組成によって人間が規定されるこれらのパラメータにもとづいて、人間的人格の範囲が変化する。自然、宇宙の生活に疎外され、自然現象の諸力の変化に関与しない人間は、これらと関係を紡げず、この諸力に当面して自らの見解を発見できず、自らの人間的長所を確立することができない——これは哀れでつまらない人間である。(90) これに人間の無限性と力、その生成と崩壊、その発達における存在への関係が加わる。存在、宇宙への正しい関係は、大きな構想をもつ人間を形成し、人間生活において高い英雄的基盤をつくりあげることである。このような関係は、自らの"私事"に従事する人間の狭量さに対立する。以下で問題になる他者、他者の生死に対する関係が、人間が判断される本質的パラメータのひとつである。

　本質的パラメータは、人間におけるすばらしくて美しい基盤に対する人間の関係を構成する。真理への関係、そして本物と誠実の精神で現に存在するものへの自覚と習得に対する関係が人間を決定する。

　倫理学は、社会的諸関係、階級闘争、生産関係等の範囲を越えて人間を検討する。しかし、人間が他のすべての関係において感得するすべての豊かさのためには人間は社会的諸関係に関与しなければならない。実際、倫理学と政治の問題の相互関係は基本的にこのことによって規定される。共産主義社会では、政治と倫理学の間の相互関係は変化する。政治的問題は限りなく倫理的問題に接近し、人間の問題が中心的問題として立ち上がる。このことを予見して、今、ここにおいて人間の問題を提起しなければならない。

4. 人間の人間に対する関係（道徳と倫理学）

　社会体制が、人間生活の外的諸条件の総和を形づくるわけではない。個人生活の面ではある人の他者にかんする個々のふるまいもこのなかに入る。その上、既述のように、個人的なものは私的ではないしプライヴェートなものでもない。ほとんどの人間的行為は、物に対する技術的作戦であるだけでなく、他者との関係を表現する他者へのふるまいである。それゆえ、行為を伴う他者は人間存在の"存在論"に入り、人間存在の不可欠の要素を構成する。物との関係、人間的対象との関係を通して、人びとの間の相互関係が現前化する。それゆえ、人びとの間の相互関係にも倫理学の問題が拡がる。

　人間行動の分析は、人間が自分のふるまいで"示唆した"ことの行動の隠された言外の意味を明らかにすることを前提としている。このふるまいが実現する彼我の関係がいつも存在する。行動の意味および意義の解読が発生する限り、このような行動の解釈はことばの解釈に似ている(*)。この点において行動の"意味論"について語ることができる。この分析は、外的"原動力"の役割を果たす行動の決定因としての原動力になる現象（対象）の意味と意義、そして人間的行為（動機）の内部諸条件を明示することを前提としている。この解読のさい、ふるまいが一般"構想"、人間生活の観点にどのように入るかを介してふるまいそのものの意味が決定されねばならない。

　人間行動の意味上の分析は、人間の精神生活の歴史を構成するすべての力点の変容、価値の再評価が発生するように、人間にとって有意なことの決定のために精神生活を明らかにする方法として登場する。この"意味論"は、基本的"単位"として、精神的なもの、意識を包摂している。これは、何が各人に人間精神について関心をもたせるのか、根本的に新しいスタイルの"精神分析"を構成するすべての文芸が何についてかくのか、という問題である。

　この"精神分析"は、生活の意味、人間の彼我のふるまいの意味を明らかにすることを前提としている。(91)"価値の再評価"、生活の再解釈、意味の解明、新しい力点、力点移動、抑揚の移動のような分析にさいして、まずもって人間の精神生活は現前化する。

この精神分析は、人間生活における物および現象の特性・意義を明らかにし、人間にとってのその意味はその意義の解読を実現するが、その意義とは、物そのものにかんするものではなく、人間、つまり、人間生活のすべての客観的過程にかんするものである。物の意義は、ある目的達成にとっての道具あるいは手段としての分析にさいして現前化する。物の特性は、人間の前に立つ課題と物との相関にさいして新しい質として現前化する。人類の実践において物が果たす一般に通用する物の機能的特性と、具体的目的達成にとって物の信号的特性がここにおいて合致しなくなる（パヴロフの場合、犬の実験におけるランプが食物の対象として現前化したこととの類似で）。

　人びとは、いずれにしても、しばしばふるまう、なぜなら、"みんな"はそうするものだから（かく決まっており、かく一般的に認められており、かくふるまう）。ここでは、わたくし自身、内的統制機関としてあり、わたくしの固有の責任はなくなる。この場合、行動は流行が支配する服と同じ状態となる。「かく着ている」は「他者が着ているように着なさい」という命令に等しくなる。ここでは主体の多様な存在様式が選抜でき、同様に"わたくし自身"の水準とかみなさん一般（彼、われわれ等）の水準でいろいろに調整される行動の多様な方法が選抜できる。ここから、人間の可能性、パラメータが生まれ、これにしたがって人間は規定されることになる（人間は音楽の音に似て生活のなかで規定される[*]）。ここから、基本的な倫理学的要求、倫理学の基本的内容が発生する。それは、すべてのパラメータにもとづく人間の相応する規定のなかに存する。これは人間の理想の規定でもある。理想的人間とは、その人のすべての可能性が実現される人のことである。

　理想の変容は歴史的に生じる。ストア学派の倫理学は自制の知恵を前提としており、ストア学派とスピノザは賢者の理想を称賛した。愛（エロス）のギリシャ的概念は低いものから高いもの、より完全なものへの志向性として現前化する。アウグスチヌス（そしてスピノザ）の理解は、下から上へと上から下への運動の一致を前提としている。キリスト教（レフ・トルストイ）は愛の理想は神聖なものということ（神聖で悔い改める罪人）を前提としていた。ニーチェは超人への愛を布教し、英雄的熱狂者のブルーノは、ルネサンスの理想の見本だった。ピューリタニズムは、熱情の力を苦しい罪の源泉と考えて人びとへの徳、渇き、無情、無慈悲に目を向けた。

価値と理想は、直接文化と結合しており、文化はその所産に具象化される。文化の所産、源として現れ、歴史の流れのなかでそれを脇におき、保存することで、ますますよくなっていく。人類は、文化、活動の所産と結合した人びとの総和であり、所産の１つひとつは、相互作用のなかでのみ自らの意味をもつ。

　しかし、人類史のすべての価値を過去の文化、"人類"が到達したすべてに帰するとしたら、間違いではないとしても思い違いであろう。心の知恵のように小さく思えることに偉大さをみることが不可欠である。人間生活のもろさ、人間の傷つきやすさ、脆弱性、人間の心の苦しみ、無意味、これほどの志向性の空虚。多くの努力と苦しみ、何が原因だろうか。ある無意味なほんのわずかな偶然とすべてにとっての結末。

　同時に何たる偉大さ！　何という大胆さ、何という勇気、思考の全浸透的ですべてを魅了する力。要するに、人類の足跡を残さない無思慮の興奮のなかで有能な自然力の轟きのまん中で宇宙の大群の終わりのない積み重ねの人間にとっての何という能力（これが現在の偉大さ）。(92) 寛大さと魅力の人間的本質のなかで輝き始めることの各現象に対する喜びの胸を広げ、優しさに満ちた心によって取りかかる実際に有意なことに対し人類は消えることのない意識をもっている。そう、ここにおいて、何よりも大きな人間の現在の偉大さがある。これとの連関において、過去の達成だけでなく、存在の問題提起・不思議、驚くべき世界、ここにおける人間の瑣事性と偉大もまた本質的となる。

　浄化され集中された自らの形での価値が存在の喜びである。この喜びは任意のものからではなく、一般に自らの実在の事実そのものからの喜びである。しかし、基本的矛盾は、制限（規範、禁止）としての道徳と生活との矛盾である。個々の一般的状況（暗示的に）はある模範的で一般化された条件を前提としている。一般的な道徳的状況で暗示的に予想されることからそれる具体的状況にその規範を適用することは、この共通の道徳的状況（あらゆる一般的道徳的状況）を不可避的に所与の個人の場合には当てはまらないものとする、つまり、所与の状況に内包される葛藤の道徳的解決を与えないということである。生活と道徳との矛盾は、このようにいつも不可避的に（合法則的に）発生する。これがどのような矛盾になるか、どのような水準で矛盾は発生するのか、そして、どのように、どんな水準で止揚されるのかということのなかに、進歩、発達は包摂されている。

具体的状況では各の人間は自分の立場から世界を見、自分のやり方で世界に関与する。真理の具体化の多元主義、真理の平等、この表現は相対主義ではなく、真理－善の具体的主張である。

　愛は通常、下から上へ（神への愛）の志向性として、上から下への愛として理解され [1]、対等の愛ではない。結局、志向性としての愛は、ひとつの全体の再統合への一部である（プラトン、スピノザ、一般に汎神論、ヘーゲル、ショーペンハウアー、トルストイ）。しかし、愛そのものが、すべての徳として“積極的”あるいは“消極的”である。愛は苦しみ、無抵抗、忍耐（Dulden）であり、結局、死。愛は闘いであり、悪との闘いを生み、愛は同情である。そして、ここから、道徳の重要な問題としての善と悪のもっとも複雑な相互関係、それらの対立と現実の結びつき（3つの対立の統一体）、悲劇的結びつきをきれいに区分し、お互いを抽出することの不可能性が発生する！　ここから、善、悪、生活の悲劇役者（悲劇性）から悪と罪——個人的有罪性——を分離（局地化する）することの不可能性が発生する！

　語の広い意味での倫理学は、狭い意味での道徳と異なって、大きな意味において、人間の内的存在の問題、また、世界と他者に対する人間の関係の問題として、存在の豊かさにかんする人間的生活の充溢の問題である。“わたくし”は、主体であるだけでなく、いずれにしても、わたくしに関係し、対処する他者にとっての客体である。人間にかんして人間は、善悪を区別し、いいものだからといって善を認めるだけではない。心理学的、内的に動機づけられた他者への倫理学的関係もこうしたものである。他者があなたに関係するためには、相手が望むように関係しなさい。これは可逆の関係である。同時に、これは自分自身としての他者に対する関係である。しかし、同時に、この関係の自立への本質的能力は、他者のわたくしへのいい関係、悪い関係に頼らない他者への関係の人間性である。

　人間のふるまい、より正確には、このふるまいの動機づけの問題に戻って動機づけの学説は決定の学説の具体化として発生するといわなければならない。(93) 換言すれば、動機づけは、内的条件の外的条件との相互関係（欲求のその対象との相互関係）として発生する。この立場から、すべてが内部から、内的条件が外的客体、対象等と無関係に存在するという動機づけのフロイト的概念の批判に向かうことができる。フロイトにとって有意なすべては、有機体の機能とだけ相関

し、その上、機能そのものは有機体の働きとして理解される。フロイトの場合、人間の活動は、自らの価値ならびに重要性を発揮する能力を所有していない。それゆえ、活動を転移の結果として、カムフラージュとして検討せざるをえない。

　人間の反映がつねに人間特性の決定要因だけでなく人間にとってのその意味の決定要因である限り、動機づけられた意味は、人間によってそれぞれに反映される現象を獲得する。それゆえ、反映がつねに動機となる要素を包摂する限り、動機づけは、感情だけでなく、反映過程にも含まれる。精神活動のすべての流れは、過程であり、そこにおいては、人間活動の動機づけは、反映する世界の対象・現象として実現される。

　このように、人間行動の動機づけは、反映過程を介して与えられる人間行動の主観的決定因である。この動機づけを介して人間は、現実の文脈に組みこまれる。対象や現象の意味、人間にとってのそれらの“意味”が行動を決定づけるものである。しかし、とりわけここで、意味をもつこととそれが誰にとって意味をもつのかということとの相関性が発生する。ここで、主体、主体の特性、関心、欲求による意味の客観的被制約性が発生する。人間の場合、人間にとって有意な体系・ヒエラルキーに何が入るのか、ここで規定できるし、しなければならない。この生活的価値および欲求のヒエラルキーにおいて、あるもの、別のもの、下のもの、上のものが現前化する。最低のものが現れる危険性があるとき、最高のものの貶価が発生することがある。たとえば、すべて（戦争での死）、あるいはもっとも貴重で重要なものが脅迫にさらされると、より重要なものが、脅迫・危険にさらされる前には、重要なものとして前景に立っていたものが些細なことに感じられる。このさい、生活状況は、われわれが生活のなかで何のために闘うのかという真の尺度の自覚として立ち現れる。この意味において、運命の転変、生活の苦境は、たとえば、何かが生活の基盤を攪乱する虞があるとき、精神力を動員する要素として発生する。ここで、脅威の尺度が心のなかで評価され、何が何に対する脅威になるか判断される。あるいは逆に、苦しみは起きているでき事と内的に関係する。苦しみは願望を惹起するものが崩れるとき、破壊として現前化し、また逆に、精神力を動員する事実として、つまり、苦しみが人格を傷つけること、あるいは瑣末なこと、すべてから身を守りたいという願望、自らに何かいいたい願望として現前化する。このことは本質的に他者や生活の状況・進行に対

する信頼の潜在的不在であり、この不在は、結局、自分そのものに対する不信、自分自身の力の不信を意味する。しかし、このほかにも、生活の"スケール"、"範囲"、生活の"強度"および"深さ"、人格そのものの"精神的雅量"といったカテゴリーが存在する。このように、苦しみの多様な水準、それに応じた異なる関係が予想できる。

機能の各範囲、活動、行為の各範囲はそれに合致する意義体系を内的にかかえる。人間の活動においては、直接的社会的欲求の充足にもとづいて価値の社会的スケールが現前化する。人格的で個人的欲求充足においては、社会的に有益な活動の助けで、個人の社会に対する関係が発生し、これに応じて個人的社会的に意義を有する相互関係が実現される。(94)

人間活動の個々の領域において要求の範囲と人間の到達範囲が明らかになる。とりわけこの相互関係から"幸福"（満足等）への志向が動機・刺激として人びとの活動・行動を規定するのではなく、具体的刺激と人びとの活動結果との相互関係が生活から享受する人びとの幸福や満足を規定するという事実が理解できる。今度は、生活への皮肉で、懐疑的、ユーモアで、悲劇的関係が満足の本質そのものを規定する。

派生的結果を行為と生活の直接目的へと転化すること、生活課題解決を人間に断念させる満足追及へと生活を転化させること、これらは生活ではなく、不可避な荒廃へと導く生活の歪曲である。逆に、幸福をより少なく求め、自分の生活により多く従事すれば、それだけ大きな肯定的満足、幸福に出合う。

この立場から、有名な価値の問題への接近が現実化する。価値は1次的ではない。分析を価値から始めてはいけない。価値は世界と人間の相互関係から派生したものであり、歴史過程において人間が創造するものも含めて、世界において人間にとって意義あるものを表現する。価値とは世界において人間にとって何かの有意である。何よりもまず理想－理念が価値に関係し、それらの内容は人間にとって有意な何かを表現する。とりわけ、思想的対置、唯物論的一元論が登場する。この（倫理的）質において理念へとかく拡げなければならない、いいかえれば、人間からの価値の"疎外"を克服しなければならない。これが人間の倫理学的存在の理解における二元論の克服にほかならない。

超越的価値の主張は、価値の形而上学的本質への転化であり、"疎外"の結果

である。このため、存在しているものからの必要なものの分離、現実的なものとしての物質的なものからの理想的なもの（理想における道徳的なもの）の分離が実現する。カントにおける義務と愛着の二元論、それらの敵対的対置はこのようなものである。人間存在の存在論的特徴づけとして現実的なものが現前化する。現実生活、人間存在からの理想の分離、現存するものからの必要なことの分離は、人間および人間存在にかんする存在論的二元論である。愛着と義務の対置は、人間的存在の２つへの切断である。道徳的価値と理想を人間生活の現実の弁証法に包摂する連続性、一元論を再建しなければならない。それゆえ、カントによる価値の超経験、"疎外"の宣言は、価値の本質それ自体の否定である。価値の実在は、人間が世界に対し無関心でいられないことの表現であり、人間と世界の多側面、諸相の有意義性から発生するものである。道徳的価値の"超越"は、人間の生活（と自然）の一定のより高い水準の超越にすぎない。人間はその水準を志向するが、人間生活の一定の（ある）側面でなお到達していなく、他者も超越できてなく、価値自体がこのことの表現なのである。

　いいかえれば、理想と価値にかんする学説は、唯物論的一元論の弁証法的理解にもとづいた人間生活における発達のモメントとして理解しなければならない。ここでとりわけ、相対的で、毎度、発生し、止揚され、再び回復するしかるべきことと現存するものの対置、理想と現実の対置を保存しなければならない。同時に両者の分離、除外を克服し、それらを生活の単一の客観的過程に包摂しなければならない。価値的アスペクトは人間と時間にかかわって明らかになってくる。自由は、過去と未来の"切れ目"であり、両者の自然発生的に形成される相互関係を変容する可能性である。(95) 人間それ自身が現在における未来の代表として現前化することがある。理想的で反映される形態における未来は、現在に方向を与え、内包されるかのように、未来を招来するでき事の進行を支配する。

　忠誠は、過去や現在においてとても重要だった自分の原理・感情にとっての忠誠であり、もし事情が変化して、過去への信頼が新しい自己・感情との関係では、偽り・不誠実になるのであれば、どうすればいいのだろうか？　ここに、人間に解決を求めるもっとも鋭い倫理的問題のひとつがある。私見では、大事なのは、過去や現在への忠誠の保存それ自体ではなく、自分を信じ続け道徳的解決を受容する自らの能力を信頼することである。戦争における人間の価値のダイナミ

ズムと特性もまた同様に鋭い。戦争心理は、自分の命を手渡し、（他人を殺すために？）他人を壊滅させる人間である。これは、時間の経過における世界と人間との相互関係の弁証法としての価値の弁証法である。たとえば、人間の忠誠と誠意の理解はこのようなものである。

　人間生活における現象、人びと、でき事等の意味と意義については上述のごとく、われわれは、本質的に、行動の調整における"価値"の役割と価値の調整的役割を果たす内部諸条件について語ってきた。生活の進行における価値の不断の再評価は、人間生活の弁証法の合法則的結果であり、人間と世界、とりわけ他者・社会との相互関係の変容・変革の合法則的結果である。内部諸条件の変化の結果、彼我の価値が行動に入り表面化する。具体的状況の具体的分析は、多様な諸価値の除外と回復の構造への加入のダイナミズムを表現する。しかし、具体的状況との結合だけでなく、人間生活の全人格の上昇・発達・形成とかかわって、ある価値の活性化と他の価値の転落を理解できる。諸価値の崩壊・荒廃の過程は、今度は、人格の解体・崩壊・退廃の証拠である。倫理の問題は、現存する価値としかるべき価値——両者の矛盾——の問題だけでなく、これは、人間実在の最高水準、存在の頂上を求める闘いである。しかし、人間生活の最高水準は社会の外部においてでも、超人の哲学においてでもない。個々のふるまいの評価は人間を高めるのか貶めるのかという視点からなされ、プライドの意味においてではなく、人間生活の道徳的水準の尊厳に存する。仕事、学術的労作、工場等はまさにこの基本的人間事——誠実な生活——の部分的表現である。生活、その課題はいずれにしても具体化される。これこそ人間が結束する共通点である。多くのこと、その建設がつねに組みこまれる人間生活は人びと、その喜びと責任が統合する問題である。

　ここで、2つの考えられる、より正確には、2つの原理的に異なる倫理学の理解が現れる。しかし、ストア学派やスピノザの倫理学からくる理解は、激情に対する理性の支配という人間の自由概念と結合している。後者の認識は必然的に人間の自由の獲得へ通じる。ここでは、人間の倫理性は、まるごと、世界や他者とは無関係に人間内部の相互関係によってのみ規定されている。最善の場合、派生的で外から構成されない補足的なものに対するように、人間はこの後者（人間内部）に近接する。こうして、トルストイの倫理学では自己完成が発生する。トル

ストイの倫理学は、悪に対する暴力の拒否、行為に対して提示される具体的要求を拒否している。倫理学は人間における本性と結合しており、人間の実在そのものが、正式に感性的なものと精神的なものを二元的に対置し、それらの内容を考慮することなく、キリスト教概念で原罪を規定した。

倫理学の他の理解、より正確には、その真の本性は人間的存在の存在論である。(96) この倫理学の基本課題は、存在の新しい最高水準への人間の向上である。かくて、倫理学の２つのタイプが存在する。ひとつは、人間の新しい高度な存在段階への向上であり、他のひとつは、行為に提示される一連の具体的要求の遂行である。この立場から、義務と愛着の二元論にかんするカント的な問題認定のすべての真偽がとことん解明される。上述のように、カントの誤りは、価値の超越の主張による人間存在そのものの２つへの切断にあった。真の倫理学は、倫理学的形式としてのカント的倫理学の形式的法則に逆行した。しかし、生活における制限（規範）、禁制としての道徳の基本的矛盾は知悉されている。道徳的義務と愛着とのこの相互関係は、人間の倫理的存在の水準、また、真の倫理学の課題を構成する最高水準への人間の向上によって変容する。義務と愛着のありうる一致は人間発達の最高水準として現前化する。しかし、自らの愛着に反して、義務の意識と心からの愛着によって行動する可能性を同程度に拓く不一致も考えられる。その時、義務は規範や規則を外的に遵守し、現実的応接が想定できない“礼儀正しい”行動の事例としてのみ登場する。

ある道徳的命題と生活・現実との矛盾は、他の“根拠”にかんしてもありうる。それぞれの一般的命題は、ある模範的で、一般化された諸条件を暗示的に前提としている。所与の規範にとって何か本質的な具体的状況へのこの条件の適用は、結局のところ、暗示的に前提とされるものからそれる。道徳的命題は、あらゆる一般的なものとしてのこの一般的道徳的命題を不可避的に私的事例と不相応なものにする、つまり、所与の状況に内包される葛藤に道徳的解決を与えない。さらに、つねに不可避的に合法則的に、現在の生活と未来の道徳的規範との矛盾が発生する。このさい、進歩・発達は、矛盾の除去にではなく、これがどのような矛盾なのか、どの水準で矛盾が発生し、どの水準でどのように止揚されるのか、ということに包摂される。

このように、道徳の矛盾は、現実の矛盾を反映する。真理としての道徳の具体

は、相対主義ではなく、生活の発達と結びついた倫理学的命題の具体的状況との相互関係である。かくて、善悪は、ある条件でのある関係において、とりわけ具体的に存在するものの決定にさいして、生活的矛盾のもつれ合いから切りとられる機能的特徴づけである。ここで論理学においても同様に、動機的機能から提案への移行にさいして、善悪の意味の可変性のために倍する代物が必要となる。人間の道徳的生活の一般決定は、人間生活の重心がどの水準に立っているのか、また、（ふるまいに現れる）人間生活の自覚的、無自覚的機能と人間の本質が何に存在するのかに依存している。

　この観点において、人間生活の条件変容によって人間を"建設"することが基本的課題であり、道徳教育の特別の課題を構成する。

　誰を教育するのか、という問いにこたえて、われわれはすべての現存するものとのまっとうな関係をもつ当該する人間教育について語る。まず世界との正しい関係が話題になる。大きな構想をもつ人間を形成することも問題になる。他者の存在の承認、自然との接触、過去、現在、未来、生と死、有限と無限との関係での正しい時間的見通し、これらすべてがまっとうな道徳的生活および人間の人間に対する関係の不可欠の前提条件である。

　どのように教育するのかにこたえて、われわれは人びとの行動そのものがある程度教育として構成されることについて語る。(97) それは他者への見本としての訓戒、教訓、自己顕示という意味ではなく、他者の生活条件の現実的変容として人のすべてのふるまいは現前化するという意味において。すべてのふるまいがお互いの相互関係に包摂される人びとによって起こされる限り、すべてのふるまいは実際にはこうしたものである。ここから、すべての他者のための、また、他者と関係する自らのふるまいに対する人間の責任が発生する。

　どのように教育するかということは、まず第1に自分で真に人間らしい生活を送ることを意味する。この生活そのものに教育される人びとを参加させ、包摂することを意味する。このことは、他者の生活の人間的倫理的条件となるふるまいを行うことを意味し、他者にとっての生活の物質的条件の創造だけを意味するのではない(*)。これは最初の一般的道である。2番目の道はより特殊である。自らの生活・行動・ふるまいによって他者の生活諸条件を創造するだけでなく、当該する道徳的行動の内的条件を特別に形成する、つまり、この内的条件が形成さ

れる相応のふるまいを自らの行動によって惹起するために予定された特別の行
為、特別のふるまいを生みだすことである。

　このように、語の広い意味において、"教育的"ふるまいは、他者のしかるべ
き人間生活の現実的条件となるという要求にこたえるべく他者のために予定され
たふるまいである。

　人間としてのすべてのわたくしの実在にとって他者の実在は根本的である。わ
たくしが他者の目の前であるがままに他者のために存在しているということが根
本的である。わたくしは人びとの目の前で生きている。1つひとつのわたくしの
ふるまい、身ぶりは、それが他者にとって何であるかによってある意味を獲得す
る。"他者"にとっても、すべてはまったく同様に相互的な状態にある。他者に
とってのわたくしおよびわたくしにとっての他者が、われわれ人間存在の条件で
ある。

5．人間的実在の問題と人間の人間に対する愛
****

　人間に対する道徳的関係とは、人間に対する親愛な関係である。愛は人間存在
の承認として登場する。自らの他者への関係を介してしか、人間は人間として
存在しえない。愛、人間に対する親愛な関係のもっとも根本的で純粋な表現は、
「あなたがこの世にいてくれてよかった」という簡潔な表現と感情にある。他者
の自分への愛のなかで、人間が他者のために存在し始めるとき、人間は自らの真
の人間的実在を見いだすのである。本人の他者にとっての人間的実在の強化され
た承認として愛は登場する。他者に対する選択的感情として特別の実在を見いだ
す愛（男女の愛）の道徳的意味は、それがすべての実在物のなかでもっとも実在的
である！　ということである。愛されているということは、すべてのもの、すべ
ての人間のなかでもっとも実在的であることを意味する。

　愛が人間的実在における人間の承認として登場する限り、愛は人間実在におけ
る新しい様相として現れる。人間として存在するためには、人間は認識対象とし
てではなく、人間的実在の生活条件として、他者のために存在しなければならな

い。逆に、憎悪、軽蔑の行為や感情は、承認の拒否であり、人間存在、人間存在の意義の完全なあるいは部分的な抹消である。憎悪は、人間の絶滅、道徳的"殺害"の理想的形である。

　愛はその"存在論的"内容において、所与の人間の特別の２つとない存在の目的・手段の依存の絡み合いからの分離過程である。(98) 愛は人間のこの形象の発露であり、人間実在の承認である。愛の始まりとともに、人間は新しいより完全な意味において、自らにおいて完成される存在として他者のために存在し始める。いいかえれば、愛は他者の実在の承認であり、他者の本質の発露である。この愛において、他者は"仮面"、つまり、自分の目的達成の手段と合致する機能の持主としてではなく、自分の存在充溢のための人間として存在する。わたくしの他者への愛は、わたくしにとって、また彼（女）自身にとって、彼（女）の実在の承認である。彼（女）は誰だれのひとりであることをやめる。これは他者の新しい実在方法であり、わたくしは自らの行動によって、このようなものとしての彼（女）を承認する。愛の"本質"とはこのようなものであり、純粋な愛とはこのようなものである。ここから、"現象学"、愛の本質が副次的状況によっていっそう複雑になり、仮面をかぶり歪曲される現象として真の愛の非難が発生する。

　他者への愛は、最重要でもっとも激しい人間欲求として登場する。他者への愛は、現象ではなく、また、人間の直接的知覚でもなく、人間本質の解明にもとづく感情による評価として、人間の真の本質を感悟できる反映として登場する。他者の本質の明察と認識は、愛する人が入る人間関係を介して発生する。愛は愛されるという形で起きることがあるが、このことに他者は気づかないことが多い。それは愛する人が幻想に陥るからではなく、仮面としての人間の機能的特性だけが表にでる事務的関係のなかでは、他者には不明な側面を開示するからである。「人間をあるがままに愛しなさい。」この命題の真の意味は、偶有的である他者の是認や非難を受けたふるまいのためでも、その人の功績のためでもなく、その人自身のため、その人の真の本質のために人間を愛することにある。愛は世界・他者に関係する方法を包摂する他者の承認であり、このことによって、世界・他者へのわたくしの関係は愛する人との関係を介して変化する。

　他者の実在そのものを喜ぶ、これこそが本来のもっとも純粋な愛の表現なのである。「あなたがこの世にいてくれてよかった。」遠くて近づきがたい人間実在そ

のものからの喜びの後で、別のより具体的な喜びが発生する。それゆえ、より完全なあるいはより貧弱な喜びは、多かれ少なかれ他者との親密交流からの喜びであり、この過程で愛し合う2人のそれぞれの喜びと悲しみは、2人に共通のものとなる。ここで愛において、2つの相対する傾向の絡み合い、交差が発生する。ひとつの傾向は、すべての人間的上部構造が生来の感性的愛着において崩壊するとき起きる。残りのひとつは、不自然などんなものも越えることができない力に本来的基盤が寄与するとき起きる。この傾向は、倫理学的課題の解決、人間に存在するいいものすべての、愛する人のなかでの発現、愛する人が倫理学的に形成される人間に対する心のこもった態度の——自然的で必然的——発生に貢献する。この場合、生来的なものが、叙情詩、文芸等の源泉である巨大な精神的上部構造の土台として登場する。

　プラトン哲学は、善と精神的なもの、悪と肉体的なものとを同一視して登場した。このように善は肉体的現実に浸透せず、精神的領域では善悪の相異はなくなってしまう。この駄弁の解決をどこに見いだすのか？（99）男女間の性愛においてもこの機能は存在するが、自分の機能にかんして愛の相手を利用すること、より正確には、この機能の持主としてのみ相手の実在を承認することは愛ではなく、堕落、堕落の本質そのものである。肉欲的愛は悪で低俗である、それは肉欲的だからではなく、人間のひとつの機能への移行、つまり、人間の"仮面"への転化だからである。これは、人間と本当の愛の本質そのものの否定である。人間を仮面に転化しないということは、人間的存在の充溢のなかでの人間実在を主張する倫理学の第1の指針である。生活過程で愛していない人に対して、人間は主として自分の機能としてだけ登場し、自分の決定にしたがって、手段としてこの機能を利用するだけである。

　焦点同様、愛においても、孤立した"わたくし"として、つまり、他者との関係の外部では人間は実在しないということである。子どもの母親への愛は、何よりも共に生きるということであり、共同で行われる過程としての生活である。しかし、問題は2人がいっしょに生活に参加するということだけにあるのではなく、一方が他方を介して生きている、子どものすべての欲求の充足は母親、祖母を介してなされる、子どもにとってすべての喜びの源泉は母親であるということに存する。性的な、また（子どもに対する母親の）生来の連関は、性的パートナーだ

けでなく、他者を表現する力である。これは人間が生活のなかで関与する関係の
すべてにおいて、また、愛する人にとって重要な相応しい質のすべてに現れる。
愛は２重の意味において、すべて良質の夢中にさせる現象として登場する（ある
場合、このことは自然的な力、本来的欲求の行動としてなされ、他の場合、教養ある人道的理由
にもとづいてなされる）。第１に、愛は生活に向けてすべての良質のものを惹起し、
第２に、愛はそれが愛する者に見えやすくする（あるいは、愛する者が自分に注意を向
けるようにする）。このさい重要なのは、愛する関係だけでなく、生活のすべての
面、人間的活動の全範囲においてすばらしい質の発揮が問題となることである。
男性の女性への愛、母親の子どもへの愛は、人間の人間に対する倫理学的関係の
自然な基盤である。その後、この基盤は意識を介して屈折し、世界、自らの活
動・労働の課題に対するすべての人間的関係の多様性に満ちたものとして登場す
る。

　しかし、前述のように、このようなものとしての本来的連関それ自体が人間的
愛のすべての意味を説明するわけではない。ここでは、愛は容易に陥穽に陥るこ
とがある。「彼はわたくしのものでわたくしは彼のもの」と愛は語りがちだが、
この所有の心理とともに、嫉妬が愛する人を傷つける出番を待っているのであ
る。あらゆる条件において、いつでも接触でき、愛の基盤そのものを明らかにす
る愛の最初の表明へ、つまり、他者の実在そのものの喜びに満ちた承認へといつ
でも戻れる人だけが、愛の苦しみから自由になれるのである。情熱の力、生来的
情欲の力は、重い過失の源泉であり精神的広さの源泉でもあり、理解と共感の能
力である。たとえば、肉感的で熱烈な人びとの他者への思いやりと寛容、さらに
他者の困難・恐怖・誤解を理解しようとすることと、“冷淡”で高潔な清教徒の
人びとに対する冷淡、無情、無慈悲を比較するなら、前者の側に優位性があるの
は明らかであろう。自然的力の肯定的、破壊的行動とこのようなものとしての他
者の実在を喜び、承認しようとする人間能力との間の葛藤の解決はどのように見
いだされるのか？

　これは“遠近”の問題であり、近しい人と遠い人への愛の問題であり、個性と
共通性の問題でもある。近しい人と遠い人への愛の対比は大変意味深い。これ
は、第１に、一般的にいって、具体的人びとへの愛と人間一般への抽象的愛の相
異を意味する。(100) これは、人間が現に触れ合い援助できるすべての人びとに

かんする理想的に保護され容認できる無関心、冷淡、無情、厳しさ以外の何ものでもない。これは、遠い未来、無限と追放された理想の到達不能への現在・現実の人びとに対する容認できる無情である。この相互関係は、人びとの現実的存在と愛との連関を明らかにする。

　もうひとつの意味においても対比は可能である。近しい人への愛は自らの近しい人、親しくなった人への愛着であり、親近性によって他者は遮られた広義のエゴイズムであり、倫理学的基準の問題を容認、回避している。これは近しい人への愛であり、遠い人、理想への愛、愛する人になるまでどんなことが自分に返されるのか問題にならない愛と対比される。ここで、何に対し、誰に対し、どのような道徳性の愛が発生するのかという問題はなくなる。さまざまな倫理学的評価、質が善悪の側面にまで及ぶ親戚や家族の愛着に対する忠誠は消失する。ここで、誰が自分に近しく、また、善良であるか、といったあらゆる選択性を拒否することになる。この愛は捕われの身であり、すべての人びとから孤立した２人だけのエゴイズムとしてのひとりの人間への愛である。こうした愛は、遠い人への愛同様、近しい人への愛する関係から免れており、同程度には容認できない。遠い人への愛に対する近しい人への愛の対比は、ある場合には、直接的接触だけの承認であり、他の場合、現実の人間そのものに対比される人間の姿であり、理想の抽象化である。しかし、人間の哲学（世界観）、人間の行動、ふるまいは、時々同時に起こり、互いを表現し強化するが、矛盾に突きあたることもある。マルブランシュによれば、人間行動の哲学が存在し、人間のそれぞれのふるまいは、"神"にかんする潜在的（暗示的）判断である。

　この対比の止揚は、近しい人のなかに遠い人、理想人間をみてとり出現させることであり、その抽象的解釈ではなく具体的解釈に存するのである。いいかえれば、このことは近しい人のなかにその具体的表現で理想をみることを意味する。このさい、このようなものとしての現象にかんしてだけでなく、是認あるいは否認を受けたふるまいをその"現象"から人間の本質への移行のなかで判断しなければならない。近しい人、愛する人、親しい人のなかに愛すべき理想をみいだしその創造を促進したいという欲望は、本質的に、社会的機能への帰還であるが、優れて高潔な生活様式への帰還であり、単調な機能・ものごとへと貶めるのではなく、日常生活を高めるものである。ここで、人間への愛と正義への愛が結合し

合体し、正義を擁護する闘士としての人間への愛が発生するのである。ここで、個人的なものと普遍的なものが結合し、社会的なものは、具体−個人的理解と具現において登場する。各人は、具体的状況において、自分の立場で世界を見、また世界に関係する。ここでは、他者の承認としての愛は、具体的で、人間において具現される真実（善）の承認である。

より高貴な観点、いっそうの内的豊かさから人間存在の承認を促す限り、人間・主体への特殊で創造的関係は愛の無限の柔和さと無限の厳しさのなかに現れる。もっとも一般的な形で、これは他者との関係を特徴づける。他者は客体として与えられるが、主体としての関係を惹起する。わたくしは他者にとって客体であるが、他者は今度は主体としてわたくしを処遇する。

ここから、倫理学的人間関係の可逆性が発生する。人間が他者に対する自らの関係を介してのみ人間として存在し、人間性が他との関係において現れる限り、他との関係は自分自身に対しても同様であるはずだ。(101) より正確にいえば、他者があなたに関係してほしいと望むように、他者にも関係しなさい[2]。とりわけ、ここでは、自らの個別性を保持し普遍性の水準まで高まる個別的生きものとしての人間が完全に現出する。

人間への愛と異なり、生きとし生けるもの、自然への愛とは何なのか、いいかえれば、愛の対象である自然とは何なのか？　自然は人間との関係において、美的カテゴリーとして登場し、この質において解明しなければならない。

6．倫理学と政治

****

》Ⅰ．われわれの社会、われわれの社会体制に対するわたくしの関係

1．共産主義に賛成し、資本主義のあらゆる形態に反対する。
2．とりわけ、ヨジョーフシナの大粛清の始まりから終わりまでのスターリンに対する関係を取りあげる。卑劣さと恥！（多くの人の眼には、一般に社会主義社会の悪夢）。多様な条件にさいして、人間的性格の歪曲を印象づける証拠。人間社会発達の高い水準において、指導的代表には、道徳的退廃、あらゆる道徳の蹂

躙の可能性がある。何という教訓か！　スターリンとマルクス・アウレリウス！

3．生活の多様な側面に対する弁別的関係。経済の分野ではわたくしは反対……。イデオロギー分野ではヒューマニズムの発達に大きな障害——教条主義。強制収容所——人格権の廃止。

4．重大な問題：上から下だけで下から上へは何もない。どんな民主的運営もなく、中央集権制と独裁政治。

　現代、われわれの時代の問題・課題の哲学的解決は以下のことを前提としている。

　かつて、ブルジョア社会が理想として、つまり、封建社会のすべての虚偽の否定として登場したのと同じように、理想としての、つまり、資本主義社会のすべての虚偽の否定としての社会主義の検討。そしてまったく別のことであるが、ある生活様式としての社会主義の検討、現実としての社会主義分析、ここにこそ、社会主義のすべての欠点・欠陥が現れるのである。そして、結局、社会主義社会のすべての欠点・欠陥の否定として共産主義社会の理想が社会主義に対立する。しかし、肯定的立場からの、現段階から発達するものとしての次の段階の哲学－理論的検討は、未来指向の発達の楽観主義と前段階の欠点の批判を前提としているが、その現実を解消するものではない。

　同時に、個人の権利として、個人の主導権、理性、良心、責任の可能性としての自由主義と個人主義は、ブルジョア民主制に固有のものであり、この全体主義国家としての優越性は社会主義にさいして廃止される。ここでは、下から上へは何もなく、すべてが上から下に実行され、人格は国家によって完全にのみ込まれる。自由主義とブルジョア民主制の長所は、ファシズムとの闘いのなかで登場する（トーマス・マン、アインシュタイン）。その欠陥は——個人主義の実際の宿命において——何よりもまず、人びとの精神的連関の分裂としてのニヒリズム、他者への無関心、シニシズムにある。(102) このように、個人主義は人びとの連帯によって制約されることがあり、連帯・集団主義は、公同性、カトリック教に固有な全体主義には転化しないのか？　暴力、強制、強制収容所は全体主義国家の装置である。スターリン体制は、牢獄、個人崇拝、すべてが上から下へで、下から上へは何もなく、"上へ"と極度に"下へ"の絶対的表現のなかで、責任感喪失

の体制だった。不実への関係は、（認識・科学における）誤り、謬見への関係と異なり、罪に対する関係と同じである。不誠実の表現——個人および階級的利害関係のために真実を犠牲にすること——は何よりも科学内部での階級的イデオロギーの表現であり、妨害行為のような誤りへの関係である。とりわけ、認識論的前提条件、自らのイデオロギー、"カトリック教""公同性"の基盤、国家を明示して、認識の信憑性、真実の絶対性を全体主義はこう解釈する。それに対し、認識論的前提条件、自由思想の基盤は、存在のアスペクトの多様性と真実の認識過程の無限性を強調する懐疑論や多元論（ジェームズ）に存するのである。

　見通しと現在の悲劇の検討の観点から、基本的問題は倫理学と政治の相互関係であり、ある政治はある目標をもち、自らの生活から道徳原理を除外した浅薄で無内容で、実際すでに悪化している人びとの正式な改善（あるいは"改心"）の正当性を主張する。内的な真実の道を追求して、外的要求に適応しない社会的悪人が、実際は、現在の要求を正式に否定する善人たちで、本質的に未来を擁護する。道徳的、心理学的本質を歪曲して、今日"善良な"人びとの人格の本質に公式の関係、つまり、"仮面"の関係が侵入してしまうと、国家の廃止にさいして、何が発生するのか？　現存する役にたたなくなった人間的"素材"から社会主義建設をすすめたレーニンの原理によれば、新しい社会の建設はどのように可能となるのか？　一見したところ、ブルジョア的個人主義に、社会主義的集団主義が対置され、対立する。実際には、集団主義は連帯を前提しない、連帯は全体主義政治によって根絶されるのである。"悪人"はひとりで正義のため、自らの正当性のために闘う。"悪人"は倫理学的原理・要求ではなく、政治的なそれにもとづいて"連帯する"善人とは断絶しているのである。

　2つの体制の共存を承認することは戦略ではなく、戦術である。これは、今日、近日中存在している真実である。しかし、結局、2つの体制——資本主義と社会主義——の共存は不可能である。フランスで発生したブルジョア革命は、世界中でのブルジョア体制の樹立をもたらした。ところが、10月革命はわが国だけのことだ。別のいい方をすれば、全世界があまりに強力に相互に関係しているので、結局、世界ではひとつの体制が君臨するであろう。そして、これが社会主義体制だと基本的に考えられている。これが起きると、根本的激変が発生する。それは資本主義体制が倒れるということだけでなく、社会主義社会内部でまった

く新しい状況を意味するであろう。資本主義との闘いの課題はなくなり、それによって困難も精神高揚の源泉も消失する。しかし、社会主義社会固有の生活において、精神的に高揚する課題を探すことが必要になるであろう！　共産主義実現が近づけば近づくほど、内的問題──国家の消滅、強制機関のない人びとの友好としての社会──がいっそう具体化してくるであろう。その時、すべての場合に、人間の問題が中心になり基本となる。その前に今、人間の問題を提起しなければならない。共産主義社会では、政治と倫理学の相互関係は必ず変化し、政治の問題は倫理学的問題に接近し、倫理学的なものによる政治の吸収が起きる。(103)

　社会的アスペクトから、現在と未来との相互関係の問題を解明して、未来の"構想"だけをみるサルトルの誤りを再度強調しなければならない。逆の運動を起こし、逆の方向に前進しなければならない──理想としての未来の意味づけから現在におけるその実現可能性の発現へ。

　倫理学の社会的諸関係等の範囲からの脱出は２つの方向において発生するはずである。

　１）世界に対する人間の関係

　２）他者に対する人間の関係。社会階級の代表者、一般にある社会機能の担い手としての他者への関係より具体的で人間的な関係。生活の具体的主体としての人間に対し、ある機能の担い手としての人間は"仮面"にすぎない。私生活は社会的なものすべてが疎遠な生活ではなく、社会的なものも包摂しているが、それだけではない。第１の関係が今度は第２の関係を内容として含むことになるのである。

　かくて、マルクス主義の限界脱出の基本的指針は以下のようになる。

１．人間は社会的（さらに経済的）諸関係の化身であるだけではない。自然は自然"素材"としての人間の手になる"対象世界"であるだけではない（自然は物質生産の場であるだけではない）。

２．世界の（そしてその一部としての人間の）歴史は階級闘争には帰されないし、ある社会体制から別のそれへの（生産関係のある体制から別のそれへの）移行には帰されない。

３．そして人間の人間に対する愛は、階級的連帯と全階級の利害関係だけではない。そこには、自然的生きものに対する自然的生きものの関係もある。自然は

人間にとって"他事"であるだけでなく、人間自体における自然でもある。この自然的なものにおいて、世界およびその生命と、人間の最初のもっとも自然的であたたかい直接的結合がある。最初に"自然"、そして"意識"（自由）。前者はすべての世界と共通のものであるが、後者は人間を特別に区別するものである。後者から始めることは、人間と生活との根本的結合を引き裂き、人間に世界との断絶、貧窮し孤立した無意味な生活を運命づけることを意味する。意識、自由、それなくして人間は存在しないが、自然のなかに、宇宙のすべての生あるもののなかに、人間生活の根源を大切に保存しなければならない。

マルクスがフォイエルバッハの人間学主義を克服したことは、人間が特殊な社会的人間に帰される限り、固有の意味で人間学主義を強調し狭めてしまった。最初、自然が人間に帰され、後に、人間の自然が人間から一掃された。人間と人間が住む世界がかくも縮減される限り、人間の再統合は不可能である。フォイエルバッハの人間学主義——人間からの自然の除去——に対する闘いはマルクス的である。人間の本質は社会的諸関係の総体である。ヒューマニズムというマルクス主義の人間学主義はマルクス主義の長所であり短所でもある。フォイエルバッハおよび1844年の草稿（マルクス）の視野の狭量さはマルクス主義に永遠に残存した。フォイエルバッハの抽象的人間に対するマルクスの批判が人間理解を具体化しただけでなく、深化させた。ヒト属の代表としての人間は哺乳綱の代表となった。人間（の自然）の社会的諸関係の総体への還元が自然の人間学化（ヒューマニズム的−人間学的世界観）に続いた。生活、世界の歴史は、社会的（生産的）諸関係の交替、社会体制の交替に帰された。

　社会生活が経済的課題にだけ帰されない世界で、人間による人間のあらゆる搾取の廃止としての共産主義のために！　人間と人類に対する人間の課題は、マルクス主義および社会主義のヒューマニズムである。(104)　しかし、もし必須のパン、経済的な生活の向上に対する心配がまったくなくなってしまうと、人間はそれらを失って衰えてしまい、人間をこうした心配に値するものにする人間的なものはなくなってしまう。（"俗にいう"）経済事にだけ人間の関心が集中すると、人間の内面的貧困化・退廃は避けられない(*)。一方で、神、絶対者への関係は、すべての"俗な"人間的問題を無価値にする。他方で、人間に対する——その人の平穏無事にかんするような——人間の全身を把える心配は人間における"絶

対的なもの”の退廃である。宇宙、絶対者、神の面前で、人間、人間生活、“俗な”生活の向上に対する関心を保たなければならない（現在の条件において屈辱的なこと——これは、人間そのもの、人間におけるすべての内的なものの侮辱である）。しかし、人間は人間的な平穏無事に対する心配にすっかり没入することはできないし、そうであってはならない。こうなると、人間は自分自身、自らの実在の核心を失うことになる。レーニンは『国家と革命』において、社会を“工場”および“オフィス”と定義したが、人びとはそこにおける職員と定義した。

　実際、自然的なものは人間のなかにあり、人間は社会的諸関係のなかにある。人間の本質は社会的諸関係の総体である、というマルクスの発見において、その意味は社会生活には内的法則が存在することにある。しかし、上記のこと、より正確には、この諸法則を人間本質を決定する基本法則、世界の主導的法則へ転化することには視野の狭量さがある。

　人間の本質は社会的諸関係の総体である、これこそが人間学主義の概念上のマルクス主義的克服である。社会現象のマルクス的理解である社会的諸関係においては、人間は、結局、社会的カテゴリーである階級の代表として、“社会的仮面”として登場する。社会科学において、このアスペクトを発見し析出することは、極めて重要であり避けられない。しかし、ある関係における人間のこの概念的特徴づけの人間本質への転化は、マルクス主義の誤りである。このことが、人間における自然的なもの、世界との人間の自然な連関を混乱させ、そのことによって、世界・人びととの人間の自然な連関を反映する主観的関係を現す人間の精神生活の内容を混乱させることになる。

　行うこと、改変の熱情はすべてを受けいれる受動性の選択肢としてはすばらしいが、原初の人間業の及ばない古来からの感情は、“なされたもの”でも“偽造されたもの”でもなく、自然に発生したもので、宗教的世界観の内容の肯定的で宇宙的意味を表現する。

　“社会学”としてのマルクス主義は、世界の社会生活への帰着、人間の“仮面”、つまり社会的カテゴリーの否定への帰着であり、社会の工場およびオフィス（レーニン）への帰着であり、倫理学の政治への、人間に対する労働（自分に対する人間）の社会改良だけへの帰着である。後者は、前者の最重要な条件としてだけでなく、前者を吸収し利用しつくす等価物として検討される。

犯罪としての誤り、イデオロギーとしての科学、これがマルクス主義の認識分野への普及である。実際、客体（その真実性、被認識性）にかんする状態を主体の有害な関係として検討できるのだろうか。人間の精神的解放の志向性、個人の理性・良心の承認は、デカルト、新時代の精神、一部プロテスタンティズム（ルター）に固有のものだった。一方で、ある階級団体からの人間解放の方針、競争・事業の自由が人間の主導権と責任をひきだした。他方で、無秩序、恣意、無制限な富化への権利、精神的混乱、人びとの間の思想的結束の否定、思想上の連関およびこれにもとづく人びと統合の可能性の否定を招来した。（105）個人的良心、個人的理性、確認、批判等（わたくし自身解決しなければならない）と連帯・集団主義精神との統合（新時代精神の矛盾の解決）の不可避性がここからでてくる。全体主義およびすべてに対し全面的分裂に対する全員の闘いの克服。

　自由の政治的問題と認識論、真理、信憑性の問題との関連性が存在する。自由は疑う権利であり、確認や個人的理性は不可欠のものとなり、ここから個人的良心が発生する。他方で、真理の永遠性ということがある。全体主義はカトリック教に始まる教会の全世界性、ヒットラーの全体主義への信仰である。マルクス主義にとって真理性の問題は、敵対的方針の表現、全員にとっての唯一のイデオロギーとしての誤りである。

　かくて、自然力は、解決の適切な感情的・道徳的基盤を形成して、倫理学的課題の解決に役立つ。しかし、人間から疎外されず、そのことによって相互に疎外されない。知・善・美が、人びと、世界および固有の存在に対する人間の関係の十全の価値を形成する。

》Ⅱ．"史的唯物論" と革命について（わたくしの見解）

　いわゆる体制の史的発達の一般論理学にかんする問題がわたくしにとって公となっている。この発達と物質生産の方法――"下部構造"――との直接的連関がわたくしには明らかとなっていない。

　経済的土台が原則として同じ性格であるのに、ギリシャおよび古代ローマ文明の社会構造が根本的に異なっていることを想起すれば十分であろう。しかし、わたくしにとって、社会構造の基盤にある別の論理学――倫理学と政治――は、明白で原則的となっている。現在の社会体制に固有な内部特性を取りあげるなら、

政治は……に転化し、倫理学の完全な対立物になってしまった。政治は、正当化やカムフラージュとして作用するが、時としてカムフラージュではなく、類似の現代国家の全体主義的本質の露見によって恥知らずとなる。どんな社会でも、法、ある法的決定にもとづいているなら、たとえこの法が本質的に不十分で明らかに民衆の関心を考慮していないとしても、より民主主義的（この意味で、倫理学的）社会なのである。民主制は必ずしも国民の権能ではないが、人間の権利（あるいは不法）に法的効力を付与し、この権利を保障できるのである。

　政治が、民主主義的秩序の表現と保障となりうる（この意味で社会構造における倫理学的原理の保障を志向している）ことは疑いない。しかし、政治が社会構造の全体主義的方法の表現となるなら、政治は倫理学の完全な対立物となる。

　全体主義は現代の所産ではない。全体主義は、カトリック教に内在するものだった。しかし、今日、全体主義は発達の最高水準、極度の表現に達し、これがファシズム的社会主義タイプの全体主義である。権力の中央集権化および法的根拠がどうであれ、完全に拒否する原理は同時に、ある人への自発的で狂信的でさえある委任および民衆のこの権力拒否のイデオロギーと結合している。どんなに逆説的でも、この原理は現代の多様な社会で——社会的に発達したドイツ、遅れているロシア——唯一のものとなっている。

　これはそれ自体としてロシア民族の性格・精神に内在する全体主義（イワン雷帝、ピョートル１世等）の思想を拒否するものである。もちろん、ドイツの全体主義体制——ファシズム——は、使用済みのドイツ的秩序、組織と規律へのドイツ的習慣、屈服と実行への習慣によって保障されていた。(106) ロシアの——祖国の——全体主義体制、スターリニズムは、革命的アナキズム、ドイツとの完全な対立、ロシアの無秩序、ロシアの怠慢、自由主義、どんな組織原則もないことから成長した（その確立を保障した）。それゆえ、全体主義体制は、ある民族の基盤・性格に固有ではないし、いわんや、ある経済的基盤に固有ではない。社会の政治体制を経済的基盤と直接結びつけるマルクスの誤解がここにある。社会−政治体制の問題は、はるかに複雑である。この問題提起において、若きマルクスは、ライン新聞上の社会分析や「ルイ・ボナパルトのブリュメール18日」において、円熟した大人よりもはるかに真実に接近した。マルクスは、社会生活の社会的構造の検討にさいして人間的、倫理学的基盤を見落とした。もちろん、人間の権利

とその擁護の貧弱で抽象的スローガンが、問題なのではない。このような抽象的人間学主義は、より正しくいえば、政治の詭計である。ある社会機構における大多数の関心とこれらの……（不明瞭）の保障が問題なのである。ロシアにおける陪審員裁判でどんなに買収されても、社会組織の形態として権力に依存しない有罪性判断の可能性が模索された。現実の人権擁護において多くの議会がどんなに無力でも、議会政治の形そのものはこの目的に向けられた。

　しかし、ロシア的全体主義体制とドイツ的全体主義体制の相異はまた、前者の政治が真の反倫理学的、反ヒューマニズム的本質のごまかし、偽装に向けられていたのに対し、後者の政治が反人間性の公然の表現だったことにある。独裁者の利益が、国民の利益を装った。現在の悲劇は、共産主義的未来の楽天的見通しによって隠されていた。不安な悲劇的現実は、理想によって偽装されていた。そして、もっとも驚くべきことは、この幻想性が全体として人びとに受容されたということである。

　現実に代わる虚構を受け入れる人びとのこの心構えを革命の影響以外の何によって説明できるだろうか？　ここで、歴史的分析の最重要なモメントが明らかになる。マルクスは、社会に対し歴史的見方によって論証した。しかし、歴史発達の唯一の基盤を経済的なものと階級的なものだと把えた。マルクス主義の現代的解釈においては、歴史的接近が、つまり、発達が上部構造（意識、イデオロギー、政治）の下部構造（経済）への静的な依存に取ってかわった。

　とりわけ、「ブリュメール18日」でマルクスが用いた分析方法は、真の歴史的ダイナミズムを考慮した分析方法である。名ばかりの階級ではなく、この歴史的ダイナミズム、現実的諸力のこの配置によって、かくも抽象的理想を受け入れる人びとの心構え、その意識を説明できるのである。オデッサでの革命のある1日のエピソードが、わたくしには忘れられない。正確な月、年さえ覚えていない、というのも、権力が手から手へと移動したからである。夜明けに、われわれの家の正面玄関でひどい轟音とたたく音が聞こえた。わたくしは降りていって戸を開けた。玄関は武装した群集でいっぱいだった。武器を渡すよう要求された。わたくしはほほえんで、武器はもっていない、といった。数人が上にあがり、何か捜し、すべてをめちゃくちゃにし、家族を不安に陥れ、物を奪った。その後、隊長がわたくしに服を着て彼らと一緒に出かけるよう命令した。しかし、その時、彼

の注意は入口の間にあった古風な床置き時計に向いた。"金だ！"と彼は叫んだ。3人が時計を持ちあげようとしたが、うまくゆかなかった。時計を見張るため水兵のひとりを残し、彼らはでていった。彼はまだほんの子どもで背が低かった。

　彼が見張りとしてどれくらいとどまっていたのか覚えていない。わたくしは彼に少し食べに出かけるよう勧めた。彼はきっぱりと断った。「ブルジョアジーはプロレタリアートをだまさない。これは共産主義の金製品だ。」(107) 彼はわずかに"ブルジョアジー"ということばを口にして答えた。こうした全地球的な考え方だけが、単純に意識に到達したのだろうと思う。もし、それが他人の豊かさと調和しているのであれば、特別である。

　革命は複雑な現象だった。革命では長い停滞期の後、動きがあり、もっとも異なる勢力の関心が混ざり合った。それぞれの勢力は他との抗争で高揚し、何か特別であることを望んだ。単純な国民はもっとも包括的考え・ユートピアをもち、決着がつく行為を喜んだ。権力による有頂天、到達不可能な100年後の権力闘争、すべてに対する権力の高邁、これらすべてが巨大勢力のモチーフなのである。障壁はなくなり、やりたい放題がまかり通った。豊かさの輝き、迫害から、よくわからない何かから逃れる人びとの恐怖。そして同時に、知識階級の自らの立場も崩壊した。ある者はある立場に、別の者はまったく異なる立場に。各人は自分の立場から移動させられ、大多数が革命運動に夢中になった。革命運動、行動できるということが、白軍、赤軍、非正規部隊の知性と魂を熱狂させた。この革命は深い分析に値する。しかし、この分析自体をスローガン、包括的な抽象概念に転化することはできない。それは何も説明しない、ただのシンボルである。

　上記のことすべてにもかかわらず、革命に対するわたくしの見解は肯定的だった。わたくしは何よりもまず、革命のなかに、不活発、退廃、停滞期からの解放をみた。わたくしは、革命がもたらすものの肯定と否定についても思索した。わたくしにとって、革命はわたくし自身必要とした自由のシンボルだった。わたくしの生活体験、状況を介して、存在した体制の耐えがたさがわたくしを革命へと導いた。しかし、わたくしは誰かと階級的に連帯する気はなかった。哲学者としてわたくしは、革命のなかに、マルクス主義的ヨーロッパ的思想実現の唯一無二の可能性をみた。レーニンはそうだったが、わたくしは、革命のリアリストではなくロマンチストだったといえるのかもしれない。しかしすぐに、リアリストと

ならざるをえなかった。

　通常の階級的意味ではなく、静態と動態の交替、到達可能、ごく普通の意識に
とっての理想の明白さの意味において、また、体制崩壊と結合した精神の発生の
意味において、革命に参加した人びとの精神、群集心理の検討なくして、今日革
命を理解し、その結果と変身を明らかにすることはできないし、それについて考
える可能性もなかった。しかし、少しの喝采後、すべては元に戻った。社会的で
文化的な個人主義はわれわれの社会には浸透しにくいことが明らかになった。し
かし、大衆が大きくなればなるほど、より平易で全体的になることはよく知られ
ている。

7．人間生活における美的テーマ（モチーフ）

****

　自然において美的なものとは、人間に対して美的なものとして登場するもので
ある。自然発生的力、雷雨、海鳴り、嵐としての自然、開く芽、生命の最盛期、
春、生の優しさとあたたかさ、子どもたち、親族の結びつき、そして赤ん坊、女
性、家族、自分の身内への愛としての自然——これらの端緒形態の隣人愛——い
いかえれば、人間にとっての自然はかくも多様に登場するのである。自然に対す
る人間的関係の意味と本質は奈辺に存在するのか？

　美しさにおいて、美しさ——自然の美しさ、人間の美しさ、女性の美しさ——
による人間の魅力において、思索によって世界の範囲を超越して、世界・他者に
人間が明示できるすべての最重要物の逆の反映・照射が直接、与えられるもの、
感性に発生する。美しさは、人間存在において現存するものを提供する方法にす
ぎない。

　自然に対する人間の美的関係は生産原料や半製品としてだけの関係ではない
（人間との相互関係にある自然は生産力の成分であるだけではない）。(108) 自然は、人間の
実践的活動の対象としてだけでなく（自然の実在方法はまったく無視できないばかりでな
く、その意義は疑う余地がないほど明白だ）、人間的観想の対象として、人間それ自体に
とって、また、自分自身の内部においても有意な何かとしても存在している。さ

らに人間自体がその実在形態において自然の一部である。それゆえ、人間は、自然、宇宙の生命、自然発生的力の動きに疎遠で、これらと相互に関係できず、これらの力に直面して自らの場を見いだせず、人間らしい長所を発揮することもできない、これが小さな人間である。現在の感性的存在において不変的な完成された現象としての美的なものは、人間の心の第1の階層である。

　自然の美しいもの、すばらしいものを見る能力、感受性こそが、後に現れる倫理学的態度の或る前提条件である。

　ヴェ・シューセは正確な表現で美の定義を与えている。シューセの立場は必ずしも正しくないが、この定義にはわずかながら真実の部分もある。美は、与えられるものにおける本質の発現による現象と本質の一致である、いいかえれば、感性的に与えられたものの仕上げであり、この時、すべては本質的であり、現象は本質的形で直接登場してくる。こうした接近にさいして、一般的に間違った立場のなかに潜在的に正しい一端が現れる。クローチェ [3] は、芸術における対象への美的関係の無関心を主張する。"無関心"の立場の正当性は、美的関係において、対象は実践的機能においてではなく、真の存在における対象として過程として把えられることにある [*]。"無関心"、"自分のこと"だけ考えることは、あらゆる道具的性格、プラグマティズムの克服である。

　しかし、とりわけ、美の定義において、カントの"無関心"の両義性は美しいものの観想から外れることになる。世界、存在、他者に対する観想的とはいえ、美的関係のなかに、現象の補助的機能においてだけでなく、現象の本質、現象そのものに対する人間の最大の関心が現れる。

　この理解においては、美的なものは主観化されておらず、また主体から疎遠でもない。もし、愛が他者の実在を承認する関係として登場するなら、美的関係は客体の実在の承認である。愛においては同様に、因果の連鎖のひとつの輪としてだけでなく、たんに何かの手段とか道具としてではなく、他者はわたくしのために存在し始める。まったく同様に、自然の事物や現象との関係においても、それらとの美的関係では類似のことが起きるのである。

　ここから芸術の課題が発生する。機能的信号的実践によって、対象の色とか形等抑制されている特性の仮面を剥ぐことである。対象のすべての完全な感性的特性を暴露するほど強力な特性に措定し変容させることである [**]。しかし、当

該芸術にとってのすべての本質的パラメータにかんして、これらの特性の仮面を剥ぐだけでなく、それらの相互関係のなかで明らかにすることである。かくて、音楽で定義されるすべての本質的パラメータにかんする音が発現する。芸術の基本となる"存在論的"課題はここにある。現象をその本質において現すことであり、現象における本質的なことを感性的面、感性的形態において与えられるものとして明示することである。その機能の外部での、"仮面"のない現象、その完成、完全性においてこのようなものとしての現象は、芸術のおかげで人間のために存在し始める。(109) 美の内的保全はその客体の内容に依存しているが、ここでは形象化される対象の感性的性格をその内的保全に相応しいものにする大家の能力が本質的である。芸術における完成は、"それ自体"の完全性、完璧さとして登場する。これは限りある存在であり、ここでは不十分さとしてまた、完璧さとしてのその有限性が強調される。

　美において、世界の美的観想において、最大限の完成となる。ここでは、対象のこうした形での人間への"奉仕"と同時に楽しみがある。

　創作活動、活動、さらに人間的活動としての芸術は何かまったく別のことであり、ここでは言及しない。ここにおいて、崇高な人間的活動に共通なすべての問題群が拡がる。しかし、それにもかかわらず、くだんの芸術の定義は、人間的文化のすべての分野の人間からの疎外を克服する可能性を与える。世界に対する人間の実用的でない観想的関係を強調しつつ、同時にわれわれは、人間に対する美的関係とこの関係の完璧で喜ばしい人間実在の条件としての不可避性を強調する。

8．存在に対する人間の認識論的関係

❋❋

　真実に対する認識、関係において、存在に対する人間の関係の倫理学的アスペクトが明るみになる。前述のように、主観的観念論の詭弁学派の論理は、あらゆる存在の解消、外見での存在の溶解にある。しかし、ここからこの問題の倫理学的言い換えの可能性が発生する。すべては外見であり、真実で本物のものは何も

なく、すべては腐敗と空の空であり、生活は本気なものではない。この意味にお
いて、存在論での実際的、真の、真正なものとしての存在物の承認と"欺瞞"や
置換のない人間によるその知覚・認識には一定の合法則的相互関係が存在する
し、実際そうなのである。これは、われわれに依存しないものとしての存在への
関係、"誠実"さの精神、真実の客観性の連関であり、主観的恣意や個人的気ま
ぐれの反対物である。

　このように、存在への美的関係、存在と人間による存在認識の相互関係におい
ても、われわれは観想性のモメントを強調する。しかし、観想的唯物論の受動性
という通常の意味においてではなく、真実の客観性、恣意に対立する事実の役割
の意味において、また、現にあるがままに世界を認識したいという人間の関心の
意味においてである(*)。ここにおいて、認識のヒロイズム、勇気について語る
ことができる(ジョルダーノ・ブルーノ)。表面と内奥に定位する公然と内密を関連
づけ、外に現れない存在物、真実を見つけだす思考の能動性が明らかになるので
ある。ここにおいて、事実・真実の精神と研究、創作活動、世界変革の精神が同
時に登場するのである。ここにおいて、活動として、そして観想としての認識の
弁証法が露見するのである。

　存在とその変容にかんして、最終的に人間の能動性が登場する。人間は生成、
老化および死すべきものの侵食や新しいものの出現を包摂しているが、人間生活
において主観的恣意ではなく、人間が認識する客観的合法則性が人間の能動性の
前提条件でなければならない。真の認識の実践的意義は、現実をあるがままに発
見することであり、対象の本質により適応的な行為を創造することである。ここ
から、虚構としての、自己と他者を謬見へ導入するものとしての非真実の認識論
的だけでない倫理学的意味が明らかとなる。ここから、人間生活の中身と意味、
人間生活にこの真理探求を与える意味として人間による真実の認識が始まる。

　真理探求が人間生活に与えるもうひとつの意味と意義は、自然の法則および神
秘を認識することであり、認識の宇宙への浸透、人間の宇宙的空間への浸透であ
る。これが認識力の自覚・感覚であり、そして、人間の偉大さでもある。(110)
こうした理想的目標は利己的関心ゆえの闘いから人間を閉め出し、自分の生活に
かんして高雅な基盤を発達させる。

　認識問題の倫理学的アスペクトの検討は、認識の社会的性質の理解なくしては

不可能である。存在の無尽蔵が真理認識の無限性の基盤を構成する。全体として
これは人類による世界認識の社会的過程である。しかし、この社会的過程は、認
識に前駆する過程の諸結果を習得し認識を前進させる人びと、個人によって実現
された（ニュートン、アインシュタイン、ダーウィン、マルクス等）。それゆえ、個人が社
会的認識の進展を決定することもあり、しかもそれが合法則的であることがあ
る。社会的認識過程において、先進的なものの代表として個人が登場するとき、
このことは起きるが、社会的に形成された思想は通ってきた段階である。個人と
社会の間の意見の闘いにおいて、個人が正しいことがある。現実の過程ではこの
相互関係は極めて複雑である。ある条件において先進的なものの保持者あるいは
代弁者として登場するどんな個人も、今度は前駆する発達の合法則的所産として
の先進的成熟の社会的に用意された土壌に依存しており、個人がその代弁者とな
るのである。個人は歴史的発達の過程に包摂されており、その内部で積極的役割
を演じ、それによって、その力によって科学的知識発達の社会的過程が実現する
のである。

　人間的理性の力の確信は、社会生活、人間関係の調整、戦争の根絶、社会の改
革において顕在化しなければならないものであって、科学者の個人的気分ではな
い。社会にとって有意義かどうか、という視点からすれば、認識は多様である。
ひとつの問題は、人間性の善と幸福の認識であり、人類の解放と完成の道の認識
である。もうひとつの問題は、ある甲虫には何本の足があるのか、きのこの種類
はどれくらいなのか、ということの認識である。この意味において、人間、自分
固有の本性の認識は、最重要な認識対象である。この点において、人間本性の説
明をするさい、基本となる決定論原理の重要で倫理学的意味が明白となる。この
ことの意味は、自己の立場を決定する場合や自己信頼にさいして内部諸条件の役
割を強調しているのであり、外的なものへの一方的従属ではない。一方的な外的
決定は内的空、外的作用に対する抵抗力・選択性の欠如、あるいはそれへのたん
なる順応を招来する。

結論

★★

　すべての世界観の問題、それに対する回答は、どう生きるのか、人生の意味を何に求めるのかを決定するが、この無限の多様性と豊かさにさいして、結局、人間の本質（人間とは何なのか）と世界における人間の位置という1点、ひとつの問題に集約される。本書では、真理、美等の問題は"それ自体に"おいてではなく、人間が関係する対象として検討してきた。疎外の克服、生活・実践との連関の実現はここに存する。道徳を説くことによってではなく、人間および人間の他者との関係の分析から、人間いかに生くべきか、明確になるにちがいない。

　本書では人間と世界は哲学的問題群の頂点として登場する。世界との誠実な関係なくして人間との誠実な関係はありえないし、人間との誠実な関係なくして世界との誠実な関係はありえない。まっとうな人間だけが他者とのまっとうな関係に入ることができるし、他者のための人間的実在の条件となることができるが、このことは世界・自然・生物との信頼関係にある人のことを意味する(＊)。(111)

　世界、それが人間にとってどのようなものであるかは、その客観的特徴づけである。これは、すべての以前の水準の存在における新しい特質が、世界に対する人間の発達過程で存在物の新しい水準の発生とともに明るみになるという思想の継続と完成である。かくて、われわれの前に、人間が変革し、人間および人間にまつわるすべての関係を収容する存在としての世界が姿を現す。外見および"わたくしの理解"へすべてを転化することに反する存在の確信は同時に、世界全体とまっとうな関係にあるまっとうな人間の確信でもある。

　現象とイデアの相互関係のプラトン解釈では、官能的なものの貶価とプラトニック的なものの上昇が発生した。かくて、人びとによる現実生活の未完成、つまり、その改変ではなく、ただ理解し説明するだけという道徳上の危険性が生じた。ここから、プラトン主義と晩生のキリスト教の結合が起きた。存在の幻影性が生活の無常と幻影性を惹起した。ここから、苦しみのあの世への移動、この世での生活の貶価、生活、生活改善のための闘いの拒否が発生した。キリスト教ヒューマニズムは、乞食、虐げられ侮辱された者、弱者と障害者をすばやく擁護するために存在する。古代ギリシャ・ローマ世界およびルネサンスのヒューマニ

ズムは、生活の自己承認、生活の喜びの復興、個人の主導と責任を帯有している。

　マルクス主義のヒューマニズムは、疎外問題の解決、疎外の克服と結合しており、また、人間の問題を社会生活のマルクス主義的解釈にもとづいて設定する。マルクス主義のヒューマニズムは、現実に対する人間の能動的で活動的関係として、人間による存在しているものの変化の可能性として問題を設定し、人間の受動的ではなく活動的本質を強調する。意識的に行動する生きものとして世界における人間的実在方法の客観的特性を介して、世界に対する人間のこの関係を解明することは可能である。観想、認識、愛において、それがあるがままに、その本質にしたがって、世界、他者と関係できるし、その本質にもとづけば、それだけ適切に自らの行為によってそれらを変化・変革できるのである。ここからなされることすべて、また、逸することすべてに対する人間的責任が発生する。

　人間の活動性を語るとき、客体・人間に対する行為やふるまいだけでなく、客観的状況と人間生活の性格そのものを変革する悲劇・アイロニー・ユーモアを含む全体としての生活への関係、さらに生活の改革者としての人間の客観的過程への参加のことを考えている。これは、本質的に基本的な倫理学的概念分析にさいしての基本となる基準・原理である。いいかえれば、可能性、現実性としての人間とその本質にかんする概念（人間本質実現としての生活）である。この実現が起きる多様な条件が存在し、今度は、この本質そのものの変容をもたらす人間的本質発露の多様な形態が存在する。たとえば、生活への受動的・消費的関係、生活が与えるものを待つことは人間を満足させないし、生活は真に必要なものを十分提供してくれないので不満が残る。生活は人間自身が客観的に関与する過程である。生活に対するこの関係の基本的基準は、人間生活および人間関係の外的形態だけでなく、自己および他の新しいもののなかにより完全で内的なものすべてを打ちたてることである。人間の内的腐敗、心の劣化の原因は、生活上の利害と日常生活の問題の制限された範囲へと人間が閉じ込められ、生活と人間が破砕することに存する。人間生活の幸福、喜び、満足は、それが目的そのものとしてではなく、誠実な生活の結果として登場した場合にのみ、達成される。人間の内面における充実した世界は人間の生活と活動の結果である。同じことは、原則として人間の自己完成の問題にも関係してくる。(112) 自分をよくすることではなく、

178

生活における何かをよくすることが目的でなければならないし、自己完成はその結果でしかない。

このため、古い倫理学的カテゴリー"善"は違ったふうに登場する。善は他者に対する関係の性格としてだけでなく、人間生活そのものの内容として、人間の活動としても登場する。そして、他者に対して、善は善行（親切等）としてではなく、他者の承認、人間のなかに具現した真実、善の承認として登場する。人間生活における善と悪の一般的相互関係は対立物の闘争と統一の一般的理解と結合している。それゆえ、双方をきっぱりと分離し、相互の悲劇的もつれから引きだすことは不可能なのである。人間欲求との相互関係において、善に対する関係はこのようなものなので、それが望まれているがゆえに、欲求充足を求めて何かを承認するだけでなく、それがよいことだから何かを望むのである。

その実在の承認としての他者に対する道徳的関係、広い意味では恋愛関係について語るとき、われわれは再び基本問題、つまり、人間生活に達する。何らかの形で具体化されている生活と生活課題には、人びとが結集する共通点がある。善、悪、新しい関係の"建設"がたえず組込まれる人間生活は、人びと、その喜び、その責任が結集する問題である。

実在の問題を存在論的観点から検討するとき、個人の優位性にゆきつく。第1に、個別の、それゆえ、それ自体存在している現実のものとして、第2に、2つとないものであり、ここにこそ、個人のかけがえのない価値がある。この立場は、認識論的観点から真実、善等の非相対主義、具体性を表現している。倫理学的観点からは、この立場は人間的思想および良心の権利、それへの信頼について語っている。

しかし、個人的なものの優位性は個人の承認にさいして、個別性、特殊性、普遍性の統一として存在し、個別性、特殊性の意味における純粋でありのままの個性としてだけではない。ここにおいて、科学の方法論的原理としての決定論原理のさらなる吟味は不可欠である。個別性と普遍性、最低水準と最高水準、一般的で特殊な法則とカテゴリー、水平および垂直の観点からの諸現象の相互連関および相互依存が存在物の複雑な構造を解明する可能性を与える。しかし、どこにおいても、存在物の多様な水準における多様な現象の相互作用の性格の解明は、外的相互作用、ただ外的関係だけの弁証法的克服と結びついて実現され、内的で非

反射的関係における現象の自己運動・自己発達の内的合法則性の解明としてだけ実現される。ここでは、現象と物自体、存在自体との間の分裂は克服される。現象においても、直接的に与えられるものにおいても、その分裂は克服され、その弁証法を解明して、物自体、物の本質が示される。直接的に与えられるものは、存在物の構造を解明し示すものとして登場する。原則として新しいタイプの現象学はこのようなものである。これは、存在論の方法としてのマルクスの方法である。存在しているのは、ひとつの世界（現象）だけでなく、その背後にはそれと切りはなされた別のもの（物）がある。しかし、直接与えられた範囲をたえず超越する単一のものが自らの未完成、非閉鎖性を明らかにする。また、現実と必ず相関し、現在し直接与えられるものの内容の範囲を超越するものとして現れる。

　生成と崩壊を有する存在とはこのようなものであり、存在は、世界と自分自身を自覚し、それゆえ、存在を変革し、たえずその限界を越えでることができる存在物である人間を包摂している。(113) 存在の一部として、自らの個別性を大切に保存し普遍性にまで上昇する個別的生きものとしての人間とはこのようなものである。

　世界および他者に対する人間の限りなく多様で深い関係から発生するより崇高な立場、内的豊かさをもつ存在としての人間存在はこうして承認されるのであり、これがすべての原点である。

　人間生活の意味はその源泉として他者にとっての光明であり、あたたかさである。また、宇宙の意識であり、人間性の良心でもある。自然力の自覚力への転化への中心である。それはまた、すべて不浄なものを根絶し、たえず生活を前進させるよう生活を変革することである。

《原注》

(4) 1．ルビンシュテイン「物質的世界の諸現象の普遍的な相互連関のなかでの心理的なものの位置について」『存在と意識』1957 年。

(7) 2．それぞれの運動形態の理解の鍵は、その物質的担い手の特性に求めなければならない。この命題は、ベ・エム・ケドロフの研究において展開されている。

(8) 3．ルビンシュテイン『存在と意識』4 ページ。

(9) ＊本書は、初めて省略なく完全な形で公刊される。

(11) 4．本質。
5．本質。

(12) 6．エネルギー。
7．活動する。
8．アリストテレス『形而上学』A 9. 990 a. 8 〜 11 ページ。
9．акциденцииは、アリストテレスによれば、赤い、大きい等。предикатыは共通のイデアで、人間、馬、象など。
10．本質の存在。
11．本質、如何。

(13) 12．本質。
13．現存在、本質。

(14) 14．カント、6 巻著作集、モスクワ、『思惟』1964 年、第 3 巻、521 ページ。
15．同上。
16．同上書、523 ページ。

(16) 17．ヘーゲル、著作集、モスクワ、1959 年、第 4 巻、47 〜 49 ページ参照。

(17) 18．ヘーゲル、同上書、第 4 巻、41 〜 50 ページ。同上書、26 ページ以降参照。
19．ラッセル『人間的認識』モスクワ、1957 年。

(25) 1．本質。
2．イデア（プラトン的意味において）。
3．本質、如何。
4．自然。
5．本質。

(26) 6．レーニン、全集、モスクワ、1959 年、第 29 巻、142 〜 143 ページ。

(27) 7．エル・ア・マニコーフスキー「K.マルクスの『資本論』における"物件"と"関係"のカテゴリー」『哲学の諸問題』1956 年、No.5、59 ページ。

(28) 8．間断ない内部運動、構成する陽子と中性子の相互転化の不断に行われる過程のおかげで、原子核は存在する。
9．集団的モノグラフ『現代物理学における因果関係の問題』モスクワ、1960 年、12 ページ。

(32) 10．本質、如何。

(33) 11．ヘーゲル、著作集、モスクワ、レニングラード、国立出版所、1929 年、第 1 巻、60 〜 62 ページ。
12．「動物は、欲求充足のために何が必要か、出来合いの形で直接見つけだす。逆に人間は、自分が創造し形成する何かに対するように、欲求充足の手段に関係する。外的対象にこのようにすることで、人間は自分自身にも関係するのである。」（ヘーゲル、著作集、第 1 巻、61 ページ）

(34) 13. レーニン、全集、第29巻、179ページ。

14. マルクス、エンゲルス「ベーコンの物質概念について」著作集、第2版、第2巻、モスクワ、1950年、142〜143ページ。

(35) 15. これについては、物質＝質量という同一性を支える試みが証明している（物質概念と質量概念の同一視は、物理学で物体＝物質という初期観念に現れたものである）。その時、エネルギーは限界を越えて物質と無関係に存在する（唯物論を止揚するエネルギー論の試み）。

16. たとえば、ハイゼンベルク『原子物理学の哲学的諸問題』（モスクワ、1953年）参照。彼は、現代物理学はすべての世界をひとつの基本的実体に帰していると考えた。「もし、名称を与えるなら、間違いなく“エネルギー”と呼ぶことができる。しかし、この実体──エネルギー──は種々の形で存在できる。エネルギーの基盤的形態から3つの形態が特殊な恒常性をもつとして区別される。それらは、電子、陽子、中性子である。ことばの固有の意味での物質は、エネルギーのこれらの形態からなり、これに運動エネルギーを加えなければならない。われわれの世界の多様な現象は、エネルギーの多様な現れによって創造される。」（98〜99ページ）

(36) 17. 物理学的カテゴリーによってのみ決定される無機物質、自然への存在物の還元は有機自然、生命現象の諸問題を解決できないものにする。この時、機械的唯物論の裏面、不可避的補充として、存在物＝その物理学的質における物質という等式の結論として、生気論が登場する。

(37) 18. 物質とこの存在の関係は、（完全ではないが）存在とこの存在の本質の関係と同じである。物質は主語ではないが、（物質的存在と考えられる場合を除いて、だが、物質的存在のもとでは物質的実存そのものである）、しかし存在は、物質の述語であり、むしろ逆に、存在、存在物は主語であり、物質性はその述語である。

(39) 19. カントの術語が考えられている。

(40) 20. ユ・ア・ウルマンツェフ、ユ・ペ・トゥルソフ「生命ある自然における空間的形態および関係の特性について」『哲学の諸問題』1958年、No.6、42〜54ページ参照。この論文では、生命の誕生とともに、新しい生物学的空間がどのように発生するのか、という問題が提起される。

21. 『哲学の諸問題』1959年、No.3、141〜144ページ参照。

(46) 1. たとえば、色めがねで見る世界がバラ色に見えるように、まっすぐな棒も水中では屈折して見える。しかし、対象の知覚条件に依存してこのように見えることは、それが見えるがままであることを意味しない。

2. トランスアクション概念の分析は、当面の課題である。ある状況で活動する個人は、その状況から遊離することはない。個人を含む状況は、相互依存的不定物の体系として検討され、あらゆる変化は、すべての状況の内在的発達として検討される。トランスアクション理論では、次のことが考えられている。a）（機能的関係における対象、個人の）諸要素の溶解、b）世界の現象的形成への移行、各人における各人の仮定の世界。

(49) 2. 諸現象の原因をみいだすためには、一方で、物質の認識を実体の認識（概念）まで深めなければならない。他方で、諸原因の現実の認識は、外的現象から実態への認識の深化である（レーニン全集、第4版、第29巻、モスクワ、1956年、142〜143ページ）。

3. ヘーゲル、著作集、モスクワ、1959年、第4巻、51〜56ページ。

(50) 4. ラッセル『人間的認識』モスクワ、1957年、112ページ。

(52) 5. ラッセルにおける認識の論理学的分析では、認識と存在の同一視があるが、それは、とりわけ、彼が“経験”で提起する対象の無区別に現れている。ラッセルによれば、「わたくしがある人に遭遇することはない。それは非具体的人間は、現実には存在しないからである。

しかし、個人が非具体的人間と感じることはある。この意味において、こうした見解は可能である」（ラッセル『人間的認識』109 ～ 127 ページ）。

(55) 6．現存在。

7．自然。

(57) 8．エ・ヴェ・イリエンコフ「思考における矛盾の問題によせて」『哲学の諸問題』1957 年、No.4、63 ～ 72 ページ参照。

9．空。

(60) 10．ヴェ・エス・ビブレル『弁証法的論理学のカテゴリーについて』スタリナバード、1958 年。

(61) 11．ゲ・カ・ジョロハワ「K.マルクスの『資本論』による本質と現象のカテゴリー」哲学学位候補者の論文要旨、トビリシ、1955 年。

(65) 1．K.マルクス、F．エンゲルス、著作集、第 2 版、第 23 巻、62 ページ。エル・ア・マニコフスキー「K.マルクスの『資本論』における“物件”と“関係”のカテゴリー」『哲学の諸問題』1956 年、No.5 参照。

(67) 2．P．ナトルプ『哲学入門』モスクワ、1911 年、93 ～ 94 ページ参照。

(68) 3．若干の観点では人間は商品と同じである。人間は手に鏡をもって生れるわけではなく、フィフィテ流の哲学者として生まれるわけでもない。つまり「わたくしがわたくしだ」としたら、人間はまず、鏡のように、別の人間を見る。パーヴェルを見て、この人は自分と同じだと思い、ピョートルは自分も人間だと思う。それともパーヴェルは、自分の身体をもって、ピョートルにとっての類としての“人間”の現れとなる（K.マルクス、F.エンゲルス、著作集、第 23 巻、62 ページ）。

(72) 4．「社会的存在と社会的意識の討論」参照。ヴェ・ペ・トゥガリノフ「史的唯物論の諸カテゴリーの相互関係」レニングラード、レニングラード大学、1958 年、ゲ・イエ・グレゼリマン「“社会的存在”の概念の問題によせて」『哲学の諸問題』1958 年、No.5

(92) 1．M．シェーラー『道徳と認識』130 ～ 131 ページ参照。

(101) 2．善としての神の愛のキリスト教的考えでは、愛は下から上へと登場する。愛（エロス）のギリシャ的考えは、下から上へ、より完全なものを志向している。アウグスティヌス的、スピノザ的概念では、上から下と下から上への運動の同時発生の理解が発達するが、けっして同じようなものとしての愛ではない。

(108) 3．ベ・クローチェ『表現の科学としての美学と一般言語学』モスクワ、1920 年。

(113) 1．初版では、カ・ア・アブリハーノワ・スラーフスカイヤによって注解がなされたが、この版では、ア・エヌ・スラーフスカヤのものが追加された。

(129) 1．論文「創造的自己活動の原理」（オデッサ大学紀要、1922 年、第 2 巻、148 ～ 154 ページ）は、書物の小さな章のひとつを構成し、原稿として残されている。（論文は、『心理学の諸問題』1986 年、No.4、101 ～ 107 ページに転載された。）

(130) 2．20 年代の諸原稿は、部分的にのみ解読され、その断片は、書物『セルゲイ・レオニドヴィチ・ルビンシュテイン、論文集、追憶、資料』（モスクワ、1989 年、10 ～ 60 ページ）で発表された。

3．日記参照（私的文書）、また国立レーニン図書館の草稿（No.436）も参照。

(132) 4．ジャン＝ポール・サルトル『存在と無』パリ、1943 年、23 ページ。

5．エリ・イ・フィリポフ『ジャン＝ホール・サルトルの哲学的人間学』モスクワ、1977 年、193 ページ。

(136) 6．エス・エリ・ルビンシュテインの哲学－心理学的概念の解釈と書物におけるその理解の具体化・発達の試み：カ・ア・アブリハーノワ・スラーフスカヤ、ア・ヴェ・ブリュシ

リンスキー『エス・エリ・ルビンシュテインの哲学−心理学的概念』モスクワ、1989 年。
『セルゲイ・レオニドヴィチ・ルビンシュテイン、論文集、追憶、資料』モスクワ、1989 年。
カ・ア・アブリハーノワ・スラーフスカヤ『精神活動の主体について』モスクワ、1973 年。
ア・ヴェ・ブリュシュリンスキー『主体：思考、教授＝学習、想像』モスクワ、ヴォロネー
ジュ、1996 年。イエ・ア・ブーディロワ『ソビエト心理学における哲学的諸問題』モスク
ワ、1972 年。『20 世紀ロシアにおける心理科学　理論と歴史の諸問題』モスクワ、1997 年。

注解（カ・ア・アブリハーノワ・スラーフスカヤ）(113)

4ページ＊：エス・エリ・ルビンシュテインの存在論的概念において、人間と存在との基本的相
　互関係の把捉はまず区別し、後に若干のアスペクトを相互に関係づけなければならない。
 1．存在の構成物への人間の包摂、全側面から人間を“取り囲む”構成的存在としての人間の
　　検討、実在方法のひとつとして、ある種の変化現象の主体のひとつとしての全存在物に対す
　　る人間の親近性の証明。
 2．自然的生きもの、自然に包摂されるものとしての存在への人間の関与の証明。
 3．人間の出現とともに、存在と人間の特殊な内在性の発生、この質的に異なり、一見相互に
　　対立しているかにみえる事象の内的連関の樹立、そして、その内在性を表現する存在の新し
　　い質──主体としての人間に対して相対的にのみ存在を受容する客体の質。
 4．人間と存在との存在論的相互作用の証明、とりわけ、2 つの現実の出会い、2 つの“物体”
　　の相互作用をもつ人間と現実との相互作用の比較による人間の知覚の証明、現象を外見と同
　　一視する主観主義、現象学へと択一的にする感性的知覚の存在論化。
 5．人間欲求の存在との連関の存在論的現実の解明と現実を変革する実践的活動の存在論的性
　　格の解明。
 6．人間と存在との相互作用における 2 つの様式の解明──（外的世界に影響を及ぼす能力とし
　　ての）積極性、活動に対する（外的世界の影響を受ける能力としての）連繋、受動性。
 7．人間の本質と実在方法を区別する主体としての人間の質・様式の発見。
　 a）自己決定、自己の立場の決定、自己完成、自己発達への能力の定義。
　 b）すべての存在の理想的代表、同時に、人間にとって直接意味あるものの発現を意識する
　　能力の現在。存在と区別され、後に相関する意識による人間の能力。(114)
　 c）人びとの連関の基本性、人びとの相互関係の普遍性および倫理性の発現。
　 d）創造的活動能力の強調。
　 e）自己実現および生成過程としての生活主体の質の解明、また、本質を変化させ仕上げつ
　　つ、状況との相互作用、時間における被規定性および自らの本質を保存する能力の解明。
 8．“世界”としての具体的存在概念、人間とより直接的に相関する存在の質がこうした人間の
　　質に対応するという主張。人間、人間と世界の相関する存在の質的被規定性を体系化し構成
　　するこの関係の発見自体が、枢要で根本的である。しかし、“世界”概念は、人間が創造する
　　所産、欲求の対象、文化を内包する世界だけでなく、他の主体の欲求対象、所産の背後にあ
　　る人びとの関係をも前提している。
 9．正式なマルクス主義哲学において、社会意識の形態、つまり、精神的領域に帰着される限
　　り、この倫理学・道徳の存在論化は、ルビンシュテインの概念においてもっとも逆説的であ
　　る。“力”“影響”、人びと相互への現実的作用を主張するこの存在論化の本質、この影響の倫
　　理性、人間性は、ルビンシュテインによれば、人間における人間的本質の主張、強化と結合
　　している。そもそもの原点として、意識の存在への関係ではなく、何よりもまず、存在への
　　実践的で活動的関係の主体として、後に認識・意識の主体として人間を検討し、ルビンシュ

テインは認識論的関係の絶対化に反対する。また、このことによって、存在と意識の対立の絶対化は克服されるのである。人間はその実在方法において、存在の範囲を飛びだすことはないが、存在の構成要素として検討される。存在は、思考および認識主体の客体としてのみ人間と対立しないが、行為・実践主体としての人間を包摂している。ルビンシュテインは、哲学研究の抽象化としての存在と意識の相互関係に代えて、現実の実践的生きものとしての人間と存在との相互関係を前提としている。この意味において、存在と意識の関係ではなく、存在と意識をもつ人間との関係が出発点となる。つまり、存在に対する人間の実践的、物質的、活動的な関係が出発点であり、人間による存在の認識・自覚は副次的である。この命題はすべての仕事の中心となる考え方である。一方でこの命題は、人間存在の脱存在論化および現実的物質的実践的生きものとしての人間の意識による置換を招来する意識の絶対化と対立する。他方で、この命題は、意識から派生するもの、意識によって、意識を介してのみ決定されることへの存在の転化と対立する。デカルトに始まる意識と物質との対立の絶対化は物質と物理学的自然界だけとの同一視を招来するが、このことによって人間的存在を物理学的自然の範囲外へと導く。人間は意識によって置換される。ルビンシュテインは、認識を介してだけの存在決定のヘーゲル的方法に反論し、意識との関係が存在の特徴づけにとって出発点となることに反対する。ここから、認識論的関係と存在論的関係を新たに区別することの不可避性、認識論的関係の立場を制約し規定することの不可避性が発生する。ルビンシュテインによれば、認識論的関係は人間の出現とともに発生する人間の存在に対する関係のひとつとして登場する、つまり、存在そのものの一定の発達段階においてのみ登場する。存在に対する人間の認識的関係は、人間の実在そのものから派生したものであり、人間と存在との現実的で実践的な相互作用の観点からの人間と存在との相互関係が出発点である。このことは、人間も存在に加わることを意味し、人間的存在が存在の最高水準であることを意味する。それゆえ、カントの考えと違って、存在は意識と外的に対立しないし、認識的関係は存在内部で実現され、人間と存在との相互作用の一般的過程に入る。かくて、存在論的分析は、認識段階ではなく、存在そのものの本質的特性を明らかにし、存在の最高水準としての人間的存在を検討し、人間を存在に加えて、認識論的関係が人間と存在との相互関係において、一定の制約された場を占めることを立証する。(115)

8ページ＊：ルビンシュテインは、精神現象の自然研究にさいして、立案し利用したその方法を適用する。この方法の本質は、もっとも一般的形で多様な結合・関係のなかである現象を検討することにある。こうした結合・関係の1つひとつにおいて、現象は新たなものとして現れる。この方法によって、ルビンシュテインは精神現象の多様な性質をもつ自然を明らかにし、精神面が多様な結合・関係において受容する種々の特徴づけの質的独自性を立証した。世界に対して、精神的なものは反映として登場し、脳に対しては高次神経活動として登場する。ルビンシュテインは、現実の諸現象の連関の客観的性格を重視し、こうした結合の1つひとつにおいて現象は質的に新しいものとして現れる。あるひとつの結合に現れる特徴づけ、現象の質を別の特徴づけ、別の質に置換することをこの質的被規定性は許容しない（ルビンシュテイン『存在と意識』参照）。

この研究方法は、人間の哲学的研究において有益である。ルビンシュテインは2つに関連するが、質的に異なる関係——存在への関係と他者への関係——において人間を検討している。人間の人間に対する関係は認識と行為を特徴づけ、人間の存在に対する関係を間接的に表現し、同時に、倫理学の特別な分野として異彩を放っている。

＊＊：ルビンシュテインは種々の文脈で異なる意味で"疎外"概念を用いている。

彼は、対象化の歴史的に一時的な形態として疎外を検討するさい、この概念を一般的な意味でもっともひんぱんに用いている。

哲学文献ではK.マルクスの初期草稿の類のない研究である「心理学の哲学的基盤。K.マルクスの初期草稿と心理学の諸問題」という論文で、ルビンシュテインは、マルクスが提起した疎外と対象化の概念をヘーゲルとの相異において考察している。

　ルビンシュテインは、ヘーゲルの疎外理解を認識論的観点から批判している。彼は、プラトン哲学や客観的観念論といったイデアを実体化された本質に転化するすべての路線に反対し、ヘーゲル的なイデアの“疎外”に反対する。ルビンシュテインは、イデアがその反映である現実的存在からの“イデアの疎外”に反論し、イデアが発生する人間の認識的活動からの“イデアの疎外”にも反論する。ルビンシュテインはまた、人間の認識の存在からの分離にも、カントによる“物自体”からの現象の“疎外”にも反論する。

　“疎外”という術語は、しばしば分離、孤立化、排除の意味で用いられる。たとえば、疎外概念が労働過程の生産物からの分離の批判として使用される場合でも、生産物としての認識過程および知識は存在し、また、人間の生活過程も一般的な道徳的価値等も存在するのである。

　人間からの存在の分離、存在からの人間の排除に反対して、ルビンシュテインは“疎外”概念を用いている。これは、物質を物理学的自然の世界に帰し、そこから人間を排除するデカルト哲学の批判である。結局、ルビンシュテインは、人間実在からの本質の分離、人間実在の貧弱で、憐憫への帰着、人間存在の非真実および人びと相互に対する関係の疎外された関係である“仮面”、機能的関係への帰着として倫理学的アスペクトにおいて疎外を検討する。労作『人間と世界』第1版編集にさいして、疎外のマルクス的解釈に対する態度が示されているルビンシュテインの草稿の断片が公表された。

＊＊＊：“個人の特異な経済的仮面”にかんするK.マルクスの表現が念頭におかれている。「これは経済的関係の化身にすぎず、その保持者として各人は互いに対立している」（『マルクス・エンゲルス全集』第23巻、95ページ、また、ルビンシュテイン『心理学』1959年、120ページ参照）。(116) ルビンシュテインの労作において、“仮面”概念は、マルクスの術語の利用にさいしてただマルクス経済学のカテゴリーだけには帰されないキーワードとなるのである。彼は“仮面”としての人びと相互の関係を一定の社会的諸関係と結びつけない。仮面、機能、手段としての人間に対する関係は人間の真の本質と矛盾し、人間を道具、手段に転化することで奇形化すると考え、純粋に社会的立場からではなく、もっぱら倫理学的立場からこれに反論する。重要なのは次のことである。能力をもつ主体概念を自己決定、自己発達、自己完成に導入することで、ルビンシュテインは、人間的本質の完全さ、完璧さに対する責任を主体に負わせようとしているようにみえるかもしれない。しかし、同時に彼はこの主体および人間による主体形成を語の最高の意味で他者との関係および相互関係から断絶してはいない。それゆえ、本質的に、人間的本質の主体による形成過程は、主体としての人間に関係する人間の本質を規定し高めるものと人びととの相互関係と不可分なのである。

9ページ＊：存在の本質は思考によってのみ明るみになるということで、存在を意識にすり替える観念論思想の進展にもかかわらず、思考によってはなお露見していないが、現実との実践的直面による人間の感性によって感知される（本質と実在の統一としての）存在物の客観性をルビンシュテインは強調する。その上、認識における本質の開示としての認識論的だけでなく、特別な実在方法の発現、諸現象の相互作用および内的決定の特別な方法の発現を介して存在論的アスペクトにおいても本質概念は決定される。

＊＊：ルビンシュテインの書物では、存在と意識の問題の存在論的アスペクトの視点が提示されている。歴史的に存在論の問題は哲学的知識の歴史的方法的特徴に依存して種々の内容を包摂している。多様な存在論的概念は、自然科学（形而上学としての哲学）からの哲学的知識の限定、宗教としての精神的超感覚的世界の物質世界との神学的対置、存在論と認識論の相異と結びついている。

哲学史においては、存在論と認識論への分裂克服の試みはデカルトによって着手されたが、それは「我思う故に我在り」という公式によって、世界を認識する者の立場へと吸収しようとするものだった。第2の試みは、ヘーゲルが観念論にもとづいて行った。存在の認識は、存在、客体の形成によって明らかになり、思考は現実の創造者として登場する。

　ヘーゲル弁証法の核心を維持しつつ、ルビンシュテインは、自らの接近の、認識と存在、存在論と認識論を同一視するヘーゲルの方法との原理的相異を強調する。意識だけでなく、何よりも人間"実在の社会的方法"（K.マルクス）が"物質運動の最高形態"として物質の存在および発達形態の学説に内包される。このことによって、（人間を含まない存在論としてだけの）以前の存在論と（人間から遊離した"純粋の"意識、認識論としてだけの）以前の認識論との対立の絶対化は止揚される。ルビンシュテインの著書の主想は、認識論的関係の絶対化の不当性についてであり、物質的・実践的・活動的なものとしての人間の存在方法に対して認識、意識が2次的、派生的ということについてであり、特殊な実在方法としての人間を包摂する存在内部で認識活動が実行されることについてである。

10ページ＊：判断の一対の主語と述語は決定の端初となる対象、つまり、何について語るのか（主語）、それについて何を語るのか（述語）を意味する。哲学史において、哲学の基本問題の多様な決定は主語－述語の相互関係を介して明らかとなる。存在が主語であり、その思考が述語なのか、あるいは、思考が主語であり、その存在が述語なのか、である。この問いに対する答えが哲学の基本問題の多様な決定を分かつことになる。ルビンシュテインは、この概念の使用を歴史－哲学的アスペクトにおいて考究した。このコンテクストにおいて、ルビンシュテインは、存在（存在物）の端緒性と認識におけるその質的決定の副次性の主張のために、この2つの概念を用いている。(117)

＊＊：あるもの（存在）があることでなく、存在しているのは何なのか、実在ではなく、存在の本質、質的明確さが問題となる。

＊＊＊：観念論は、"見せかけ"、質的被規定性の欠如、不一致、認識の誤りとしての外見と存在－存在物の実在そのものの否定としての外見とを混同している。

　ルビンシュテインによるこの考えの克服は外見の存在論的決定と認識論的決定への振分けによってなされた。認識の相対性を認識される現実そのものの否定へと転化しないためには、この区別は不可欠である。外見の問題そのものが認識論的問題として発生するためには、つまり、何かが認識過程でいろいろに"見える"ために、この区別は存在し、現実的で、実際的でなければならない。その後の同一の考えの進行は、ルビンシュテインが"現象"と"本質"の関係において実行した。人間にとって認識に現れるためには、つまり、認識されるものとしての現象であるためには、何かは存在する、つまり、存在論的明確さをもっていなければならない。質的被規定性としての"本質"は認識過程においてのみ現れ、認識過程そのものによって創造されるのではなく、あらゆる認識以前に客観的に存在している。

＊＊＊＊：状況の詳細な決定は23ページ以降を参照のこと。

11ページ＊：統一の要求は所在と形成の外部ではなく、変化内部での同一性の保持過程としての所在の決定において実現される。

13ページ＊：アンセルムス（1033～1109）は、いわゆる神の存在の存在論的論拠－証拠を発達させた中世スコラ哲学の代表者で哲学思想史において批判の対象となった。この証拠の本質は、現実、つまり、神の実在そのものが神にかんする概念、思想から導き出されたことにある。存在論的なもののほかに、観念論・宗教の歴史において、認識論的、心理学的、道徳的な神存在の証拠が存在した。カントによる存在論的論拠批判については、13ページ参照。

14ページ＊：外的反射の決定方法としてのカントの方法については、同様に、原書の15、26、45ページと55ページの注解を参照のこと。

15 ページ＊：ルビンシュテインの見解では、カントが考慮に入れていない基本的問題は、思考対象の客体にかんする思考範囲からの脱出である。あらゆる客体、あらゆる現実はその論理的、概念的決定よりもはるかに豊かで含蓄あるものである。

＊＊：認識における暗示的なものと明示的なものの相互関係は 56 ページ以降しかるべき箇所で説明される。

16 ページ＊：カントの外的反射性の方法の特徴づけについては、55 ページの注解と原書の 13 ページを参照のこと。

＊＊：主体が認識することと客体によって認識されることの弁証法、相互作用は、存在と思考の抽象的同一視ではなく、認識過程における客体の変革を前提としている（55 ページの注解参照）。

17 ページ＊：いわゆる“1 義的”質、つまり、客観的なものとしての物の空間等の特性が、そして、主観的なものとして“2 義的”質（色、味覚、香り等）が問題となる。ルビンシュテインは、この区別を不当だと考えている。物と対象との相互作用において現れる特性が、知覚過程における物と人間との相互作用で現れる特性より客観的だとみなす根拠がないからである。ルビンシュテインの考えでは、2 つの物体の相互作用、2 つの現実の出会いと比較される人間と他の対象との客観的相互作用過程としての知覚の検討が根本的である。1 義的な客観性および 2 義的な主観性という視点は機械的唯物論からきている。それは、無生物界、物理学の世界における過程だけを客観的とみており、人間との相互作用を含むすべての過程は客観的なものの範囲外に存するのである。ルビンシュテインが提起する、1 義的質の命題を物のすべての質に拡大する要求は次のことを意味する。つまり、彼は、無生物界の過程だけでなく、人間と結びつくすべての過程、人間と認識される存在との特殊な相互作用を含む人間と世界との相互作用のすべての方法を客観的研究の範囲に入れているのである（ルビンシュテイン『存在と意識』58 〜 59 ページ参照）。(118)

18 ページ＊：実存主義者の概念に対する考え方については、21 ページ参照のこと。

＊＊：存在概念への最初の接近のために、ルビンシュテインは、ヘーゲルから進む存在概念を考慮している。この概念は存在しているすべてを結合する“存在している”ことの唯一で抽象的承認以外に、どんな内容、明確さも前提していない。すべてのヘーゲル的思想の出発点としてのこの抽象において、あらゆる本質を奪われた実在は、思考のためにだけ、思考を介してのみ存在し、思考そのものによって創造される本質からすでに分離されている。

＊＊＊：さらに、ルビンシュテインは本質概念が認識論的概念だけではないことを立証している。本質は、ただそれが客観的に存在しているがゆえに認識によって明らかにされる。彼は決定の特徴づけと諸現象の相互作用を介して、実体概念を介して、本質の存在論的定義を与える。本質は変化における安定性であり、他の現象との相互作用のなかで現れる質的被規定性である。本質は変化の内的基盤であり、所在・変化・持続過程における保存である。この本質は“ありのままの”実在と対立しないし、個々の存在水準にとって特殊な“実在方法”として、ルビンシュテインの表現によれば、“ある種の変化する特殊な主体”として登場する。

19 ページ＊：ルビンシュテインは、2 つの最大宗教——キリスト教と仏教——における人間的存在の問題点の哲学的な意味づけを行っている。双方は、人間実在を肯定的にではなく、否定的なものとして主張する。つまり、自然力やその固有の欲求に依存しており、感受性、受動性として描出するのである。この依存と受動性の確認において、唯物論と観念論はある意味で一致する。キリスト教は、苦しみの世界からの脱出の多様な方法——人間実在そのものの止揚であり、この苦しみの原因としての存在の実在の止揚——を前提している。キリスト教は宗教原理の非感受性、非受動性の概念を練りあげる。

　　この観点から、ルビンシュテインは仏教とキリスト教の原理的相異を次のことにみている。キリスト教は、苦しみの世界からの脱出、実在そのものの抹消だけを求めるのに対し、仏教は、

苦しみの抹消へと向かう内的積極性の概念を発達させる。仏教は、周囲の現実ではなく、人間そのものへの方向性を積極性の唯一考えられる方向とみており、それゆえ、苦しみを抹消する積極性は、涅槃として登場する。

　すべての前駆する倫理学的概念と違って、マルクス主義は体験する作用、（涅槃によって）対立する作用としてだけでなく、外的世界を変革する意味において能動的生きものとして人間を検討する。ルビンシュテインは、自分自身だけでなく、また自らの苦しみの抹消だけでなく、世界および人間固有の自然の変革へと向かうものとして人間の積極性を解明する。

　人間的存在の決定によるある特殊性のための以下の叙述において、ルビンシュテインは、“従属的で、外部から決定される”と同義語として“受動的（苦しみの）”という概念を用い、自己の立場を決定すること、自主的活動の同義語として“活動的”“行動的”という概念を用いている。

　読者に提供される『人間と世界』の補足の本文でルビンシュテインは狭く倫理学的、より正確には、宗教的－倫理学的受動性理解から出発している。そして、影響を受ける（この意味で苦しむ）能力と結合した人間的存在の合法則的で特殊な様式としてこの受動性を検討する。影響を受け（苦しむ）そして活動する能力は、他による被制約性および働きかけ他を制約する能力、つまり、決定論原理と結合した人間的存在の２つの基本的様式である。編集にさいして、多くのページで、受動性の概念は術語的、概念的にマルクス主義と無関係として削除され、行為だけが残された。

21 ページ＊：ルビンシュテインによる“世界”というカテゴリーの使用は、人間の実在方法の特殊性を表現するものを哲学カテゴリーの構成要素に入れる必然性からきている。(119)“世界”という概念はマルクスが用いた“第２の自然”という概念に近い。人間の実践的活動によって変革される自然、人間の実在方法において、人間と直接相関する自然である。「世界とはそこに包摂される物と人びととの総和であり、人間およびその本質ゆえにかかわるものに関与するもの、人間にとって有意となりうるもの、人間が向かうものである。」(32 ページ)

＊＊：ルビンシュテインは『存在と意識』のなかで、存在物の発達の高低多様な水準のカテゴリーと合法則性の相互関係の問題を入念に研究した。そこでは、この原理は生理学的合法則性と心理学的合法則性の相互関係の個々の問題にしたがって検討される。しかし、この個々の問題解決のため、ルビンシュテインは、“より高次な”領域の特殊な合法則性と“より低次な”領域の一般的合法則性との相互関係にかんする一般公式を提起した。後者はより高い水準への自らの作用を保持しているが、自らの発現形態を変化させる（ルビンシュテイン『存在と意識』14 ページ以降参照）。

＊＊＊：もし、因果関係の機械的概念が外部からだけの作用としての原因理解と結合しているなら、因果関係の弁証法的唯物論的理解は、自己運動、自己発達としての内的因果関係の形態をも検討する。この理解では、原因はそれ自身の原因として、つまり、特殊な実在方法——“自己運動”、自己決定——の基本的特性における合法則的で不可欠の再生として登場する。とりわけ、この意味でルビンシュテインは“自己発生”という術語を用い、存在物の発達のより高次な水準でのすべての実在の過程的性格を強調し、因果関係の概念は物の物に対する作用に限定されず、外的作用を介した内部諸条件の役割、その選択性・積極性と結合している。

22 ページ＊：ルビンシュテインは、その草稿で“決定”という術語を概念、ことば、カテゴリー等による何かの定義としての論理的、認識論的な意味だけでなく、存在論的意味でも用いている。彼にとっての“決定”は、諸現象の現実の相互作用であり、そこでは、相互作用過程の“質的被規定性”、特殊性が明らかとなる。草稿のこの箇所でルビンシュテインはこの語法を明確にし解説している。

　ルビンシュテインの存在論的で人間学的概念は、実存主義に通暁した人にとっては公開で、

そうでない人には非公開の対話においてルビンシュテインによって述べられた。ここにおいて、"忠誠"、"感情"（サルトルの場合、情動）、"状況"や"計画"といった全体的概念がでてくるが、もっとも基本的概念である"存在"（実際、用いられているのは実存主義においてだけではない）、"否定"（サルトルの場合、存在と非存在）、"生"と"死"についてはいうまでもない。このように、世界を認識する志向性において、古典的認識論に対する懐疑的態度を表明して、サルトルが個人にとって世界を"受容する"か拒否するかが重大問題だとみていることにわれわれは注意を向けた。

　この対話の意義は、ルビンシュテインにとって、哲学的人間学が人間の抽象化ではなく、人間的生活の方法であることに存する。この意味において、生活の哲学は過去、現在、未来の時間の問題であり、生活の価値と意味の問題である。生活の問題にかんするルビンシュテインのアプローチのサルトルやハイデガーの実存主義との原理的相異は経験に頼らないことである。この問題のこうした理論化においては、問題は個々の個人の運命や感情だけには帰されないであろう。

　ルビンシュテインにとって、実存主義的概念の意義は、とりわけそれが疎外期の人間劇のコンテクストで生活の問題を取りあげたことにある。しかし、もしマルクスの疎外解釈が基本的に社会－経済的疎外の問題として理解されるとするなら、ルビンシュテインは初期および後期のマルクス解釈において、再三マルクスの理解を意味づけ新たに解釈しなおし、その社会－倫理学的内容を明らかにした。サルトルにとって、疎外解釈は、再び個別の個人の問題として示されたが、その個別性そのものが、世界において個人が"孤独であること"の証拠だった。個人主義ではなく集団主義が君臨した社会主義社会で疎外問題を解明したルビンシュテインにとって、疎外の本質は孤独ではなく、人びとの相互関係の形そのものに現れた。そこでは、人間的倫理学的基盤、その本質を排除し、仮面として作用するのではなく、人びとは共同で行動するのである。(120) ここでの疎外は、労働の所産の、まして労働そのものの人間からの疎外ではなく、労働の人間的倫理学的本質の疎外である。生活の真実あるいは非真実、"真剣に"生きることの責任に対するルビンシュテインの理解はここからきている。

＊＊：ハイデガーは、"その限界脱出によって"特徴づけられる人間の実在方法を他のすべての存在物の実在方法、全体として存在に対置する。ルビンシュテインはこの対置を不当だとみている。彼は、人間的実在を存在から実存主義的に分離することに反対する。とりわけ、このため、ハイデガーが人間的実在だけでなく、全体として客観的存在の存在論に捧げられるはずだった存在論の第2巻が完成していないことをルビンシュテインは指摘している。

　自らの限界の実存主義的脱出を人間的実在だけにハイデガーが求めていることを、ルビンシュテインはある実在方法、人間的存在も含め、全体としてすべての存在にとってまっとうな普遍的命題だとみている。彼は、決定論原理の立場から、自らの"限界脱出"、"他"への移行を理解し説明することは可能だとみている。所与の実在方法の脱出および"他"への移行の可能性は、諸現象の連関および相互被制約性に立脚している。外的条件と内的条件の相互移行の弁証法は、外部原因、"他の"諸現象との連関および被制約性における所与の実在方法の内的特性の特徴づけに現れる。それぞれの所与の現象は"他の現象"との連関において特殊な実在方法をもっており、多くの"他"への移行、"他による"被制約性、"他"のなかでの再現と結びついている。この"他のなかでの"再現を、ルビンシュテインは客観的存在の反映に固有の意識とみており、それは他の反映についてもいえることである（ルビンシュテイン『心理学』11ページ）。

23ページ＊：ベ・エム・ケドロフがこの命題を発達させた（たとえば、ケドロフ『対象と自然諸科学の連関』モスクワ、1967年、224～287ページ参照）。

＊＊：ルビンシュテインは"生活"という概念を生者の特徴づけのための生物学的意味において

だけでなく、2つの意味で用いている。その第1は"実在する""存在する"と同義語だということである。ルビンシュテインは、"存在する"という唯一の概念ですべてを統合する抽象的特徴を介して実在を説明することを批判している。彼は実在を生成、変化、維持、所在、持続として、また、外的なものと内的なものの弁証法、他による規定と自己決定として定義する。彼は実在表示のため、別の概念、"生活"という概念を用いることもある。彼は多様な"実在方法"によって特徴づけられる多様な生活水準とさまざまな生活水準の多様な主体とを区別する。このように、この意味で"生活"という概念は、個々の実在方法の水準に典型的な質的特徴づけの不可避性を前提としている。この概念の第2意味は、人間的"生活"の特性の特徴づけに利用される。第1と第2の意味の関連は、第2の意味が人間的生活、また、人間が主体である変化の水準にしたがって、外的なものと内的なものの変化・弁証法等における所在として、生活の一般的特徴づけの具体化であることに存する。

　このように、実存主義的生活概念に対するルビンシュテインの分析は、質的に規定された主体の発達過程としての哲学全般にわたる生活概念に立脚している。"ある種の変化主体"としての主体の相違は、多様な水準にある過程の質的相異と合致する。人間生活にしたがって、ルビンシュテインは、主体としての人間を含む客観的生活過程の弁証法を解明する。人間は自らの関係・行為によって、生活における諸力の相互関係を客観的に変化させる。

＊＊＊：あらゆる過程の自然、その過程における外的条件と内的条件の変動・相互関係、およびその結果の次の過程実現の条件への転化にかんする一般的諸命題は、思考過程の理論的実験的研究によって、ルビンシュテインが発達させた（ルビンシュテイン『思考心理学』モスクワ、1958年参照）。

24ページ＊："決定"という術語については、21ページの注解参照。(121)

＊＊：知覚と思考の相異についてはルビンシュテイン『存在と意識』（108ページ以降）参照。

26ページ＊：第1章「存在の哲学的概念」（8ページ以降）参照。

32ページ＊：術語"ソクラテス以前"は、哲学史においてソクラテスに前駆する学派、とりわけ、ヘラクレイトス等のミレトス学派表示のために用いられている。

＊＊：一連の現象の特殊な合法則性、現実の所与の分野の被規定性、および所与の存在水準に固有な相互作用の特殊な方法の表示のために、ルビンシュテインは"実在方法"という概念を用いている。実在方法の概念は、物質の運動形態の概念に近い。しかし、術語としては、ルビンシュテインはより高次な水準にしたがって"運動"だけではなく、より複雑な過程──生活過程、精神過程、社会過程──としての"実在"について語るのが正当だとみている。

＊＊＊：内的なものを介して外的なものが屈折するという決定論原理は、人間にだけかんするものではなく、普遍的原理である、とルビンシュテインは考えている。外的なものと内的なものの弁証法は、別の表現では、"自らの限界の脱出"、"他における"存在等である。それゆえ、彼は現在する人間的存在をとりわけ、この原理にかんしてのみ他のあらゆる存在から区別する"自らの限界の脱出"という実存主義的概念を批判する（21ページの注解参照）。

33ページ＊：ルビンシュテインは、存在は人間が創造する物および対象の無生物の水準だけでない限り、存在と自然の概念を区別する。彼は自然（物質）のカテゴリーを無機および有機の過程、自然的生きものとしての人間も加えた生活（生者の）過程を含むが、人間実在の社会的方法および人間的対象の"世界"を含まない質的に規定された存在水準のひとつとして検討することを求める。自然において、人間の行為によって変革されるもの（産業等）を含め、存在の社会的水準の特徴づけのため、彼は"世界"というカテゴリーを用いる（20ページの注解参照）。

38ページ＊：主体が認識対象になりうることについてはルビンシュテイン『心理学』参照（156ページ）。

＊＊：第1版編集にさいして、彼我の問題の多様なアスペクト、現象・概念の諸定義が一体とし

て集約されていたルビンシュテインの草稿断片は削除された。たとえば、断片のひとつにおいて、自然の多様な定義（37ページ）は調和、静寂、危険性、人間の自然との闘いの不可避性として、形成、改新、意外性、結局、静謐――生活の優しさおよびあたたかさ――として統合された。とりわけ、自然の“現れ”のこれらの定義において、自然の人間との相関性、つまり、ルビンシュテインが主張する原理ははっきりしている。このさまざまな具体化がなければ、本書における自然の概念は、自然が人間によって偽造されないし創造されない、という神業的否定を介して規定されるかなり抽象的なものとなったであろう。

　編集によって削除された2番目の重要な断片は、その多様な関係および合致する抽象化における人間、人間の質の多様な“一体化”を解明している。人間と宇宙、人間と自然、人間と世界、人間と現実、人間と生活。この断片にすべての関係はでてこないが、たとえば、人間と世界は十分具体化されており、体系としての統合そのものが、関係を介した統合の本質および定義の具体化にとって極めて重要である（37ページ）。

　第3の断片は、ルビンシュテインが表現しているように、存在に対する人間の関係の“永遠の歴史”に言及している。ここでは、人間の存在への浸透の“一体性”、様相が明らかとなり、両者の相互関係の行為が全面的に発現する（42ページ）。

　第4の断片は、“現実”というカテゴリーに対するルビンシュテインの理解の多様な側面を明らかにしている（44ページ）。

　最後に、第5の断片（80ページの注解参照）は否定の多様な側面である。

39ページ＊：ここではレーニンの物質定義が念頭におかれており、この基準によって、意識の外部の実在、つまり、意識にかんする定義が明らかになる。（122）

41ページ＊：ルビンシュテインは、ゲシュタルト心理学の一般概念の特徴づけを『思考心理学』のなかで行っている。また、『資本主義国における思考心理学研究の一般的方向性』（モスクワ、АНСССР発行、1966年、第5章）と論文集『ソビエト心理学における思考研究』（モスクワ、ナウカ、1966年、179～180ページ、231ページ）参照。

42ページ＊：各瞬間、燃えて消える不断の運動にみられるいくつかの基本要素としての物の自然にかんする考察を仏教はすすめた。

44ページ＊：“何か”が“何らか”の意味で存在する。このことについては、9ページおよび9ページの注解参照。

45ページ＊：ハイデガーは“（意識体験としての）現象”と“現象”の概念を区別する。この区別の基盤には、（意識体験としての）現象の認識の直接性、この認識の自己表出性および現象認識の間接性がある。ハイデガーと異なり、ルビンシュテインはこのような自己表出性は存在しないと主張する。この点で現象はわれわれの認識の積極性、ハイデガーが否認する認識の主体客体の相互関係を意味する。

　ハイデガーにおける“（意識体験としての）現象”と“現象”の相異については、ルビンシュテイン『存在と意識』（133～134ページ）参照。また、ハイデガー『存在と瞬間』（チュービンゲン、1953年）参照。

46ページ＊：モスクワ訪問のさい、著者によってルビンシュテインに贈られた『人間経験の謎』という本で練りあげられたキャントリルの概念が問題になり、その時、相互作用説およびとりわけ和解の原理にかんする議論が行われた。このテクストにおいて、ルビンシュテインはこの概念の本質を会得する不可避性を指摘しているだけである。しかし、議論の時、ルビンシュテインは、カントの概念とのアナロジーを提示して、心身の相互作用説に対する自分の考えを述べた。相互作用説は外的なものとしての関係を検討するが、相互作用に参加する主体の本質には言及していない（カ・ア・アブリハーノワ）。

47ページ＊：いわゆる第2の質については、16ページの注解参照。

＊＊：『存在と意識』で展開された客体の思考上の変革・回復の積極的過程としての反映・認識の理解が問題になり、その固有の合法則性によって実行される特殊な積極性としての認識が問題になる。

＊＊＊：ルビンシュテインの視点では、知覚は２つの現実——物と人間——の相互作用の客観的で存在論的過程として登場する。

48ページ＊：周知のように、反射理論は、イ・エム・セーチェノフとイ・ペ・パヴロフの研究において発達したものである。ソビエト心理学内部で発生したある理由のため、パヴロフの反射原理は、生理学的意味だけで理解され制限された。しかし、精神的なもののセーチェノフの反射分析は長年中断した。後者はルビンシュテインが回復し、精神活動の反射理論として発達させた。ルビンシュテインはいう。「反射原理の精神活動（あるいは精神的活動としての脳の活動）への拡大は、精神現象が外的作用の機械的で受動的受容のためではなく、主体としての人間と世界との相互作用に資する、外的作用に制約された脳の応答的活動の結果として発生することを意味する」（ルビンシュテイン『心理学』13ページ）。このように、ルビンシュテインが練りあげた精神的なものの反射理論は、セーチェノフとパヴロフが発達させた自然科学的な反射理論の内容をもっておらず、決定論原理にもとづいた哲学的で実行可能な一般化なのである。

50ページ＊：このように、ルビンシュテインの現実的決定は果てしなく豊かなのである。

51ページ＊：認識論的観点から、現実から思考への相対的移行が、認識そのものが認識するものと認識されるものとの相互作用の存在論的で客観的過程であり、この過程が主体と客体の現実の感性的接触をつねに前提しているという事実を決して排除するものではない、とルビンシュテインは強調する。

52ページ＊：感性的認識の対象は、物質世界の他の対象・現象との現実の相互作用が無限であるがゆえに無限である、とルビンシュテインは考えている。（123）（対象の感性的認識としての）知覚、感性的相互作用のモメントはつねに時間的に有限である。このモメントは、多くの相互作用の交錯としての客体・対象との“出会い”の行為である。もともとこの行為は所与のモメントと結びついている。

54ページ＊：「決定論の弁証法的−唯物論的原理と実体概念」（第２章）参照。

56ページ＊：認識論と存在論、認識と存在の相互関係の研究において、ルビンシュテインは２つの両極端にともに反対する。“物自体”の絶対化およびその現象からの分離として発生する認識と存在のカントの外的相互関係に対して、そして存在と思考のヘーゲル的同一視にも反対する。カントに反論して、彼は認識の存在への浸透だけでなく、存在の認識への“浸透”についても語る。認識において人間に現れる特性は、人間に対する客観的関係にある存在の客観的特性として特徴づけられる。

　このことによってわたくしの意識に与えられるものとしての現象の主観主義的理解は根本的に克服され、ここから、客観的存在の実在そのものの非現実性としての外見の解釈が発生する。それゆえ、“自己内部”の存在から他にとっての存在への移行は、範囲の被規定性に言及しないカントの考えと違って、ある様相の範囲の他のそれへの単純な移行ではない。

　しかし、ルビンシュテインはヘーゲルを批判して、認識においては存在の生成ではなく再現が問題になる、と強調している。存在そのもののカテゴリーの整理と順序としての認識カテゴリーの整理と順序の検討に対する反論はこれにそってなされる。認識における矛盾と現実の矛盾の相異はこれにそって進行する。もし、論理的なものとしての認識における矛盾が媒介する連結環の導入によって止揚でき、またすべきであるとしても、現実の矛盾は観念的には止揚できない。ルビンシュテインが『存在と意識』で始めた認識過程のすべての分析、また客体を自らの法則にそって変革する特殊な活動（分析、総合、一般化）としての認識の解明は、存在と思考の同一視反対に向かう。

58 ページ＊：“与えられる”と区別される“課される”という概念は、認識によってなお解明されていない、つまり、明示性へと転化していない未知を帯有する所与との客観的結合、つまり、その暗示性を前提としている。

64 ページ＊：ある作曲家の音楽的創作活動のメロディや特色を特徴づける典型的で一般化された音楽的転調のテストと選択としての抑揚づけが問題になる。これについて詳しくは『存在と意識』（295 ページ他）を参照。

65 ページ＊：客体概念のルビンシュテインによる明確化。「このような接近は主体と相関する客体の別の概念を前提としており、客体としての存在は主体を包含する存在である。」このことはルビンシュテインが客体概念と存在概念を同一視しているのではなく、客体として他の主体が登場することだけを意味する。

　　同時に、ここで第 1 の視点で発生する両義性を止揚しなければならない。主体にとって客体として主体が登場できるということは、哲学的主張であり、これは、客体、対象、手段、あるいはルビンシュテインの表現では“機能”、つまり、倫理学の基準では実用主義的な関係としての他への関係は公平であることを意味しない。

67 ページ＊：意識に応じてルビンシュテインが用いる、一見したところ異例にみえる定義“思考力のある”は大変深い意味をもっている。“意識”と“思考”の相関の視点からのルビンシュテインの構想全体を見通した研究はこの定義と関係する。哲学的観点から、ルビンシュテインは意識と思考をしばしば同一視する。しかし、心理学にとって、方法論的・本質的観点からすれば、受動的で確認する意識と能動的、つまり、思考力のある意識の相異は極めて重要である。理想的な意識の定義として、ルビンシュテインは、世界に存在するすべての表象能力を指摘している。ところが、主観的な定義（『存在と意識』での双方の定義）では、現実にそれ自体としてではなく、主体に対し、主体にとって本質的であることに関係する主体の能力が本質的である。（124）ここでは、多分、“思考力のある”という意識にとっての修飾語が適応的であろう。

＊＊：ポール・ナトルプ（1851 ～ 1924）は、哲学における新カント主義のマールブルク学派の代表者である。『哲学入門』（マールブルク、1903 年）で展開されたナトルプの“わたくし”概念をルビンシュテインは論駁した。

69 ページ＊：語の広い意味で、倫理学によって、ルビンシュテインは人間的存在の存在論を、何よりも人間的本質を強化し現す、あるいはそれを最小限にし、“仮面”に帰する人びととの相互関係を存在させるものと理解している。

＊＊：67 ページの脚注参照。

73 ページ＊：精神的なものの分析にルビンシュテインが適用した方法が問題になり、それがここでは人間問題の分析に用いられる。

＊＊：実存主義における“状況”概念は、非決定論として、現在する状態の否定としての人間の自由の概念と結合している。それゆえ、状況の“限界からの脱出”は、状況そのものの否定としてだけ理解され、否定と肯定の弁証法、否定と生成の弁証法としては理解されない（72 ページの注解参照）。

74 ページ＊：人間的存在の矛盾した本質の承認がルビンシュテインの最重要な概念のひとつである。しかし、編集にさいして、論理的矛盾と現実の矛盾の相関の断片を除き、実際には矛盾にかんするすべての言及は外された。この時期、人間、人格、生活の矛盾ではなく、調和が問題になったのは極めて当然のことであった。しかし、この版で回復された人間存在の矛盾概念と否定問題の解釈を相互に関係づけることは重要である。74 ページで初めて、多様な否定にかんするルビンシュテインの要約が与えられている。自らの対案——熟成、生成——を示さないサルトルの否定解釈にルビンシュテインは反論する。ルビンシュテインは、否定を新しいものの生成・熟成のモメントとして検討する、つまり、それによって双方の相互関係の生産的性格を認

めているのである。

　否定と承認はこのことによって、人間的存在の矛盾として登場する。しかし、（否定の問題と矛盾の問題の）相異の詳細は以下のことと結合している。矛盾の合法的性格、その不可避性を認めて、ルビンシュテインは基本的にこの矛盾を解決できる主体と矛盾を関係づける。また、その解釈の客観的結果とだけでなく、主体自身に矛盾・闘争の克服を与えるものとも関係づける。否定問題の解釈は基本的に存在と非存在というサルトル概念のコンテクストと結合している。

75 ページ＊：状況の"限界からの脱出"という実存主義的概念をいくつかの視点からルビンシュテインは批判した。ルビンシュテインは、意識におけるだけの状況の限界の実存主義的脱出に対し、状況そのもの、人間そのものを変革する人間の現実の行動における限界からの脱出を対置する（86 ページの注解参照）。しかし、この場合でも、状況の限界からの脱出が意識を介してなされる場合、ルビンシュテインは、実存主義者と異なって、状況の観想的変革・変容は現在するものの他への合法則的移行を形づくるが、現在するもののたんなる否定ではないと主張する。

＊＊：人間の教育とその社会的諸条件の相互関係については、ルビンシュテインの『心理学』（137 ページ以下）参照。

77 ページ＊：生活への道徳の組入れにかんするルビンシュテインの要求は、道徳的規範の抽象的検討に対する反論である。しかし、"生活"というカテゴリーは、経験的なものとしてではなく、すべての関係の豊かさを内包する具体的なもの（自然的過程として、また、その個人的形態においては、人間の社会的存在としての生活）として検討される。"生活"というカテゴリーのこのような解釈は、現実的で実践的問題の解決における倫理学の役割を理解する可能性を与える（77 ページ他も参照）。(125)

78 ページ＊：ルビンシュテインの見解では、観想的唯物論の不十分さの克服は、現実に対する観想的関係の問題そのものを廃棄するわけではない。認識はその対象を変容するのではなく、直接本質を理解するという理由で、意識・観想を活動に対置するフッサール、ハイデガーと異なり、ルビンシュテインは観想と活動を区別しつつも、観想を現象学的に直接性、受動性としてではなく、存在に対する主体自身の本質を表現する関係として解釈する。

　認識および活動に対する自分の位置づけにかんして、同等と認められる"観想"というカテゴリーの導入によって、ルビンシュテインは実際に矛盾を解明する。世界認識に"受容"を対置し、認識の論理構造よりも個人の思索能力を強調する実存主義の志向が陥った袋小路からルビンシュテインは脱出するのである。しかし、袋小路は"受容""思索"カテゴリーの個人レヴェルへの格下げと結びついて発生した。これらのカテゴリーの間に本質的相異があることは確かなことである。ルビンシュテインもこの相異を考慮しており、このため、認識とは区別される"観想"というカテゴリーを導入する。しかし、ルビンシュテインは"観想"カテゴリーを経験的主体ではなく哲学的に定義される主体の能力水準にまで高めた。ここで、観想は自らの意義によって、共有〔ウェーバーの用語──小野注〕の"理解"あるいは解釈学的解釈まで接近する。もし、認識が"論理学"、客体の本質を明らかにするなら、観想は"世界に正しく関係する"主体の能力、つまり、世界に対する自らの関係の論理を決定する能力を表現する。この意味で世界を認識するということは、なお世界における自らの立場を理性的に決定することを意味しない。『存在と意識』のすべての意気込みは、自然を変革する積極的認識活動の証明、本質の直接的理解ではなく、認識活動の法則にしたがった客体再現としての認識活動の理解へと向かう。ルビンシュテインは、実践的活動と理論的・観念的活動の間の相異を提示する。自らの社会－歴史的活動の法則にしたがって、自然を変革するが、人間は自然の客観的法則そのものに逆らって自然を変革するのではない。これらの法則を自らの活動のなかで考慮するために

は、人間はそれを知らなければならない。認識は客体の本質を創造しないし変革もしない。しかし、認識は“純粋な形”でこの本質を示す。それゆえ、認識は受動的なものではなく、本質を積極的に解明し、もともとそのことに“関心をもっているのである”。真理解明、問題の現状の解明への“関心”という認識のこの特徴づけは、認識と実践の結合にもとづいて初めて可能となる。真の本質解明への“関心”は、自らの欲求、同時に人間の客観的法則にしたがって自然を変革する人間の目的から発生する（この詳細についてはカ・ア・アブリハーノワ・スラーフスカヤ「エス・エリ・ルビンシュテインの哲学的遺産」『哲学の諸問題』1969 年、No.8、146ページ他参照）。

84 ページ＊：ルビンシュテインの心理学に対する功績はイ・エム・セーチェノフとイ・ペ・パヴロフの研究で練りあげた決定論原理の応用そのものにはなかった。決定論でよく強調される原因−結果の依存関係と異なり、ルビンシュテインが前景へと押しだし、精神の問題にしたがって外部と内部の弁証法を練りあげたことに、彼の功績はあった。ルビンシュテインが外的条件と内的条件の弁証法の顕示、外的なものは内的なものを介して屈折するという公式を提示することで、内部諸条件の特殊性、所与の物体・現象の固有な特性、外的作用が内的なそれによって屈折する方法の特殊性を解明する可能性が与えられた。こうした理解において、この公式は精神現象を物質世界の他のすべての現象と同列にならべ、このことによって客観的で唯物論的説明を精神現象にも適用し、精神現象の主観主義的理解を克服することを可能にした。精神的なものの内的なものとしての主観主義的理解は人間を主体自身にとっての直接的所与の世界、直接的体験、内省の世界へと閉じこめた。外的なものの内的なものを介した屈折という弁証法的公式によって、精神的なものはこの意味において、物質世界のすべての現象の弁証法的相互関係および相互作用から排除されない、と理解できる。(126)

　同時に、この公式によって、精神的なものを物質世界のすべての現象と同列にならべることで、精神現象の特殊性を理解する道を閉ざすことになると考えるとしたら、それは誤りであろう。逆に、この公式はあらゆる水準の現象決定の特性を明らかにする普遍的方法であり、この点にこの弁証法的特性が存在するのである。それゆえ、この公式の精神現象への適用によって、外的作用を変容する精神的なものの反映的特性としての精神的なものへ、関係としての精神的なものへ、そして活動の調整器としての精神的なものへ唯物論的接近および弁証法的解釈を拡大する可能性を与えた。精神の変容する特性は外的条件による決定にあり、被制約的なものとして、また、人間の活動・行動を制約するものとしても理解された。外的条件と内的条件の弁証法を介した精神的なものの解明は、（特殊に形成され保存される内部諸条件に応じて）外的条件に対する個人の自己の立場の決定としての人格の問題に鍵を与えた。また、外的なものに対する内的なものの選択、外的なものに対する内的なものによる変革を理解する可能性を与えた。このコンテクストにおいて、ルビンシュテインは自己の立場の決定としての外的条件と内的条件の連関は不可避だが、普遍的連関ではないと強調する。自己の立場の決定については、彼の見解では人間の場合のみ語ることができる。

　　自己の立場の決定および外的なものによる決定については、ルビンシュテインの『存在と意識』（284 〜 285 ページ）、また『心理学』（18 〜 22 ページ）参照。

＊＊：“意志の自由”の問題定立における心理学化については『存在と意識』（282 ページ以下）参照。

86 ページ＊：過去について今日再現する事情の困難さのため、ルビンシュテインがサルトルの概念に関係した断片は破棄されたが、第 1 版でのルビンシュテインのハイデガーに対する態度および彼との論争は固守するのに成功した。この版では、サルトルの概念“投企”（86 ページ）に対するルビンシュテインの態度、未来に対する特殊な指向性および未来の決定因および前提条件としての過去・現在の役割の否定としてのサルトル定義の批判、また、サルトルの自由概念

に対する態度が表明されている。

87 ページ＊：この詳細については、ルビンシュテイン『思考心理学』14 ～ 15 ページ参照。

＊＊：状況の実存主義的概念に対するルビンシュテインのもっとも本質的批判点は、状況に人間を含めることにある。状況に包摂される人間は状況を変容し、自分自身も変化し、このことで"状況の限界から脱出する"のである。この人間の変化が人間によって状況にもちこまれる新しい変化の源泉であり、状況とその後の変化・変革を招来するのである。

　　問題の状況における暗示的なものと明示的なものの相互関係、課されるものと直接的所与との相互関係は思考運動を制約する弁証法的連関である。明示的なものと暗示的なものとのこの相互関係は、問題の状況に固有のものである。とりわけ、暗示的なものと明示的なものとのこの相互関係にしたがって、ルビンシュテインは問題の状況と他の状況との間の類推を行う。彼は、ある状況にとって、"その状況の限界からの脱出"は所与と課されるものの対置・分離ではなく、両者の弁証法と結合していることを明らかにする。

88 ページ＊：実存主義者の見解では、マルクス主義は社会的諸関係として理解される人間の本質の承認にとどまるかのようであり、実存主義が第 1 に提示する個人の実在を蔑んでいる。ルビンシュテインは本質と実在の分離に反論し、個人的なものと社会的なものの対置・分離に反論する。

89 ページ＊：対象の機能的特性は"強力な"と呼ばれる。なぜならその特性が対象の他の"弱い"潜在的特性の知覚を妨害し抑制するからである。たとえば、明るくするのがろうそくの強い機能的特性であり、書くのは鉛筆のそれであり、釘を打ちこむのは槌のそれである等。(127) 心理学、とりわけ、ゲシュタルト心理学の代表であるダンカー他は、対象の現実的で有意な特性は、その使用、用途、機能と結びついており、潜在的といわれる色合い、重さ、化学的構成物のような特性の知覚を抑制することを立証した。ルビンシュテインがいう仮面剥奪のメカニズムは、総合を介した分析の特別な作業にあり、その本質はこの潜在的で秘められ、仮面をかぶった質が現れる諸結合へと所与の対象・現象を思索的に包摂することにある（これについては、ルビンシュテイン『思考心理学』第 4 章　総合を介した分析過程と課題解決におけるその役割、参照）。

90 ページ＊：ルビンシュテイン『心理学』(159 ページ、また、「心理学の方法の問題によせて」の節) 参照。

91 ページ＊：音によるパラメータの問題については、ルビンシュテイン『存在と意識』(297 ページ以下) 参照。音楽の知覚過程では、音のメロディの固有なパラメータの識別、所与の作曲家および典型的な音楽の"進行"に固有な"根本となる"イントネーションの識別が問題となる。このようなパラメータは、絵画芸術や文学作品においても識別可能である。これがルビンシュテインが人間生活に適用する"パラメータ"の一般化された概念である。

97 ページ＊：知覚の問題については、ルビンシュテインの『心理学』(137 ページ以下) 参照。

104 ページ＊：一見して、ルビンシュテインが発展させた活動概念には矛盾する定義（判断）をみてとることができる。ある場合には、活動は主体の客体化、創造的自己実現として区分される。ルビンシュテインが活動を必須のパンの欲求充足にだけ、経済活動、生産にだけ、つまり、世界を工場とオフィスにだけ帰する不当性について語る他の場合には、彼は活動の逆行的、実用主義的、空虚で非創造的な性格をはっきりとみている。活動はつねに主体の活動で創造的性格ももっているが、労働は強制的で非創造的なことがあると考えて、ア・ヴェ・ブルシュリンスキーが行ったように"活動"概念と"労働"概念を振分けることでこの外見上の矛盾を止揚できる。しかし、このような労働理解は、労働が人間を創造したという命題と矛盾することになる。

　　けれども、われわれの見解では、ここでただちに多様な哲学的で社会－哲学的な活動の定義が問題となる。この活動はある場合には、活動主体のより高い水準での抽象と結合し、他の場

合には、社会の具体‐歴史的特性および活動を媒介する社会的諸関係と結合する。この場合、考慮すべき概念の相異ではなく、マルクス主義に固有な人間関係すべての社会的なもの、生産的なものへの還元、およびその歴史的被制約性からでてくる疎外に対するルビンシュテインの不同意が問題になる。ルビンシュテインは、主体の活動へ、活動の生産へ、すべての人間関係の世界への、つまり活動だけへの一貫した還元法に反対する。主体は存在を変容するだけでなく、存在をその完全な原生状態のまま、"非生産性"において受容できる、とルビンシュテインは考えている。

　初めて発表された「倫理学と政治」の節は、ルビンシュテインの構想では本書の最重要な節のひとつであるが、まだ発表できないという認識があり、断片にとどまっている。ここでは、ルビンシュテインの全体主義、スターリン主義、社会主義に対する見解——歴史的鍵における本質的なもの——が述べられている。しかし、彼我のある社会、そのイデオロギー、そして人間的本質に責任を負う人びとの関係としての倫理性を伴う政治との相互関係が理論的に解明されていない。より正確にはソビエトのイデオロギー、政治、実践の非人道的本質に対するルビンシュテインの具体的態度が問題となる。

　しかし、公式のソビエトの哲学的解釈としてのマルクス主義および弁証法的唯物論に対するルビンシュテインの態度がとりわけ明確に表現される（この詳細については『20世紀ロシアにおける心理科学。理論と歴史の問題』モスクワ．1997年、242ページ以下参照）。

108ページ＊：対象の"有用性"、補助的機能と対象自体における本質と統一された対象の実在との区分は人間および存在との人間の結合方法に対して、ある根拠にもとづいてルビンシュテインが行ったものである。（128）対象の本質も含めて、対象における"有用性"は、人間の活動と相関しており、人間による変革の対象として登場する。他方で、存在の特性等はこの質においては登場しなくて、認識的美的関係という意味で観想の対象である。

　この立場は、いわゆる産業美学として実現される有用性と美しさを統合する現代の傾向を考慮していない。

＊＊：ルビンシュテインの見解では、芸術は弱くて（88ページの注解参照）、実践的に有意味でない特性——形、色等——に集中する。この主張は、補助的、機能的で美学的に美しい特性がひとつの対象に必ずしも統合されるわけでない、ということにとどまっている。

109ページ＊：対象に対する受動性、非活動性としての過去のマルクス以前の観想性理解と異なり、この関係は大いに関心をもち、積極的で活発に変革する関係として登場する、とルビンシュテインは強調する。ルビンシュテインは"観想"概念を存在に対する一般的、統合的、倫理学的で美学的関係として使用する。この概念を、存在・本質に対する人間の2つの関係——実践的と観念的——の相異の現れとして彼は用いる。

　この概念の利用によって、彼は活動的関係がこの本質の客観的法則に応じて、人間的実践の法則によって本質を変化させると主張する。観想的関係は主体自身の本質の現れ・解明・証示へと向かう。

110ページ＊：世界のすべてに対する"完璧な"関係をもつ"完璧な"人間によって、ルビンシュテインは人間味ある人間のことを指し示そうとしている。ルビンシュテインは、機能主義、実用主義、"手段"としての人間の利用に反対である。存在および他者に対する人間の質的に異なる関係の研究において"全面性"は実証的に解明される。

学者の運命、彼の最後の書物の運命 (129)

（カ・ア・アブリハーノワ・スラーフスカヤ、ア・エヌ・スラーフスカヤ）

　ルビンシュテインの著書『人間と世界』は彼の人生最後の労作である。この書物で、哲学思想史上、初めて存在論（存在にかんする学説）、哲学的人間学（人間にかんする学説）、認識論（認識の理論）を統合するまとまった概念が提示された。ルビンシュテインは存在における人間の位置、人間の本質と実在方法の統一、認識的、観想的、活動的統一としての世界、自然、他者に対する人間の関係の総体を決定する。哲学史において、存在そのもの（物質、自然）と人間の特徴づけ（意識、認識、実践）がどのように分析・解釈・説明——抽象的で相互に孤立した質において——の対象となったのか、彼は自分に固有な科学的哲学的学識でもって考究する。大切なことは、これらが人間の能力としては検討されず、人間が存在からひきだされた彼我の抽象に転移され、抽象に移行した、ということである。人間の意識・認識が人間を置換した中枢的抽象として示された。存在、物質、自然の学説が、哲学的ではなく、具体・科学的説明（物理学、自然科学）の対象となった。このことによって、人間学説としての哲学的人間学からますます分離されたが、哲学的人間学は、人間の認識、意識（認識論）の抽象、社会理論、倫理学へ秘かに転換した。

　哲学史の分析によって、また物質・社会・人間的思考の法則を説明する科学の理解によって、ルビンシュテインが示した問題とはもっとも一般的にはこのようなものである。彼が行った総合の本質、存在・世界における人間の位置概念の本質とはこのようなものである。

　この書物の運命はどのようなものなのか？　周知のように、彼がドイツで受けた教育（マールブルクの新カント主義派の指導者であるコーエンとナトルプの弟子だった）によって、また、思考様式や才能にかんしても、ルビンシュテインは哲学者だった。彼の学問人生の始まりも終わりも哲学と結びついていた。学位論文（1914）で、彼はマールブルク学派が提起した課題——（自然・物質にかんする）正確な科学の方法と異なる（人間にかんする）人文・社会科学の認識方法の特殊性はどんなものか——を解決すべく方法の問題を練成している。

　20 年代の哲学研究（そのほんの一部だけが公表された [1]）において、ルビンシュテ

インは方法・方法論の問題、とりわけ科学の方法論——論理学から存在論の問題の定立——へと移行する。相異なる科学（自然、物質の科学——数学、物理学、自然科学と社会の科学——社会学、歴史学、そして認識論、論理学、倫理学、美学等）の優れた知識によって、彼は一方で存在学説としての、他方で人間・主体学説（哲学的人間学）としての存在論の立論が可能になった。(130) 彼は初めて存在の存在論的概念を提出し、人間を認識・意識に帰着させる認識論ではなく、存在論的に説明される主体をこの概念に含めた。存在組織の最高水準として主体を検討し、彼は同時に、存在の再編成の中心としての主体の無類の役割を解明する。「存在における主体の教育が存在改変の核心である」と彼はいう (2)。

　これらの草稿では、哲学的人間学の概要が下書きされている。人間存在の本質、つまり、人間の自由、他者と関係する（社会的性格だけでない）人間性、および存在を自覚し積極的に変革する能力を明らかにする概念がかかれている。20年代の草稿の解読された部分が『人間と世界』の一種の内容紹介となっていることは驚嘆すべきことである。

　しかし、後の労作における20年代の一連の命題（および要約）の再現はそれらの内容の同一性について何も語っていない。問題は20年代に提起され、50年代に解決された、といってよいであろう。もし、ルビンシュテインが心理学に捧げた30年がこれらの労作を区分するのであれば、なぜ彼はこのもっとも複雑な問題を解決できたのだろうか？

　セルゲイ・レオニドヴィチ〔ルビンシュテインのこと——小野注〕自身、自分の辺境性について再三語っている。心理学者は自分の学問とは無関係として哲学者として容認し、哲学者は心理学者だとみなしたのである。このため、彼は追いつめられることなく、自分の著述を発表できた（この批判のため、どちらとしても不十分な権威しかなかった）(3)。

　このように、公式には何十年も哲学研究から遠ざかっていたようにみえるが、人生の終わりにかけて、20年代に始めた仕事を完成した。心理学への"回避"は形だけのことだった。30年代から40年代にわたって、ルビンシュテインは心理学の哲学的方法の問題を練りあげ、同時に、意識・活動・発達の固有に哲学的問題、さらに、50年代に、決定論の問題を解決した。心理学にとってのマルクス思想にかんする論文（30年代初め）とマルクスの初期の労作にかんする論文（50

　　学者の運命、彼の最後の書物の運命 (カ・ア・アブリハーノワ・スラーフスカヤ、ア・エヌ・スラーフスカヤ)

年代終わり）を結合する統一された論理、『一般心理学の基礎』（40年代初め）の反映と関係の統一として、『存在と意識』（50年代終わり、モスクワ、1957年）における観念的なものおよび主観的なものとしての彼の意識理解が容易にみてとれる。しかし、論理の統一は同一視ではなく、観念の漸次的上昇であり、前進的発達である。このことによって、20年代に立てた問題を50年代に解決できたのである。ルビンシュテインがことば上ではなく、本質的に存在論的概念（存在学説）と哲学的人間学（人間概念）を結合させることを可能にした決定的着想は、決定論原理のまったく新しく独創的な解釈だった。しかし、同時に、彼が解決したのは以前自分が提起した問題だけではない。彼は40年代から50年代のソビエト哲学で発生した矛盾を解決した。史的唯物論としての社会にかんする学説の練上げは、認識論、論理学、反映理論（認識・思考学説）から、さらに、エンゲルスがかつて"自然弁証法"と呼んだ哲学的方向からも遠ざかり、すでに言及したように、具体－科学の研究（物理、化学、自然科学）へと漸次移行した。このことに（マルクスによる）社会的諸関係に帰されない人間相互の関係の民族的問題の哲学分野をレーニンの階級的道徳理論が実践的に排除したことをつけ加えねばならない。（131）国家の哲学センターである科学アカデミー哲学研究所において、倫理学部門が存在しないだけでなく、共産主義建設者の道徳律によって代行されたこの概念そのものが実際には使用されていなかった。また、"存在論"や"哲学的人間学"という概念も歴史－具体的コンテクストや批判的観点からのみ使用された。

ルビンシュテインは、極度の抽象化にもとづいて、彼と同時代の哲学知識の関連のない分野を人間と世界へと統合した。

逆説的に思えるかもしれないが、心理学およびその対象の諸々の孤立した特徴づけの統合の方法的問題の解決にしたがって練成された決定論原理が、この世界的規模の哲学的課題解決にとって唯一相応しいことが示された。決定論原理の本質は伝統的な原因－結果の依存関係の仮定にではなく、外的なものと内的なものの弁証法の現れにある（特殊で自らの固有の合法則性をもち、同時に外的なものに選択的に関係し、外的なものに対し自ら決定しまた作用する内的なもの）。

20年代の草稿において、主体の思想はすでに鮮明に描写されていた。しかし、主体は他の存在に対する唯一の役割として定義された。主体は存在再編の最高水準であり中心である。ここで、課題の一部だけが解決された。人間は存在の構成

要素に入り、人間をその意識に帰着することは克服された（自分自身から"脱出"できず、また世界にも"入りこめ"ないかのようである）。しかし、『人間と世界』において、決定論原理を介して、唯一性よりもすべての存在物の"近親性"が証明された。この証明は、"主体"、（本質と実在の統一としての）"実在方法"、（特殊な長さ、変化、所在の統一、つまり、変化における安定した本質的なものの保存および再生の統一としての）"生活"、そして、（特殊なものとしての）"内的なもの"の概念の統合の結果として行われた。主体としての人間が存在の普遍的な合法則性に依存し、ここにおいて、実在方法、（自己運動にいたるまでの）質的に異なる運動方法およびある変化主体の種々のヒエラルキーが発生することについて、ルビンシュテインは全体的思想を提出した。人間が主体というカテゴリーの"地位"を下げることで、その排他性をなくし、あらゆる変革主体と近くすることにこそ、この思想の逆説性が存在する。この時、人間の唯一性はなくなるのだろうか？　この唯一性は今のところ自明ではないが、2つの立場から証明される。人間にとって、外的なものと内的なものという別の相互関係がある。他による規定と自己による決定の限度はここで最大限に達する、これが第1の立場である。第2に、決定的関係、相互作用、相互規定がすべての存在に浸透し、普遍的でいわば"対等の"性格を帯びるなら、（存在の最高水準としての）人間の現れとともに、存在は人間と相関する新しい質として登場し始める。

　ルビンシュテイン自身の思想の発展および彼と同時代の公式哲学のジレンマに対する哲学的要約とはこのようなものである。哲学史およびマルクス主義の歴史にかんする彼の思想の役割と意味について若干述べておきたい（ある程度マルクスによって、後に後継者によって）。マルクス主義はすべての先行する世界の哲学思想に対置され、最後の段階で自らについて真実だと表明したがゆえに、何よりもまずこのことについて語らなければならない。それゆえ、ルビンシュテインの著作のなかに、マルクス主義に前駆する哲学体系の批判にさいして、ソビエト哲学に伝統的な様式がみてとれる。しかし、本質的にこのことはこの書物においてとりわけ明らかであり、批判的修飾語の背後に、文字通りすべての歴史−哲学的思想の歩みの評価・統合が佇立し、全体から一面化され抽象化されたものとなっているが、問題の完全な解決のコンテクストにおいては、この思想展開過程を"大きく変化させる"ものとして把握する必要がある。(132)（"ブルジョア哲学"に対する

批判で有頂天になった時期のソビエト哲学も含めて）ある哲学体系の他のそれに対する批判は必ずしも哲学的に本職ではなく、このため無意味だった、ということはできない。否定を介して、別のもの、新しいものの承認が発生した。これまで哲学史において、このような抽象化の水準到達のもとで、すべての哲学体系の全体にわたる批判的再編は存在しなかった。この抽象化の水準は、すべての存在の質の統合、解釈を具体化するすべての抽象の統合として現れた。

　ルビンシュテインは自らの哲学的思考水準のおかげで、多くの不可分のもの、機能のなかで、さまざまな時期の影響の異なる性格において、マルクス主義を、またその役割のすべてのスペクトル——実証的なものから教条的、イデオロギー的なものまで、ヒューマニズムから非人間的なものまで——の意味を理解することができた。読者は、この版で初めて公にされたルビンシュテインのマルクス主義に対する態度の要約を読むことができるであろう。

　しかし、この書物はルビンシュテインの哲学的志向性だけを語っているのではなく、彼の人間的、生活的立場——哲学的コンテクスト・カテゴリーから消えただけでなく、全体主義、ファシズムによってせん滅された人間を擁護する彼の意向——の表明となっているといえるであろう。

　このため、ルビンシュテインの思索と主張はたえず実存主義を想起させる。実存主義は、人間的実在の独自の価値および新時代の人間学創造の哲学的で、文学－芸術的再現の試みに着手した。とりわけ、ルビンシュテインのサルトル概念へのたびたびの主張はサルトルが心理学の立場から自らの哲学体系を"育て"、それが人間学的個人、無意識の感情をもつ"心理学的人間"、美学的には"もっとも具体的現実の主体 (4)"、これらの抽象化を基礎としていたことによって惹起された。しかし、この具体的抽象にもとづいては、認識の一元的概念を打ち立てることに成功していないし、人格のドラマを実証的に解決できていない。具体的抽象は、人間的活動、つまりサルトルが現象学的存在論でいうところの統一された存在理論 (5) のすべての水準を包摂する人間の普遍的で理論的モデルとしては不適切だった。

　サルトル概念——より広くは実存主義的概念——の分析と関係するルビンシュテインのすべての立場がこの版で初めて公表されている。

　人間のすべての存在概念は、原則として人間概念のあるひとつの側面を重視し

た。古典哲学の精神においては人間は自然であったし、また、人間は認識する態度を帯有していた。現代の社会－哲学概念の様式では、人間と社会の結合が前面に押しだされ、宗教的－民族的精神においては、人間と他者の関係が重視された。ルビンシュテインは、相異なる関係——存在に対する実践的認識的関係と他者に対する社会－歴史的関係——に現れるすべての抽象、人間のすべての質を研究できる一元論的接近を試みた。ルビンシュテインはこれらの連関においてこの質的に規定された関係を徹底的に研究した。

ルビンシュテインは、世界に対する人間の認識的関係を唯一の関係としてではなく、固有な関係として研究した。存在に対する人間の認識的関係の基礎には、他者（人びと）への関係によって媒介される実践的で活動的関係がある。(133) 世界に対する人間の認識的関係は、このように、人間の現実的存在から派生するもので、存在および他者との実践的相互作用過程において実現する。マルクス主義以前の概念だけでなく、ソビエト哲学にも固有な認識論的関係の絶対化を克服して、ルビンシュテインは、この絶対化が現実の人間のその意識による置換を招来し、その後、意識によるすべての存在の吸収をいかにもたらすのか、提示している。この思想は一方で、現実の実践的で活動的生きものとしての人間を意識にだけ帰着させて一掃し、他方で他のすべての存在は、意識から派生したものだと言明する。認識論化は、人間的存在および全体として存在の非存在論化を招来する。デカルトに始まる物質を物理的力学的性質の世界にだけ帰着させた問題で、物質を物的性質、したがって、人間の存在からの排除との同一視を招いてしまった。ところが実際には、物質の発達、そのより高次で複雑な形態の現れにかんするマルクス主義的理解では、この発達の最高水準、つまり、人間の存在を排除できないのである。人間は、その固有な社会－歴史的実在方法における発達の最高水準としての存在の合法則的発達過程に包摂される。かくて、物質の機械論的理解の克服にもとづいて、自然および物質的世界の発達にかんする社会－歴史的概念と弁証法的唯物論的学説は一体となる。

ルビンシュテインは、抽象的、非歴史的なものとして人間の問題を提起する試みに反対する。認識的関係としての存在に対する人間の関係は、他者に対する社会的関係によって媒介されている。このことによって、"純粋の"認識論と"純粋の"社会学の区分は解消する。

実践的社会的生きものとしての人間そのものではなく、認識・意識に対する関係だけを介してのレーニンの物質定義にルビンシュテインは反対する。意識・認識にかんする存在定義ではなく、認識する存在を含む実践的生きものとしての人間を内包する存在定義が出発点である。

　ルビンシュテインによれば、人間は存在におけるある“現在”ではなく、他と同様、なおひとつの対象でもない。人間は存在との固有で質的に独自な連関および相互関係に入る。特殊な明快さをもつ客観的関係としての存在に対する人間の関係にかんする『人間と世界』の基本的考えは、第2部で登場し、主体としての人間の特性が証示される。存在との実践的活動的感性的な相互関係の視点から、主体は検討される。ルビンシュテインは、主体としての人間の客観的特性を研究する。人間の存在特性は、世界との人間の客観的相互作用の分析、そしてこの相互作用の質的に独自な方法（実践的、認識的、そして倫理学的関係）の分析によって解明される。人間の存在との相互作用の客観的合法則性の顕示は、基本的に哲学の課題であるが、ルビンシュテインはこれに取りくんだ。社会−歴史的主体としての人間の活動が自然を変革する。『人間と世界』という書名はここからきており、ここではK.マルクスにしたがって、“世界”という概念は人間の行動によって変革され人間性をもつようになる自然を表現している。

　ルビンシュテインは、客観性の質を帯有しているのは互いに相互作用する物と対象だけではないと主張し、対象と人間との相互作用も、物同士の相互作用に劣らず客観的であることを立証しようとした。

　上述のように、現象決定の明確な理解はこの立証にもとづいている。周知のように、『存在と意識』において、ルビンシュテインは、よく強調される因果の依存関係と異なり、外的条件と内的条件の相互関係、弁証法を明らかにする決定論原理を練りあげた。(134) 外的なものと内的なものの特殊な相互関係は物質の個々の発達水準、運動形態に固有のものである。この決定論にもとづく公式を精神的なものに適用して、ルビンシュテインは、その特殊性・独自性にもかかわらず、精神的なものが物質世界の現象に包摂され、外的条件と内的条件の相互作用が精神的なものに対しても客観的性格を保持していることを証示した。この新しい仕事において、外的なものと内的なものの相互関係は、主体としての人間、人間のすべての活動に準じて、人間のすべての活動において明らかとなる。活動の

進展による自然の直接的変化においてだけでなく、人間の世界観的感情における現実に対する認識過程および関係方法においても、主体は客観性の質を証示する。主体と客体との相互作用のこの側面を"観想"概念として特別に明らかにし、ルビンシュテインは人間の所作による現実の変化とは異なるこの客観的性格を強調する。

　所作主体としてだけでなく、認識主体、倫理学的美的見解の主体としての主体理解は、人間生活の"存在論化"、人間的実在方法のおかげで形成される。ルビンシュテインのこの思想の進展は、人間実在の社会的方法の承認から進み、独断的ではなく客観的過程としての人間生活の客観的で合法則的で不可避の性格を明らかにする。主体としての人間のこの過程への参加は、その客観的性格を中止するものではなく、主体は生活過程に客観的変化をもたらす。

　存在の発達水準として人間実在の特別な方法にかんしてある思想を導入することで、人間水準にある全体として特殊な質をもつ存在を特徴づけるすべてのカテゴリーを検討しなければならなくなる。

　上述のように、特殊な実在方法としての人間的存在の特性に注目し、ルビンシュテインは主体分析にさいし中心的なものとして他者への関係を強調する。人間概念のヒューマニズム的内容を最大限強調するようつとめて、ルビンシュテインは、社会学的あるいは心理学的表現ではなく、社会－哲学的、実際、倫理学的表現において、他者への関係の研究を最重視する。この時、道徳や道徳を説くことの問題ではなく、他者に対する人間的ヒューマニズム的関係の確立が分析対象なのである。この倫理学的問題点は、歴史的接近法でルビンシュテインによって展開される。論争の基本的方向は、人間を機能、有用性に帰着させる概念に反対し、人間の非存在論化の克服はここでは、非人間化、人間的本質の人間からの疎外、および人間の道具、機能、物件への転化との闘いに移行する。

　この書物の実証的内容は、人間の実存主義的概念と直接相関する。実存主義の分析は、歴史－哲学的コンテクストにおいて行われる。一方で、実存主義は人間の実在を強調しつつも、現実生活に反して実在の思想を転換する倫理学的概念（宗教的－倫理学的概念）と対立させる。他方で、実存主義は、人間とは無関係の固有な本質を強調して、人間の実在を取りもどそうとするが、その本質は死以外には見いだすことができない。孤独の観念、世界への人間の"放擲"は、人間存

在の実存主義的理解のもっとも固有な表現である。ルビンシュテインは、この人間理解に対し、何よりも活動的生きものとしての人間本質の理解を対置する。人間存在の消極的で受動的性格を強調する倫理学的概念と異なり、人間の問題解決は、歴史過程で発生する人間存在の特性、すなわち、人間の活動的で積極的性格を顕示することにある。(135) 人間問題への多様な接近は、受動性と依存性、人間存在の不自由性および必然性、あるいは逆に、人格の恣意的概念では、非歴史的積極性と自由に集中する。哲学的および倫理学的思想史においては、この二律背反は自由と必然性、能動と受動、創造と実行、機能主義の問題が現実の歴史の基盤とされることで初めて解決する。

かくて、ルビンシュテインは自らの研究の最終目的へと接近する。つまり、人間的存在の客観的合法則性を明らかにする真の倫理学の本質と課題の定式化である。個人主義、主観主義にもとづいて構成され、自己完成と内省の問題に倫理学的問題点を閉じ込め失効させる倫理学と異なり、この倫理学は存在と他者に対する人間のすべての客観的関係にもとづいている。この倫理学は生活のなかで形成される現実の真の合法則的関係を考慮し、客観的で人間的な可能性を示し、この客観的可能性から出発して人間の責任の問題を提起する。

この書物のたどった運命について若干述べておきたい。構想は1955 ～ 1957年にかけて練りあげられた。この段階では手帳に素描され、個々の考え、その手短かな表現、書物のプラン、わずかな断片が含まれていた。基本的テクストの仕事は1958年に始まった。その時、ルビンシュテインは3年間で出版した自分の3冊の書物（『存在と意識』1957年、『思考心理学』1958年、『心理学』1959年）の最後、つまり『心理学』を出版所に手渡していた。この仕事は1960年1月11日のルビンシュテインの突然の死去によって中断した。

彼の死後まもなく、テクストの判読が始まったが、セルゲイ・レオニドヴィチは病気で、また"非合法の"問題を語る時は、意識的に小さく読みにくくかいていたので相当な困難を招いた。判読が進むにつれ、日記帳の個々の断片は『哲学の諸問題』誌（1966年、No.7、No.8）に発表された。また、ソ連科学アカデミー哲学研究所の心理学の哲学部門の共同作業で『心理学の方法論的理論的諸問題』（モスクワ、ナウカ、1969年、348 ～ 374ページ）に収められた。

『人間と世界』の原稿公表は、技術的だけでなく、イデオロギー的困難とも結

合していた。すでに言及したように、公式のマルクス主義哲学において、「存在論」「哲学的人間学」の概念は用いられなかったし、主体カテゴリーも70年代の初めに現れだした。『存在と意識』で提出したルビンシュテインの考えは、当時哲学研究所を率いていたペ・エヌ・フェドセーエフの鋭い批判にあった（1963年の「自然科学の哲学的問題の協議会」の速記録参照）。セルゲイ・レオニドヴィチ自身、自分の概念公表の複雑さを予見して、最初、社会評論的－芸術的形で述べるつもりだった（それゆえ、最初、考えは日記タイプの書込みと入りまじって叙述された）。しかし、学者と哲学者が彼のなかでは優っており、端正な叙述に書きかえ、『人間と世界』の第1部において完全に理路整然と提示した。

つねに左翼的立場を占めてきた『哲学の諸問題』誌での最初の公表後、哲学的検閲を仮面をかぶり素通りする書物公刊の形を思いつく前に数年が過ぎた。教育科学アカデミーの正会員は、自分の仕事を書物の形で出版する権利をもっていた。ルビンシュテインの後継者や同僚はこの権利を利用して、すでに稀覯的になっていた論文を含む研究の書物を準備した。(136)"底"に、つまり、書物の最後に所収され、「人間と世界」は"隠された"。著者はもはや生存しておらず、これが"保証書"となるがゆえに、編集をうまく回避することができた。しかし、印刷への準備段階で草稿の一部は削除された。マルクス主義にふれるすべてのテクスト――ルビンシュテインの表現である"限界からの脱出"、スターリンや全体主義の批判――は除外された。2回目の大きな見直しは、出版所「教育学」の編集者によってなされた。幸いにも、極度の複雑さのために、この研究の大胆さは十分理解されておらず、できるだけ回顧的にみられるものにした。

この版でテクストは初めて完全な形で公表された。マルクス主義、社会主義、全体主義に対するルビンシュテインの見解を証示する論文「倫理学と政治」も初めて収められた。

その作業は、基本的にルビンシュテインのいつもの科学的方法、引用文・引用句・文献目録を欠いていた。というのも、彼自身、原稿の段階で余白に書き込んだ多数の書物からの注記を自分の原本に移してなかったからである。

テクストの最初の解説は少なくとも2つの基本的目的があり、そのひとつ目は「マルクス主義的」という修飾語、またマルクス・レーニンの概念との相関によって、この間のルビンシュテインの危険な斬新さを緩和するための情勢的なも

のである。2つ目の目的は、読者——心理学者、教育学者——（読者の輪は出版のタイプによって規定された）にルビンシュテインのもっとも複雑な哲学的テクストだという感受を軽減することであった。

　初版の1973年と第2版の1976年の数年後に、人間、主体にかんするルビンシュテインの理念が20世紀後半の最重要なものとなった。この理念が、祖国の哲学・心理学の核心となったといってもいいだろう。

　"わたくし"と他者の相互関係、"わたくし"と"われわれ"（共和国"われわれ"）の相互関係にかんするルビンシュテインの理念は広く普及した。意識、主観的なものへの存在論的接近によって、自らの応答、その後の仕上げを試みた。心理学は50年代の哲学と結合した認識論化の従属から脱した、といってよいだろう。

　しかし、ルビンシュテインの概念は、見た目には20世紀前半の同年者として映るかもしれないが、（仮借ない不可避性のため）全体としてドグマ化された祖国の哲学にはるかに先んじていたであろう。にもかかわらず、（ドグマ化という）同じ理由から孤立し、この意味で抽象的であったが、深く建設的な理念だったからである。20世紀半ばの科学に固有な専門化、分化は、弁証法的唯物論の命題と形式的にのみ統一する分野である哲学にも現れた。体系的で総合的な接近方法が固有の高い水準に達している今日、人間および存在様式の多様性を包摂するルビンシュテインの全一的思想が深く理解されることを確信している。

《原注》

（1）論文「創造的自己活動の原理」（オデッサ大学紀要、1922年、第2巻、148～154ページ）は書物のわずかな章のひとつを構成し、原稿として残されている（この論文は、雑誌『心理学の諸問題』（1986年、No.4、101～107ページ）に転載された）。
（2）20年代の草稿は、一部のみ解読され、その断片は『セルゲイ・レオニドヴィチ・ルビンシュテイン、論文集、追憶、資料』（モスクワ、1989年、10～60ページ）で公表された。
（3）日記（私的保管所）、また国立レニングラード図書館原稿の部（No.436）参照。
（4）サルトル『存在と無』パリ、1943年、23ページ。
（5）エル・イ・フィリポフ『ジャン＝ポール・サルトルの哲学的人間学』モスクワ、1977年、193ページ。
（6）ルビンシュテインの哲学－心理学的概念の解釈と諸著作で提起されたその具体化および発展の

試み。カ・ア・アブリハーノワ・スラーフスカヤ、ア・ヴェ・ブルシュリンスキー『エス・エリ・ルビンシュテインの哲学−心理学的概念』モスクワ、1989 年、『セルゲイ・レオニドヴィチ・ルビンシュテイン、論文集、追憶、資料』モスクワ、1989 年、カ・ア・アブリハーノワ・スラーフスカヤ『精神活動の主体について』モスクワ、1973 年、ア・ヴェ・ブルシュリンスキー『主体：思考、教授＝学習、想像』モスクワ、ボロネージュ、1996 年、イェ・ア・ブーディロワ『ソビエト心理学における哲学的諸問題』モスクワ、1972 年、『20 世紀ロシアにおける心理科学。理論と歴史の諸問題』モスクワ、1997 年。

　　学者の運命、彼の最後の書物の運命 (カ・ア・アブリハーノワ・スラーフスカヤ、ア・エヌ・スラーフスカヤ)

ルビンシュテイン

カール・マルクスの諸労作における心理学の諸問題

(1934 年)

心理学は、マルクスによって体系的に研究された経済学のような学問分野には属していない。周知のように、われわれがマルクスの著作のなかに専門的な心理学の論文を見出すことはない。しかし、彼のさまざまな労作のなかには、付随的にみえるが、心理学の諸問題にかんする一連の所説が、その天才的な知性によって散りばめられているのである。外見上はばらばらのこれらの所説は十分考察に値するし、またそうすることによって初めて、外見上は体系化されてはいないそれらが、本質的には統一された思想体系をなしていることが明らかになってくる。その内容が解明されてくるにつれて、これらの所説が相互に結びあっており、マルクスの世界観の統一性に貫かれ、その原理に立脚している確固とした全一体であることがわかってくるのである。

　したがって心理学の分野においても、歴史的研究や文献学的論評に該当する過去の偉大な代表者としてではなく、今日に生きる者としてのマルクスを論じることができるし、またその必要がある。われわれは、現代の心理学的思想が直面しているもっとも切実な諸問題を提起しているわれわれの同時代者たちの内でもとりわけ現代的な人物として彼に接近しなければならないのである。それは何よりも、マルクス・レーニン主義的方法論の一般的原理の視点からマルクスの諸見解のなかには、心理学の根本問題に対して一体どのような解答が内包されているのか、また、心理学を構築するために、一体どのような道筋が彼によって描きだされているのか、明らかにするためである。

　現代の外国心理学は、周知のように危機に遭遇している。実験的研究の著しい発展と同時に起こったこの危機は、レーニンが『唯物論と経験批判論』で指摘した現代物理学の危機同様、方法論上の危機である。それは現代科学のなかで進行している現代数学に始まる多様な学問の方法論的基盤に現れている全般的なイデオロギー上の闘争を反映している。心理学が諸心理学に分裂し、心理学者たちは相互に敵対する諸学派に割れてしまったのである。心理学における危機は、このようにして、もっとも偉大な代表者たちに自覚されずにはいられないほど先鋭で公然たる形態を受容した。多くの指導的心理学者たちは、その著作で、心理学が遭遇している危機的性格にとりわけ注意を向けている。心理学会でもこの問題はしばしば立ちあがった。ハンブルクでのドイツ心理学者第12回会議（1931年）で議長をつとめたK.ビューラーは、開会のあいさつで、心理科学の基盤に対する

深い考察が今や切迫した要請となっている⁽¹⁾と指摘したが、このことは『心理学の危機』という特別に物された著書のなかで、心理学にとって決定的な危機が訪れているのであり、その解決に今後の全運命がかかっている⁽²⁾と強調したほどだった。コペンハーゲンでの第10回国際心理学会（1932年8月）で、W. ケーラーは、「もしわれわれが近い将来に諸心理学を結びつける意図を見出さないならば、われわれは最終的には打ち砕かれてしまうであろう⁽³⁾」と警告をこめて指摘している。

ビューラーが、その著作『心理学の危機』のなかで与えようとした心理学の現代的危機の基本的問題点の解決は受容できないが、主要なものが内観心理学や行動主義、いわゆる精神心理学の間での闘争において特に先鋭化した問題が中心点であるという点では、おそらく彼と一致しうるであろう。マルクスについてかかれているこの論文には、その具体性において歴史的研究と歴史的分析に該当する歴史的形成物である諸潮流の分析は入らない。ここでの課題は、本質的に別なものなのである。すなわち、ここでの課題とはマルクスの心理学的所説の研究にもとづいて、この枢要な諸問題のいかなる解決がマルクス・レーニン主義心理学の基礎に据えられなければならないのか、できるだけ正確に解明するために、この上ない理論的鋭さをもって現代心理学の根本問題を明らかにすることなのである。

伝統的な内観心理学によって確立された支配的な心理観は、精神を意識の諸現象と同一視している。この心理観によれば、心理学の課題とは意識の諸現象が直接的に与えられている個人の意識の範囲内で意識の諸現象を研究するということなのである。すなわち、精神の実在とは意識のなかで体験されていることに尽きるのである。この観点によれば、研究される諸現象のなかでそれらの本質をあばきだしていく他のすべての科学とは異なって、心理学は自らの対象の本質そのもののゆえに、原則的には常に純粋な現象主義というマッハ主義的立場にとどまるよう運命づけられているかのようである。心理学における諸現象は、あたかも本質と一致しているかのようである（E. フッサール）。もし事物の内的本質とその発現の外的形態とが直接的に一致しているなら、あらゆる科学は不必要になってしまうであろう、とマルクスは指摘している。この心理観では、心理学はあたか

も、そのように直接的に与えられているものの解明を自らに課す無用な科学となる。

　もしこの心理観を分析するなら、その基礎にそれを規定する命題として、心理的なものが無媒介的に与えられるという原理が見出されるであろう。方法としての内観の課題は、あらゆる客観的な媒介から精神的なものを切り離すということになってしまうのである。これは本質的に徹底した観念論的テーゼである。すなわち、物質的なもの、外的なもの、物理的なものはすべて、意識・精神を介した間接的なものである。にもかかわらず、内観心理学では、精神とは最初の直接的な客観的現実なのである。その無媒介性において精神は、内的世界の内に閉じこもっており、極めて個人的な所産となっている。それぞれの主観には自らの意識現象のみが与えられており、自らの意識現象は自らにのみ与えられている。それらは他の観察者には原則的に理解不能なのである。媒介的であってのみ可能となる他者の精神を客観的に認識する可能性は、不可避的に脱落していく。だが同時に——ここにこそ問題の根源があるのだが——精神を体験する主観の側からも精神を客観的に認識することが不可能になっていく。本質的には極端に徹底した内観主義者だけが、この内観を絶対的に信頼できると主張してきたのである[4]。

　このことは、内観を証明しうる機関がないのと同じ程度に、反証しうる機関もないということを意味している。もし精神的なものが、それ自身の内容において、客観的な諸媒介によって規定されない純粋な直接性であるとすれば、この内観を調査するための客観的機関が、一般的には存在しないことになる。心理学において認識を信念から区別する調査の可能性は、このようにして脱落していく。つまり調査することは、部外の観察者にとってと同じように、主観自身にとっても不可能なのである。かくて、客観的な認識としての心理学、科学としての心理学は、不可能となっていく。

　だがそれにもかかわらず、精神的なもののこの学説は、内観心理学と鋭く敵対するものを含むすべての心理学の系統を規定してしまった。意識に対する自らの闘争において、アメリカやロシアの行動主義の代表者たちは、内観主義者たちが確立した意識のこの理解に、いつも立脚してきたのである。

　心理学から意識を排除したり、行動を心理科学の対象にすることの必要性を根拠づけようとする彼らの論証のすべては、本質的には、精神現象あるいは意識現

象が、原則として、たったひとりの観察者にしか理解されえない、ということになってしまった。これらの現象は「客観的検討には堪ええないし、それゆえ決して科学的研究の対象とはなりえない⁽⁵⁾」。つまるところ、意識に敵対するこの論証は、内観主義的意識観にもとづいていたのである。精神諸現象へ客観的に接近していくために、行動主義は内観主義的意識観を改変するかわりに、意識を捨てさってしまった。なぜなら、自己の敵対者たちの内に出来合いの形で見出した意識観を、行動主義は疑いの余地なき何かとして、すなわち、採用することも拒否することもできるが、変更することはできぬ何かとして取りあげたからであった。

　内観心理学によってつくりだされたこの心理観にまさしく立脚しながら、観念論と機械論の合一をうまくなしとげていった行動主義心理学は、人間の活動を行動として、つまり環境の刺激に対する外的反応の総和として理解するまでにいたったのであった。

　心理学から追放された意識との連関から活動を救いだすために、行動主義心理学が具体的な人間的活動から心理学の対象をつくりだそうとして、その活動に対して行った第1の操作とは、次のものであった。すなわち、人間の活動は環境の外的刺激に対する外的反応の総和として把えられ、具体的で意識的な歴史的人格として活動する主体から分離されてしまった。人間的な活動から分離された意識に、行動主義心理学は活動、つまり意識から分離された行動を対置したのである。

　さらにこれに続いて不可避的に、この同じ活動に対して第2の操作も現れてきた。人間の活動が生理学的メカニズムにのみ依存して遇された結果、活動はその所産や、活動が実行される環境との連関からも同じように分離されてしまった。結果として、活動は自らの社会的内容をも心理的内容をもともに失ってしまった。活動は、社会的および心理学的領域から、もっぱら生理学的観点へと滑りおちてしまった。

　この第2の操作——そのなかで活動が実現され、そのために活動が内容豊かになる活動の所産や結果からこの活動を分離すること——によって、行動主義は内観心理学が人間の意識に付したのと類似の操作を人間的活動にも行った。人間の意識を内的世界の内に閉じ込めてしまった内観心理学は、意識を客観的活動から

切り離してしまっただけではなく、イデオロギーとの媒介的な諸連関からも切り離してしまった。

　フッサール派やリッケルト派のような20世紀の観念論哲学の主導的な諸潮流の反心理学主義は、理念や価値の形態での論理的なもの、イデオロギー的なものを心理的なものと外的に対立させるにいたった。まさにこのことによって心理学における機械論的諸流派によってなされてきたイデオロギーとの客観的で媒介的な諸連関の精神からの去勢を、反心理学主義は固定してしまったのである。意識から滑りおちてしまったこの意識とイデオロギーとの意味的諸連関を、「精神心理学」は自足的な客体にかえて、主観的精神についての科学としての真の心理学の対象にしようと試みた。しかし、現実の精神物理学的主体から分離されたこれらの意味的諸連関（E.シュプランガーの「意識のつながり」）は、内観心理学の意識やあるいは行動主義者たちや反射学者たちの行動と同じく、統一的な心理学の十全な対象となりうることは希有であり、ほとんどありえないことだった。つまり心理学とは、具体的で歴史的な人格として生きた人間の現実の意識と現実の活動とを分裂させることによって得られた3つの抽象的な構成に対応した分解に特有な所産であることが判明した。かくて諸心理学の前には、心理学が分解してしまったこれらの限界づけられた構想を克服するという課題が起ちあがってきたのである。

　西側でK.ビューラーが、極めて抜け目ない形で切り拓こうとしたまず第1の方法（わが国では異なった見地から、マルクス主義心理学を創造しようとする試みのなかで、カ・エヌ・コルニコフがそれを始めた）は、要するにさまざまな心理学を相互に補完するさまざまな諸側面として総合することによって、統一的な心理学に到達することであった。ビューラーは、内観心理学・行動主義心理学・精神心理学を統合しようとし、心理学の統一的な対象の3つの諸側面として検討した。この方法は、予め失敗する運命にあった。それがただ、意識の主観的観念論的な学説と人間的活動の機械論的な学説との統合に導くにすぎないからである。このような統合の結果としては、総合された諸潮流によって許容された誤りの総和、つまり、破綻した意識観を、偽った人間の活動観、心理学とイデオロギーとの間違った関係理解に結びつけること以外には何も得られはしないであろう。

　真の課題は、明らかに、このような「総合」なのではなくて、「2つの戦線で

闘うこと」なのであり、これらの学説の各々において承認されているすべてのことを受容することではなくて、これらの敵対的な諸理論とその敵意そのものが由来しているところの一般的諸前提を克服することでなければならない。必要なことは内観心理学の意識観を人間活動の行動主義的学説などと結びつけることではなくて、現代心理学の危機を決定づけることになったさまざまな心理学説のなかで確立された意識理解をも人間的活動理解をも変革することによって、これらの学説を克服することなのである。内観心理学の誤りは、意識を心理学研究の対象にしようと望んだことにあったのではなく、意識や人間精神の理解に存した。行動主義の誤りは、心理学においてもまた、人間をその活動において研究しようと望んだことにあったのではなく、何よりもこの活動理解に存した。精神心理学の誤解もまた、意識の媒介性をその文化やイデオロギーに対する関係として認めたことにあるのではなく、この関係の解釈に存した。それゆえ、危機を克服する方法は、誤った内観主義的な意識理解を前提にして、――行動主義のように――まったく意識を退けてしまって精神抜きの心理学を建設しようと試みることでは決してないし、あるいはまた、誤った――行動主義的――人間活動の理解を前提にして、人間活動を考慮することなしに心理学を――主観的な意識心理学のように――建設しようと試みることでもないし、あるいはまた、意識を間違って理解するという誤りを、他の誤り――人間活動の間違った理解など――と結びつけることによって、その誤りを修正しようと試みることでも決してないのである。これらの諸潮流の闘争内部に現れた危機を解決する方法は、ただひとつしかない。すなわち、人間の意識と活動の相互関係を新しく理解することと不可分に結びつけて、意識をも活動もその理解そのものを根源的に改変することだけが、心理学の対象の正しい解明にいたるのである。マルクスの心理学的所説のなかで、まったく明快に指摘されている方法とは、まさしくこのようなものなのであり、またそれがわれわれの基本的立場なのである。所説は、人間の意識にも活動にも明らかに異なった解釈をしており、この解釈が意識と活動との断絶を根本的に克服し、マルクス・レーニン主義心理学を「真に内容豊かで現実的な[6]」科学として構築していくための基盤を創造するのである。

　この再建の原点となるのは、人間的活動のマルクス学説である。『1844年の経済学・哲学草稿』のなかで、マルクスは、ヘーゲル流の言い回しで、人間的活動

を主体の対象化であり、それは同時に客体の主体化であると定義している。マルクスはいう。「ヘーゲルの『現象学』およびその究極的な成果――運動的であり生産的である原理としての否定性の弁証法――の偉大さは、次の点にある。すなわち、ヘーゲルが人間の自己所産をひとつの過程として把えており、対象化を主体化として、つまり、自己疎外、この自己疎外の止揚として把えているということであり、したがってまた、彼が労働の本質を把えており対象的な人間を、現実的な人間が、人間固有の労働の成果であるがゆえに真の人間と理解している(7)。」すべての人間の活動は、マルクスにとっては、人間自身の対象化であり、いいかえれば、人間の「本質諸力」の客観的な発現の過程である。『資本論』のなかで労働を分析したマルクスは、労働においては「主体が客体へと移行する」と簡潔に述べている。だから、人間の活動は、外的刺激に対する反応ではないし、客体に対する主体の外的操作としての行為でさえもないのであって、それは「主体の客体への移行」なのである。だが、まさにこのことによって主体とその活動との間の連関ばかりでなく、活動とその所産との間の連関も密接なものになってくるのである。活動を対象化として把握することそれ自体が、すでにこの思想を包摂している。すなわち、マルクスが『資本論』において労働を分析して、「活動と対象とは相互に浸透しあう」と述べるとき、彼はこの思想を明確に強調している。人間の活動が、人間の対象化、客体化であり、あるいは主体の客体への移行、つまり、人間の活動、感情や意識を含む人間の本質諸力が客体において発現することである以上、産業の対象的な現存在とは、人間の本質諸力の拓かれた書物であり、感性的にわれわれの目前にある人間的心理なのである(8)。それゆえ、「心理学が、このための書物が、まさに感性的にもっとも明瞭な、もっとも近づき易い歴史の一部分に瞑目するなら、真に内容豊かな、現実的科学とはなりえないであろう(9)。」

だが、このようにして、主体から客体へとすすむ密接な関係につづいて、人間の活動においては、ただちに、客体から主体へとすすむ他の基本的な依存関係が現れてくる。対象化あるいは客体化とは、この主体の活動とは無関係の所与の「客体への移行」ではないし、主体の意識はただ外部へと投影されているだけではない。主体それ自体が、客体化のなかで、客体への移行過程において形成される。「人間的本質の対象へと拡がる豊かさを通じて初めて、主体的人間的な感受

性の豊かさが発生する。音楽的な耳や形態美を感嘆する目や、要するに人間的楽しみを可能にし、また人間的な本質諸力として確証される諸感覚が、発生し発達するのである。なぜならたんに五感だけでなく、いわゆる精神的感覚、実践的感覚（意志、愛等）、一言でいえば、人間的感覚、感覚の人間性は、相応する対象の現在によって、人間化された自然によって、初めて生成するからである[10]。」さらには「したがって、人間的本質の対象化は、理論的にも実践的にも、一面では人間の感覚を人間的なものにするために、他面では人間的自然的本質のあらゆる豊かさにとって相応しい人間的感覚を創造するために不可欠なのである[11]」。

　このようにして人間は自らの活動の所産のなかに客体化されつつ、それらを形成し、「人間は外的自然を変革しつつ、同時に自己自身の自然をも変革する」という『資本論』の周知のテーゼのように、自己自身の感覚、自己意識を形成する。すなわち、「いくらか惹起したり発達させたりする」のである。無媒介性の浅はかな深みに埋没することによってではなく、無活動のなかではなく、労働において、世界を変革する人間の活動それ自体において、人間の意識は形成されるのである。

　マルクス思想を完全に描出し、それを自己産出的な主体についてのヘーゲルの観念論的な構想から区別するためには、マルクスの考察のこの鎖に、さらにもうひとつ、もっとも本質的な環をさしはさむ必要がある。

　わたくしが自らの活動のなかで客体化されるなら、そのことによってわたくしは、わたくしおよびわたくしの意志からは独立した状態の客観的なコンテクストのなかに含まれることになる。わたくしは、行為と対象との相互浸透的過程の内部に、客観的で社会的合法則性によって決定づけられている状態の内部に入っていく。そしてわたくしの活動の客観的な諸結果は、わたくしが包摂されている客観的な社会的諸関係によって規定されるのである。すなわち、わたくしの活動の所産とは、社会的活動の所産に他ならない。「活動とその成果の享受は、その内容からいっても、実在の仕方からいっても、社会的性格を帯有している。つまり、社会的活動なのであり、社会的享受なのである[12]。」

　しかもこのことは、狭義でのわたくしの実践的活動のみでなく、わたくしの理論的活動にも関係している。わたくしが定式化した個々の考えは、それが浸透する客観的な状態に応じて、社会的に用いられ、そのなかで客観的な意味、意義を

獲得するのであって、決して主観的な意図や意欲のみに応じてなのではない。わたくしの理論的活動の所産は、わたくしの実践的活動の所産と同じように、その客観的な内容において社会的活動の所産に他ならない。すなわち、「社会的活動と社会的享受とは、決して直接的に集団活動と直接的に集団享受という形態においてだけ存在するのではない」、つまり「他の人びととの実際の交流のなかで……」現れてくる活動と精神においてだけ存在するのではない。「そうではなく、わたくしが学問などの活動——わたくしが他の人びととの直接的な交流のなかで遂行することがめったにできない活動——に従事している場合でさえも、わたくしは社会的活動をしているのである。というのは、わたくしが人間として活動しているからである。わたくしの活動のための資源、たとえば、思想家が用いる言語でさえ、社会的所産としてわたくしに与えられているばかりでなく、わたくしの本来的な存在が社会的活動なのである。だから、社会的存在として意識しており、わたくしがわたくし自身から行うことも社会のために行っているのである(13)。」

　要するに、人間とはヘーゲル的な自己産出の主体なのではない。つまり、わたくしの意識がわたくしの活動のなかで、この活動の所産を介して形成されてくるのであるなら、わたくしの意識は社会的活動の所産を介して客観的に形成されてくるのである。わたくしの意識はその内的本質において、社会的実践のなかで確立され、客観的諸連関によって媒介されている。この諸連関にわたくしは包摂されつつ、実践的・理論的活動の個々の行為によって関与もしている。わたくしの活動の個々の行為とそのなかでのわたくし自身とは、歴史的に形成された客観的文化の内へと、その何千もの糸を通して編みこまれ、多様な諸連関によって包摂され、わたくしの意識もまた、それらによってくまなく媒介されているのである。

　人間の精神は、活動過程において、この活動の所産を介して形成されてくるとするマルクスのこの中心的概念は、現代心理学の主要な問題を解明しているし、相互に闘っている現代心理学の諸潮流がなしているのとは根本的に異なった形で、心理学の対象の問題を解決する道を切り拓いている。

　精神の無媒介性（心理学の対象としての直接経験）についての内観心理学の根本思

想に対抗して、マルクスにおいては、この上ない明瞭さで意識の客観的な媒介性についての命題が定式化されている。まさに「（対象的に）客観的に展開された人間的本質の豊かさを介して初めて」主体的で人間的な感受性の豊かさが獲得される。精神の客観的な媒介性についてのこの思想は、極めて一貫した形で、そのすべての心理学的所説を通して、マルクスによって提起されている。たとえば、マルクスにとって言語とは「他者にとって実践的に存在しているがゆえに、またわたくし自身にとっても真に現実的な意識なのであり……」「自らの似姿として、人間ピョートルに関係することを通してだけ、人間パーヴェルは人間として自己自身に関係し始めるのである」等である。これらの諸説によって精神を客観的に研究する可能性が基本的に拓かれている。精神は、主観的な意味でのみ、つまり認識にとってのみ媒介的なのではない。精神は、人間活動およびこの活動の所産を介して初めて、媒介的に認識されうるのである。というのは、精神はその存在において、活動とその所産によって客観的に媒介されているからである。この概念にもとづくなら、内観それ自体はすっかり追放されてしまってはならないのであって、改変されねばならず、また改変できるものなのである。精神、意識は豊かで現実的な心理学の対象となることができる。心理学における客観性は、精神を除去することによって獲得されるのではなく、人間の意識概念および人間の活動概念を根本的に変革することによって獲得されるのである。

「人間の優れた資源をなす」形態としての人間的な意識や労働のマルクスによる分析は、精神的なものを客観的に認識するための道を切り拓くことによってこの再建が何に現れ、いかに根源的にあらゆる状態を変革するのか、この上ない明瞭さで示している。

意識についてのマルクスの基本的考えはよく知られている。「意識とは自覚された存在以外の何ものでもありえず、人びとの存在とは現実の生活過程なのである(14)」、すなわちレーニンの定式にもとづけば、存在の反映としての意識なのである。この第1の定式と並んで、第2の定式がある。すなわち、「わたくしの環境へのわたくしの関係がわたくしの意識なのである(15)」、しかも、何ものにも関係することのない動物とは異なって、人間にとって他のものへの関係は、関係として、しかもその上に、それとの直接的な結びつきにおいて与えられている。言語とは、他の人びとにとって存在しているがゆえに、したがってまた自己自身に

とっても存在している実践的で現実的な意識なのである。内的に相互に関係づけて把えられ、また、人間の優れた資源をなしている形態である労働として人間の活動を把捉するマルクス概念との結びつきにおいて把らえられているこれらの定式が、意識のマルクス概念を完全に規定しているのである。わたくしの環境へのわたくしの関係が、人間の意識においては関係として与えられており、つまり、環境への人間の現実的な関係は、媒介的なものであり、実際には言語の内でなされる観念的な反映を介したものとなっている。以上が意識の本質なのである。言語は、わたくしによって反映される存在を記録し、わたくしの作戦を投影する構想にも有用である。このようにして、観念的構想は、わたくしが作戦や行為によって認識するところの直接的に現在する局面の間に入りこんでおり、この構想によってわたくしは世界を変革するのである。これと関連して必然的に、行為の構造そのものが別のものになってくる。媒介的である観念的構想の発生が、直接的現在局面への独占的従属から行為を自由にする。このおかげで「意識をもつ人間」はレーニンが述べているように [16]、自然から自己を分離し、対象化された世界に自己を対置させる。人間は、直接的現在局面の奴隷であることをやめる。すなわち、媒介的なものとなっている人間の行為は、直接的現在局面から発する刺激によってだけではなく、その範囲を超えて現れてくる目標や課題によっても規定されるのである。行為は、選択的で目的的で意志的なものとなる。まさしくこれらの諸特徴こそ、動物の行動とは区別される固有の特殊性において、人間の活動を特徴づけている。「人間の優れた資源をなす形態である労働」は、何よりもまず2つの特質によって特徴づけられる。「労働過程の終わりには、その初めに人間の表象の内に、つまり観念的に、すでに存在していた結果が獲得されてくるのである。」現実の活動には、活動を媒介している観念的構想が入りこんでおり、それと結びつけて人間は、「自然によって与えられているものの形態を、ただたんに変化させるだけではなく、自然によって与えられているものの内に同時に自己の意識的な目的を実現するのである。この目的は、法則として人間の行為の方法および性格を規定するものであって、人間は自己の意志をそれに従わせなければならない [17]」意識の観念的構想が存在することが活動それ自体の性格の変更と結合している。

意識と活動との人間にのみ固有な諸形態を双方の内的連関において、このように特徴づけることは、動物に対する実験的研究で、あるいはまた病理学のデータにもとづいて見事に確証された。類人猿の知能についてのB.ケーラーの研究においては、人間にもっとも類似した動物を人間から区別する2つの特質が明らかにされている。1）感情的「言語」、表情豊かな動作、音声は存在しているが、思考のための言語、つまりK.ビューラーが《描写機能》と呼んでいる言語のこの機能、表象や表示の機能が欠如していること——このことが「意識」の構想を特徴づけている。2）動物が「視界の奴隷」であるために、猿の作戦によって実現される内でもっとも知的なものにおいてさえ、猿が直接に現在する局面に従属していること——このことが猿の活動の本質を特徴づけている。この2つのモメントの間の内的連関を見落とすわけにはいかない。それらは、人間の意識と労働のマルクスの分析において明らかにされている相互連関を否定的次元で確証するものになっている。

　言語や行為の障害、つまり失語症や運動機能障害の新しい研究がこの点でいっそう特徴的である。特に、ジャクソンの後に続くヘッドの研究や、A.ゲルプとK.ゴルトシュタインの仕事は、観念的な構想によって、つまり「象徴主義の公式」によって、行為を媒介する可能性と活動の意志的で合目的的な性格との間のもっとも密接な内的連関を示すものであった。行為の構想を定式化して自己の活動を観念的に媒介する可能性を断つことは、直接に現在する刺激の影響の下で、行為をただたんに機械的類にすぎない反応に変化させてしまうことと結びついている。人間のそれぞれの行為が直接に現在する状況に鎖でつながれているかのように、人間はまたもやその奴隷となってしまう。人間は、その状況の範囲を超えて現れてくる課題や目的に応じて、自己の行為を調節することができなくなる。観念的な構想は転げ落ち、人間の行為の性格も「行為の方法」も、人間が自己の意志を従わせる意識的な目的によって、「法則どおりに」規定されることがなくなってしまう。つまり、人間の優れた資源をなす活動形態が破壊されてしまうのである。人間の意識の独自性と人間的活動の独自性との間のこの連関は、意識と労働とを分析するなかで、マルクスによって明確に、また根本的に解明されている。

　内観主義的に把えられた意識と反応の総和としての行動との関係を一方とし、

それと他方のマルクスにおける労働と意識の関係をここで比較してみる必要がある。前者の双方の間の関係はまったく表面的なものである。だが後者の双方の関係は、意識が形成され明らかにされてくる人間の活動の分析を介して、まるで意識が現前化するかのように相互連関的である。わたくしに関係として与えられている、すなわち媒介的な性格を帯有しているわたくしの環境へのわたくしの関係として、マルクスが人間意識の特性を定義するとき、彼は人間意識の発生と発達にかかわる環境に対する人間の現実的な諸関係における諸変化から出発して、意識それ自体を定義しているのである。これは方法論的に決定的拠点なのである。

　人間の意識は、人間に固有な活動形態である労働の前提であるとともに、何よりもまず、労働の所産でもある。外的世界の変革、対象の醸成へ向かう活動のなかで、意識はその内的本質において形成される。人間の意識の内部へと浸透し、人間の意識を内部から形成する社会的実践のこの作用が、マルクス学説の決定的モメントである。このことを確証するためには、若干の比較考査で十分である。ベルクソンもまた、知性の形成における実践の役割を強調している。すなわち、知性は外的物質的世界に働きかけるための実践の必要から形成されるという。しかし、ベルクソンは周知のように、この命題から次のような結論を引きだしている。知性は意識をその内的本質において現わしているのではなく、物質に実践的に働きかけるために定められた物質の輪郭を分解して素描するだけである、と [18]。したがって、心理学者と哲学者は物質的世界への顔を向きかえ、この外被を突破して進み、再び「意識に直接的に与えられたもの」に還らなければならない。というのは、実践は意識の内的世界を形成するのではなく変形するだけであるから。デュルケームのフランス社会学派もまた、意識の社会的本性についての命題を提起している。しかし、社会的形成物としての意識というこの把握から、デュルケーム、レヴィ＝ブリュールの側は、心理学をイデオロギーに帰着させるのであるが、他の側は意識はまさにその社会的本性のために精神的現実性には完全に不適切である（ブロンデル）、意識と精神、意識と心理学の領域は完全に相互に外的で疎遠である（ワロン [19]）、という意外な結論を導出している。

　最後に、フロイトは社会的所産という意味で、《わたくし》、意識を承認しているが、しかし、人格の心理的発達の内的原動力は無意識の領域に存する。意識と無意識の間には、抑圧の敵対的に排除しあう力の作用のもとにある外的関係が打

ちたてられる。

　かくて、マルクス・レーニン主義の学説にとって決定的なのは、社会的なもの
と個人的なものとの、外的なものと内的なものとの対立を克服することである。
ところで、この克服は行為と対象とが相互に浸透しあい、また社会的実践の所産
を介して主体と意識が形成される外的世界に対する人間の働きかけの過程におい
て、社会的実践の過程において、人間の意識の内的本質が形成されてくるという
端緒となる概念のなかで実現される。
　このテーゼには、中心的なモメントとして意識の歴史性についての命題が含ま
れている。社会的実践の過程において意識は形成されるのであるが、また意識は
社会的実践とともに発達するのである。「したがって、意識はそもそもの初めか
ら社会的な所産なのであり、およそ人びとが存在している限り、そうあり続ける
のである[20]」とマルクスは書き足している。
　わが国では、しばしば、次のような見解に出会うことがある。その見解によれ
ば、精神の歴史性を承認すること、一般に発生論的な観点を承認することでさ
え、マルクス・レーニン主義心理学に固有だというのである。もちろん決してそ
うではない。スペンサーの時代以来、その進化論的な解釈において、ほとんど現
代のブルジョア心理学の支配的な思想となっている発生論的な観点、発達の原理
の承認についてはいうまでもないが、意識の歴史性の思想もまた、周知のよう
に、マルクス主義心理学に固有な特殊性、独占的な所有物ではない。それゆえ
に、問題の核心は、もはや、ただ一般的に意識の歴史性を承認することではなく
て、それをいかに把握するのか、ということである。
　決定的なモメントは、マルクス概念を、レヴィ＝ブリュールの概念と対比す
る場合にはっきりと現れてくる。レヴィ＝ブリュールもまた、周知のように、
社会−歴史的な発達過程において、精神が量的にだけではなく質的にも改変され
ることを認めるし、内容だけでなく形態と構造もまた変化することを認めるので
ある。この意識の歴史的な発達を彼はたんに個人的生活様式の諸要素に帰着させ
ることは根本的に不可能だと考えており、それを社会構造の変革と結びつけてい
る。このように彼はあたかもこの問題を弁証法的に処遇しているかのようであ
り、精神の発達過程の社会的本性を認めているかのようである。しかしながら、

社会性それ自体は、レヴィ＝ブリュールによってイデオロギーへと帰着させら
れており、他方では、彼は心理学をもイデオロギーに帰着させている。社会的諸
関係とは彼にとっては、基本的には社会的意識の構想の内に存在している。社会
的存在とは、その本質においては社会的に組織された経験だというのである。か
くて、社会性からは自然、客観的世界へのあらゆる現実的な関係、およびそれに
対するあらゆる現実的な働きかけがすべて欠落してしまい、人間的実践が欠落し
てしまうのである。

　このことに応じて精神の歴史的発達を研究する場合、社会－歴史的発達の初期
の段階で人間の心理を規定する唯一の源泉としても、実践の領域と結びつく意
識の諸形態が研究者の視野から脱落しており、ただイデオロギーだけが、とり
わけ、その時代の宗教的神話学だけが残るのである。レヴィ＝ブリュールの場
合は、実践との結びつきのないただひとつのイデオロギーを基盤にして、「未開
人」の心理が決定される。その結果、未開人の思考のすべては前論理的で神秘的
であり、経験にとっては見通しがなく、矛盾に対しては無感覚なものとなる。社
会－歴史的発達の初期段階では、B.ケーラーが猿の道具使用にさいして、猿に存
在すると認めたような知性の諸要素を人間は欠いている。だが、猿には何らかの
知的操作の諸要素、現実を客観的に反映する思考の諸要素が欠如している。だか
ら、猿は初期の段階の人類の知的発達の構想からも脱落するのである。そして、
質的な相異ではなくて、2つの構造の完全な対立性が現れてくる。つまり、猿に
とっては外的な一方の方〔人間〕に入っていくためには、他の方〔猿〕からでて
いかなければならない。思考の発達における連続性だけでなく、あらゆる継承性
が引き裂かれているのである。かくて猿から人間への発達は本質的に不可能であ
るように思われる。そして、イデオロギーの原始的形態と現代の科学的知識の諸
形態との比較にもとづいて確立された相異が原則的に間違っており、また政治的
には反動的に普遍化され、基本的なものが後景に押しやられている。だが実は、
この基本的なものとの関係では、イデオロギーの神秘主義は派生的でしかない。
すなわち、基本的なものとは、神秘性ではなくて思考の初期的形態である狭い実
用主義、直接に現在する具体的な局面にそれが固くつながれていること、観念的
構想の脆弱な一面なのである。

　社会的意識の構想において、社会的諸関係をこのように観念論的に解釈するこ

とによって、発達の原動力という考え方が消失していく。さまざまな精神構造が照応しなければならない社会構造は、まさに、静的な形成体になってしまう。

　マルクス学説は、まったく根本からこの構想とは異なっている。基本的相異は、人びとの社会性、社会的諸関係が、人びとの自然への諸関係と対立しないということである。社会的諸関係は、自然への諸関係を除外するのではなく、その内に包接しているのである。「労働は何よりも人間と自然とを結びつける過程である[21]。」労働はまた、基本的な社会的カテゴリーである。社会的諸関係とは、何よりも人びとの間のすべての現実的な生産諸関係であり、自然に対する人びとの働きかけの過程で成立する。マルクスによって確立された自然と人間の社会的本質との相互関係についての正しい理解こそが、精神の歴史的発達にかんする極めて深く原理的に正しい理解へと導くことができる。

　マルクスは、自然に対する人間の関係についての自分の観点を、この上なく明瞭に定式化している。マルクスは次のようにいう。「人間は直接に、自然物である[22]。」「人間は自然科学の直接の対象であり」、「自然は、人間にかんする科学の直接の対象である。人間の第1の対象——人間——は、自然である[23]。」それゆえに「歴史そのものは自然史の、自然の人間への生成のひとつの現実的な部分である[24]」。

　マルクスによる《止揚》の理解は、この「自然の人間への生成」の正しい理解の重要な前提であり、ヘーゲル学派の解釈とは原理的に異なっている。ヘーゲル学派の《止揚》の理解についてマルクスは次のように述べている。そのなかには「ヘーゲルの虚偽の肯定主義、あるいは彼の見かけだけの批判主義の根……[25]」、すなわち、「すべて現実的なものは合理的である」というテーゼのなかに理論的表現を認め、実際には現実のプロシャ王国の是認に導いたあの肯定主義がある。ヘーゲルにおける《揚棄》は、まったくの観念的操作である。より低次の形態からより高次の形態への移行は、「真実でない」低次の形態、より低次なものとしての不完全な形態の弁証法的理解と結合している。しかし、この《揚棄》の後、その上に今、より高次の形態が建増しされたより低次の形態は、それがかつてあったままに、まったく不可侵のまま残されている。「法・政治等々のなかで疎外された生活をしていることをみてとった人間は、この疎外された生活において

このようなものとして真に人間的な生活をしているわけである⁽²⁶⁾。」「こうして、たとえば宗教の廃棄の後で、つまり宗教を自己疎外の所産と認めた後で、しかもなお宗教としての宗教の内に自己の証を見出すということである⁽²⁷⁾。」

　マルクスにとって、止揚はたんなる観念的な操作ではなく、現実的な変革の過程である。すなわち、必要なのは（青年ヘーゲル派の気に入りの術語である）《批判》ではなく、革命なのである。発達過程において、そのなかには心理学的なものも含まれるのだが、新しいより高次の形態の発生は、真実でも完全でもないより低次の形態を自覚することとではなく、それを現実的に変革することと結合している。かくて、人間の発達とは、自然の上に人間の社会的存在が建増しされる過程ではなく、「自然の人間への生成」過程である。この発達は、「人間的なあり方が人間にとってどれほど自然になっているか、あるいは自然が人間的あり方にとってどれほど人間的になっているか⁽²⁸⁾」、すなわち、「人間の自然的な行動がどれほど人間的になっているか、あるいは人間的なあり方が人間にとってどれほど自然的本質に、人間性が人間にとってどれほど自然になっているか⁽²⁹⁾」という点に現れる。精神の歴史的発達は、人間の心理発達に応じて、自然的生きものの感覚と本能の上に「精神界」が建増しされるということに帰着されない。精神の歴史的発達は、原始的で動物的な本能の上に「より高次の精神的感覚」が建増しされるということ、つまり、「粗野な感覚」の上に人間の思考力が建増しされるということに尽きるものではない。発達の過程はより深く浸透する。つまり、発達の過程はそのもっとも原始的な発現を包摂している。本能が人間的欲求になるのであり、この欲求は歴史的発達過程で人間的欲求になるのである。

　人間の諸感覚は発達していく。その場合、諸感覚は全歴史的発達の過程に包摂されている。すなわち、「五感の形成は、今日までの全世界史の労作である⁽³⁰⁾」。また、マルクスは、諸感覚の発達の基本的本質が奈辺に存在するのか簡潔に指摘している。すなわち、「……諸々の感覚は、その実践において直接に理論家となっている。それらの感覚は事物に対し事物のために関係するが、事物そのものが、それ自体および人間に対するひとつの対象的な人間的関係なのである……⁽³¹⁾」と。簡潔な定式をとったマルクスのこの見解は、知覚の歴史的発達についてのもっとも深い現代の諸研究によって解明された基本的で極めて重要な事実を現している。その事実とは、知覚は行為による被吸収性から解放されること、行

為の状況的な客体が恒常的な対象へと転化すること、人間的知覚の——とくに視覚、触覚の——高次の形態が、対象的・《カテゴリー的》・理論的意識の形態——それは人間的活動のより完成された形態の結果でも前提でもある——へと転化することである。ヘニングの研究による、たとえば嗅覚のような低次の段階にある諸感覚の構造と、ゲルプやゴールドシュタインによって理解された視覚の分野における《カテゴリー的》知覚の高次の形態との比較、ないしはケーラーの猿（それらにとってさえ、諸対象は行為の自由な選択のために必要な行為的状況からの独立性を保持していない）の視覚と人間の知覚との比較は、マルクスの諸説のすべての意義を明らかにしている。すなわち、人間の諸感覚自身の発達のすべての分野においてではないが高度に達成された成果とは、実際には、「諸々の感覚が、その実践において直接に理論家となっている」ということである。つまり、「事物のための事物」に対する「対象的関係」が諸感覚のために拓かれているのである。これは、歴史的発達過程で諸感覚自体が遇される深い改造である。この場合、マルクスは、変化しゆく社会−歴史的諸条件に依存して、「事物のための事物」に対するこの関係がどのように消滅していくのか示すことによって、この過程の歴史性を強調している。鉱物が商品、交換価値となると、人間の眼は鉱物の形態の美しさを見ないようになり、事物に対して事物のために関係しないようになるのである(32)。

　つまり、基本的な感覚も本能も——全体として人間の精神のすべてが——歴史的発達の過程に組込まれているのであり、意識の全領域が改革されるのである。だが、すべての領域で改革が均等に行われるのではない。先行的な領域があるし、歴史的により速やかに調整される諸機能があるし、遅れている領域がある。意識は平板な形成物ではない。意識のさまざまな諸相は、発達のさまざまな段階で見出される。だが、あらゆる場合、すべての領域で意識は歴史的発達の過程にかかわっている。すなわち、「自然の人間への生成」過程として、人間の心理的発達は理解しなければならない。この構想においてのみ、心理発達の問題は真に深く根源的な解釈が可能となるし、行わなければならない。

　発達の過程は人間の自然、とりわけ、人間の心理的自然の発達・変革に他ならぬことを解明したマルクスは、そのさい、この過程の社会−歴史的被制約性を明らかにしている。労働の分業の個々の諸形態がいかに人間の心理的諸能力を改変

するか、私的所有がいかに人間精神を歪め荒廃させるか、マルクスは極めて具体的に指摘している。こうした発達観のなかで、革命的理論が自然必然性をもって革命的実践を導き出してくる。人間の心理的自然〔本性〕が、それを歪めそれ本来の発達を妨げている社会的諸形態に依存しているということの理解から、不可避的にこの社会的諸条件を変革したいという要求が生じる。ブルジョア科学においてはしばしばなされているように、現実には人間の本性を条件づけている現存体制が不変であることを証拠だてるための、あたかも人間の本性が不変であるかのような論及は、完全に破綻する。意識の変革を、自然発生的に起こり歴史的過程の原動力である見解や認識のたんなる交替とみなす皮相で観念的な概念もまた瓦解する。ただ社会的実践の現実的な再構築においてのみ——この再構築においてこそ真に——つまり、困難で内部矛盾に満ちた生成と闘争の過程において、人間の意識はその内的本質において変革されるのである。

　社会主義建設の実践にあたって提起されたすべての政治的に先鋭な要求は、人びとの意識改革、すなわち経済の分野だけでなく人びとの意識のなかにある資本主義的遺物の克服である。これらはすべてその理論的な基礎に、改革されつつある社会的実践の働きかけのもとでの意識の歴史的発達というマルクスによって確立された概念を有している。だが他方、意識は何よりも歴史的発達の結果であるが、同時に歴史的発達の前提でもあり、従属的であるかもしれないが、しかし本質的な構成要素なのである。

　「人間の意識は客観的世界を反映するだけでなく、それを創造しもする [33]」とレーニンはいう。意識の変革——双方の不可分な結びつきのもとでの意識の内容および形式の変革——は、歴史的過程の不可欠な構成部分である。すなわち意識は、社会−歴史的過程のたんなる付帯現象でないばかりか、生理的過程のたんなる付帯現象でもない。

　存在は意識を規定する。だが存在の変革によって規定される意識の変革は、今度はそれ自身が諸条件の変革を意味する。この諸条件のなかで、有意に人びとの意識を媒介して、人びとを制約する客観的な諸要因によって、人びとの活動は規定される。自然発生性と意識性についてレーニンが提起した問題（レーニン『何をなすべきか [34]』参照）は、確かに心理学の範囲を超えているが、自然発生性から意識性への移行は、それ自体同時に人間精神の深い変容を包摂している。

マルクスの心理学思想の全体系との不可分な連関において、その中心的連結環のひとつとして、人格問題のマルクス的解釈が浮上する。ブルジョア心理学の危機において、人格の思想はもっとも危機的なもののひとつであった。心理学は、本質的に人格を喪失してしまった。心理学の課題を意識の諸現象の分析に限定した内観心理学は、人格問題を正しく提起することはできなかった。人間の活動を外見上互いに層をなし、互いに機械的に連結された習慣の総和とする行動主義者は、結局、内観心理学が意識に適用したのとまったく同じ分析的機械的総和的な方法論を行動の構想において行った。だから、これらの心理学説のそれぞれは、何よりも意識と活動とを相互に切りはなし、一方は意識を個性のない諸機能と諸過程に分け、他方は行動を個々の習慣と反応に分けて人格を切断したのである。

　今日、人格の思想は心理学において中心的位置を占めている。しかし、その解釈はわれわれがマルクスにおいて見出すものとは根本的に異なった相入れない設定を与えているフロイト学派の《深層心理学》や、あるいは最近ますます耳目を集めている W. シュテルンの人格主義によって規定されている。そして、ソ連邦における心理学にとって深刻な兆候となっているのは、われわれの心理学——マルクス主義的であろうとする心理学——が、人格問題の意義および位置を理解していない事態である。他方、偶発的な人格の解釈によって人格問題を見落とすことをしなかった少数の著者の場合でも、ただフロイト－アドラー流およびシュテルン流の思想だけが反映されているのである。

　だが実際は、マルクス・レーニン主義の心理学体系において、人格問題は中心的な位置のひとつを占めなければならないし、当然のこととして、まったく異なる解釈をしなければならない。人格と結びつけることなしに、心理発達を理解することは不可能である。なぜなら、「自己の物質的生産および自己の物質的交流を発達させつつある人びとはこの自己の現実とともに、自己の思考およびその所産をもまた変容する (35)」からである。

　意識の諸形態は、それ自身で自然発生的に発達するのではなく、それらが属している現実的全体の諸属性・諸機能として発達する。人格を欠いた意識の解釈は、ただ観念論的なものになるだけであろう。それゆえマルクスは、意識から出発するような見解に対して、別のもの、すなわち現実的生活に対応した見解を対

232

置させる。そこにおいては、「現実の生きた諸個人そのものから出発して、意識をただ彼ら彼女らの意識とだけみなす[36]」のである。

このように、マルクス主義心理学は人格から疎外され個性を奪われた諸過程や諸機能の分析に帰することはできない。この諸過程あるいは諸機能そのものは、マルクスにとっては「個性の諸器官」である。「人間は彼（女）の全面的本質を、ある全面的な仕方で、つまりある全体的な人間としてわがものとする」とマルクスはいう。ここには、まさに「世界に対する彼（女）の人間的諸関係の各々、すなわち、見る、聞く、嗅ぐ、味わう、触感する、思考する、直観する、感覚する、欲する、活動する、愛すること、要するに彼（女）の個性のすべての器官[37]」のそれぞれが関与している。

マルクス主義学説にとって、この解釈以外には根本的命題は存在しない。つまり人間の意識は社会的所産であり人間のあらゆる精神は社会的に制約されている。社会的諸関係とは、個々の感覚諸器官あるいは個々の心理的諸過程ではなく、人間、人格が関与する諸関係なのである。精神の形成に対する労働の社会的諸関係の決定的影響は、人格を媒介としてのみ実現される。

心理学の問題領域のなかへ人格の問題を含めることは、もちろん決してその心理学主義化を意味するものではない。人格は意識とも自己意識とも同一ではない。したがって、意識心理学が人格の問題を一般的に提起しているがゆえに、そこで行われている人格と意識の同一視は、いうまでもなく、マルクスにとって受け入れがたいものである。

ヘーゲルの『現象学[38]』の誤りを分析して、ヘーゲルにとって主体とは常に意識ないしは自己意識であり、もっと正確にいえば、対象はいつも抽象的な意識としてのみ現れる、とマルクスは述べている。だが、意識と自己意識は人格と同一ではないが、人格にとって本質的なのである。

人格は、そこに意識が現在する場合にのみ存在する。すなわち、他者に対する人格の諸関係は、諸関係として人格に与えられなければならない。意識は、意識を所有したりしなかったりする（マルクス主義は汎心論ではないのだ！）物質特性なのであって、それなしには人格は人格たりえないような人間的人格の特質なのである。

人間の本質は、社会的諸関係の総体である[39]。

　A. トレンデレンブルクは、ペルソナということばの歴史に捧げた専門的研究において、次のように述べている。すなわち、大多数の西欧語において、人格を意味することばの由来となっているペルソナというラテン語は、エトルリア語から借用したもので、古代ローマ市民の間では、父の面、王の面、避難者の面という文脈のなかで使用されており、したがって、それは具体的個性ではなく、人間によって遂行される社会的機能を意味していた。K. ビューラーは、トレンデレンブルクの研究を引用して、今日ではこのことばの意味は大きく変容して、それは人間の社会的機能ではなく、人間の内的本質を意味している、と述べて、人間が自己の社会的機能を果たしているその果たし方にかんし、どの程度確実に人間の内的本質について推論できるのか、という問題に取りかかっている。ここでは、ビューラーにとって、人格の内的本質とその社会的諸関係は互いに外的であり、《人格》という術語は、時には一方を、時には他方を意味している。すなわち、ビューラーの場合、人格は、（ペルソナという術語の由来となっているエトルリア語の最初の意味である[40]）面を付けたり外したりするように、一定の社会的諸関係に入ったり、そこから出たりするのであり、したがって、社会的諸関係は人格のその時々の顔、人格の本質を決定しないことになる。ブルジョア社会においては、人間が果たさなければならない一連の社会的諸機能は、人間人格にとって外的なものなのである。けれども人格は、社会的諸機能か人間の内的本質かのどちらかを意味するというのではなく、結局のところ、本質的には、社会的諸関係によって規定される人間の内的本質を意味する。

　全体としての人間的人格は、他者に対する彼（女）の諸関係を媒介としてのみ形成される。わたくしの内に他者に対する人間的諸関係が確立されていくのに応じてだけ、わたくし自身も人間として形成されていく。「人間ピョートルは、あたかも自分に対するよう人間パーヴェルに関係する場合にだけ、人間に対するように自分自身に関係し始める。それとともに、パーヴェルもまた、彼自身その全パーヴェル的肉体において、ピョートルにとって《人間》という種族のひとつの発現形態となる[41]。」

　人格はその生物学的特性において第1義的、直接的に与えられたものであり、深く生物学的に決定された愛着や構造的諸特性によって規定されている、絶対的

でそれ自身の内に存在する個体性なのであって、社会的諸連関や諸媒介からは独立しているのだとする現代の心理学および精神病理学に支配的な諸学説とは反対に、マルクスにとって人格および人間の意識は社会的諸関係によって媒介されており、人格発達もまた、何よりもまずこれら諸関係のダイナミズムによって規定されている。しかし、人格の心理学主義化の否定が意識と自己意識の排除を意味しないのと同様に、まさしく生物学主義化の否定も、人格からの生物学、有機体、自然の排除を意味するものではない。精神物理学的自然は排除されるのでもなければ、また中立化されるのでもなく、社会的諸関係によって媒介され再編成されるのである——つまり自然が人間へと生成するのである！

　心理学の構想において、人格の本性の理解そのものの内に革命的なその歴史観を現実化する上で根本的な意義をもつのは、マルクスの人間的欲求の理解である。

　欲求という概念は、本能という概念に対抗して、マルクス・レーニン主義心理学における基本的カテゴリーの内に入るべき重要な位置を占めなければならない。人間の行動動機を理解する上で、欲求を考慮しなければ観念論的な把握にならざるをえない。エンゲルスはいう。「人びとは自分の行為を自分の欲求から説明する（もちろんその場合、欲求は頭脳に反映され意識される）かわりに、自分の行為を自分の思考から説明することに慣れてしまった。このようにして時がたつにつれ観念論的世界観が発生してきて、とりわけ古代世界の滅亡の時代から人びとの心を把えるようになった[42]。」欲求の概念にもとづいた人間の行動の動機づけにかんするあらゆる学説は、これまで本能と愛着の学説にもとづいて行動に与えられてきた設定とは根本的に異なったものである。あらゆる合理主義的な諸学説に対して、欲求の内には人間的《自然》、人間的有機体の欲求が考慮に入れられている。しかし、欲求は本能や愛着との関係において近いものとされているとはいえ、それらとは根本的に異なっている。社会的諸関係によって媒介され、それらを通じて屈折する欲求は、たんなる生理的形成物としての本能とは異なって、歴史の所産なのである。さらに、欲求は系統発生の所産である本能とは異なって、個体発生でもある。

　欲求の概念は、現代心理学のなかで重要な位置を占め始めている。第10回国際心理学会での報告のなかで、D. カッツが、《欲求心理学》のアスペクトにおい

て専門に研究している飢餓と食欲の問題に注意を向けているように、「欲求概念は、新しい諸問題への研究を始めるため、たいして役に立たなくなった本能の概念と決定的に交替しなければならない」。欲求概念は、「自然的欲求と同じく人為的欲求をも、生得的欲求と同じく獲得的欲求をも包摂している[43]」。同会議で、E. クラパレード[44] は、欲求の意義と心理学におけるその位置を特に強調した。人間の行動を惹起するものが欲求であることを確証してから、K. レヴィン[45] の諸著作において現代心理学は、生得的・本能的欲求とならんで、個体発生において一時的に生じる欲求を明らかにしている。しかしその欲求は真の現実的な欲求としての第1次的欲求とは異なってえせ欲求であり、2次的にその上に建増しされたものだと指摘されている。また、この欲求理論は欲求の易変性、ダイナミズムを強調しつつも、まだ生物学的視座にとどまっている。すなわちクラパレードの場合、この生物学的設定がとりわけ強調されている。生物学理論を基礎としたこれらすべてと異なって、マルクスは人間的欲求の社会-歴史的被制約性を明らかにし、その上でそれが人間の《自然》を閑却しているのではなく、媒介していることを明らかにした。この場合、歴史的発達のなかで、第1次的、本能的欲求の上に新しい欲求が建増しされるだけではなく、変化する社会的諸関係を介してしばしば屈折しながら、この新しい欲求は変化もする。つまり、マルクスの定式によれば、人間の欲求は人間的欲求となるのである。したがって、抽象的観念的な諸学説と対立して、欲求は人間の行動を惹起するのであり、また生物学主義理論とも対立するこれらの欲求は、没歴史的な自然において決定される不変な本能的愛着ではなく、歴史的であり、歴史においてたえず媒介され再編される欲求なのである。

　本能的愛着の位置へ据えられた諸欲求は、かくて行動の動機および原動力にかんする学説において歴史性を有している。本能的愛着についての学説が、性的愛着にかんするフロイト学説にみられるように、すべてのものが帰着させられる唯一の原動力についての観念へと不可避的に導いてしまう人間活動の基本的原動力のそのような狭い見方を克服することで、欲求は人間的人格および人間行動の諸動機の豊かさを明らかにするのである。歴史的に形成されていく諸欲求の豊かさと多様性が、人間的活動の拡大していくあらゆる動機づけの源泉を創造する。さらにその上、人間的活動の意義は、具体的歴史的諸条件に依存している。マルク

スはいう。「社会主義のもとでみるものは、人間的諸欲求の豊かさがどのような意義をもっているのか、したがって新しい生産様式ならびに新しい生産対象もまたどのような意義をもっているかである。それは人間的な本質的力の新しい発現であり、人間的本質の新しい豊かさである(46)。」「まさしく私的所有の支配のもとでは、われわれは逆の関係をみるのである」とマルクスはこの命題の社会的被制約性を強調している。それぞれの新しい欲求はまた、新しい依存性をも生みだす。だが「社会主義の存在を仮定すれば」、歴史的に発達する欲求の――ますます多様になり、かついっそう高次になる――豊かさはよりいっそう高次のレヴェルへと力動的に発展し高まっていく人間的活動を奮励する豊かさで内容豊かな見通しを切り拓いていくのである。

　動機づけの学説のなかでは、欲求の学説の上に関心の学説がさらに発生してくるのであるが、ここにおいてマルクスの概念では、再びとりわけ力をこめて、人間的活動の原動力が社会−歴史的、階級的に制約されている。

　能力の相異の歴史的被制約性の学説もまた、マルクスにおいては欲求の歴史性の学説と結びつけられている。「個々人の間での自然的才能の相異は、分業の原因であるよりもむしろ結果なのである(47)」とマルクスはいう。このことは、さまざまな職業に従事し、成熟した年齢に達している人びとにとって、見たところ、固有のものになっているかくも異なった諸能力は、分業の原因というよりはむしろ結果なのであるということ、原因というよりはむしろ結果なのだが、しかしまた、たんなる結果であるだけでなく原因でもあるということを意味している。『資本論』のなかでマルクスは次のようにいう。「商品生産者によって次々に行われ、労働過程でひとつの全体へと合体していく作業は、彼（女）にさまざまなことを要求する。彼（女）はある作業ではより大きな力を、別の作業ではより多く器用さを、また第3の作業ではより多くの注意力等発揮しなければならないが、これらの属性は同一の個人が同程度に備えているものではない。いろいろな作業が分離され、孤立化され、分立化されてからは、労働者たちは彼ら彼女らの比較的優れた能力にしたがって区分され、分類され、編成される。もしこのように、労働者の生来の特殊性(48)が基盤となって、その上に分業が生成するとすれば、他面からすればひとたび導入されるや否や、マニュファクチュアは生来ただ一面的な特殊機能にしか役立たないような労働力を発達させる(49)。」

すなわち、「労働者たちの生得的特殊性が土壌となって、そのなかに分業は根を下ろしている」のであるが、今度は導入された分業が、人間の諸能力を形成し、変形するのである。「生得的特殊性」を基盤にして発生してくる人間諸能力は、不変で絶対的な本質ではなく、その発達においては、それらを改変する社会的存在の合法則性に従属している。マルクスは、手工業からマニュファクチュアへ、マニュファクチュアから大工業へ、その初期の形態からより後の成熟した資本主義の形態への移行にさいして、人間精神の変化を優れて鋭く分析するなかで具体的に説明しつつ、人間的諸能力の構造が分業の歴史的に変化してきた諸形態に依存していることを解明している⁽⁵⁰⁾。ここで中心的意義をもっているのは、マニュファクチュアの発展や分業が、どのようにして能力の極度の特殊化へと、「ある部分的な社会機能のたんなる担い手としての部分的労働者⁽⁵¹⁾」の形成へと導くのかを暴露することであった。だが、オートメーション化がよりいっそう発展すれば、それとともに労働は専門化の傾向を失い、それは個体の代わりとなり、「個体にとって、さまざまな社会機能は、相互に交替する活動様式となる」。

　自らの諸欲求や諸能力において、人格の心理的本性が具体化される。この場合、人格は、その本質それ自体として、人格が形成される具体的な社会－歴史的諸条件によって条件づけられ媒介されている。私的所有の支配および共産主義のもとでの人格の運命を明らかにすることによって、マルクスは人格、その構造や運命が社会－歴史的な構成体に依存しているということを典型的な鋭さと明瞭さで明らかにしている。マルクスは、「粗野な共産主義」の鋭い批判から始めているが、ここではプルードンの無政府主義的共産主義のことをいっているのである。「この共産主義は、人間の人格をいたるところで否定する」、それは画一化の渇望で満たされている。ただしこの共産主義が私的所有の原理の克服ではなく、その完成であるという理由からだけそうなのである。それの理想とは、万人が万物を全的に所有するということなのである。それゆえ「それは、私的所有の原理のもとに万人が占有できないものは、一切なくそうと欲する」。そして、「それは才能を強制的に捨象しようと欲する⁽⁵²⁾」。人間人格の否定は、本質的に「積極的な共同体」として自分を定立しようと欲する私的所有の低劣さの一現象形態にすぎないのである⁽⁵³⁾。

　《対象化され》客体化された人間の本質（人間の本質的諸力）である人間的活動の

所産は、その客観的対象的存在によって人間の内的で主体的な豊かさを形成しているが、私的所有のもとでは疎外された他人の所有物なのである。結局、人間的自然の豊かさの新しい発現、新しい源泉でありえたはずの人間のあらゆる新しい欲求は、新たな従属の源泉となる。すなわち、自己実現の結果、新しい欲求を生みだすことによって、あらゆる能力はその従属性を増大させ、その結果、人間はまったく新しい外的従属に入りこみ、あたかも自己本来の内なる実態をたえず疎外し、荒廃させているかのようである。観念論的形而上学的にではなく、私的所有制によって粗野で現実に実現されるこの疎外を克服すること、すなわち共産主義を実現することによってのみ、真の人格発達は保障することができる。「したがって私的所有の止揚は、すべての人間的な感覚と性質の完全な解放である。しかし、それがこの解放であるのはまさしく、これらの感覚と性質が主体的にも客体的にも人間的になっているということによってである(54)。」

　集団における真の人間的諸関係の実現こそが真の人格発達を保障する。人びとに対する現実的諸関係の豊かさは、ここにおいて人間の現実的な精神的豊かさとなる。そして、人格はまさに強力な集団において強力なものとなるであろう。画一化や個性剥奪への志向は、真の共産主義とは無縁である。マルクスは、その後『ゴータ綱領批判』においてラサールと論争し、能力の均一化についての自己の問題提起を掘りさげている。『国家と革命』の平等にかんする問題に捧げられた諸ページでレーニンは、これらの思想をいっそう発展させている。《平等主義》に対する現代の闘争およびそれぞれの労働者・学生の個人的特性の慎重な配慮と個々人の前進を包摂するわれわれのあらゆる今日的実践は、社会主義建設におけるマルクスの理論的命題の現実化である。

　マルクスは人格発達における真の集団の役割について、自らの命題を以下のように発展させている。「集団性においてのみ、個人は自らの素質の全面的発達の可能性を与える方法を享受する。それゆえ、集団性においてのみ、個人の自由が可能となる。現実の集団性において、諸個人は自分たちの連合において、およびその連合を介して自らの自由を獲得するのである。」ここでマルクスは「個人の自由」という術語を使っているが、それはブルジョア社会で定められたものや、マルクスが鳥のような自由も餓死する自由もある労働者について言及しながら、

『資本論』において批判したものとは根本的に異なった意味においてである。個人の自由概念は、形式的で消極的なものでもありうるし、あるいは実質的で積極的なものでもありうる。前者が問題にするのは何かからの自由であり、後者は何かのための自由である。前者にとって、あらゆる締め具と接合はたんなる手段であるが、後者はそれがまさに支柱なのである。そして、決定的問題は、それによって発達と行為のどのような現実的可能性が保障されるのかということである。自由というものが全面的で完全な人格発達の可能性を拓く限り、マルクスはその積極的で実際的な意味において、現実の集団性こそが個人の自由を保障することを示している。彼は、『1844年の経済学・哲学草稿』で、真の集団性の意義について次のように結論づけている。すなわち、共産主義とは「私的所有、つまり、この人間の自己疎外を積極的に止揚し、この結果まさに人間による人間のための人間的本質の現実的な獲得であり、それゆえ、意識をもち、これまでの発達すべての豊かさを把持した社会的な、すなわち人間味ある人間としての自分自身への回帰なのである。完成した自然主義としてのヒューマニズムである共産主義は、完成したヒューマニズムとして自然主義である。それは、人間と自然との間の、また人間と人間との間の矛盾の真実の解決であり、現存在と本質との、対象化と自己確認との、自由と必然との、個と類との間の論争の真の解決である。それは歴史の謎の解決であり、これこそがその解決であることを知っている[(55)]」。

　この論稿では、もちろん、マルクスの諸労作から心理学が引きだしうる思想全体の豊かさが完全に享受されているわけではない。ここで大まかに目論んだのは、マルクスの所説の若干の根本的問題、つまり、（人間の活動に対する人間の関係における意識の問題）である心理学の対象の問題、発達の問題、人格の問題の解決である。しかし、この大まかな概観から明らかなことは、外見上はばらばらなマルクスの心理学の問題にかんする所説中に、われわれが統一した思想体系を見いだすということである。つまり、マルクス・レーニン主義方法論の一般的諸原則とかかわって、それらが心理学体系の基本路線の輪郭を描出しており、また、この道にそっていくことによって、心理学が「真に内容豊かで現実的な科学」となりうることを示している。ソビエト心理学に対し、今日大きな課題が立ちあがっている。すなわち具体的な研究活動において、方法論とそれに貫かれている事実資

料との不可分の統一と同様、理論と実践の不可分の統一をも実現しつつ、心理学の前に明らかにされているこの可能性を実現すること。つまり、ソ連邦において、マルクスの生涯の根本的事業を継続するマルクスとレーニンの信奉者によって努力されている無階級の社会主義社会建設の事業に役立つための自己の方法論的観点の明瞭さと自覚的な意欲をもって力強い心理科学を創造することである。

《原注》

（1）ドイツ心理学会第12回大会にかんする報告、カフカ出版、イェーナ、1932年、3～6ページ。

（2）K. ビューラー『心理学の危機』イェーナ、1929年（第2版、とりわけ、1～2ページと27～28ページ参照）。

（3）『ソビエト精神技術学』誌、1933年、No.1 および『応用心理学のための雑誌』1933年、No.1 における第10回国際心理学会についてのヴァレンチネルの報告参照。

（4）ロシア文献では、この観点は、Н. Я. グロートにより明瞭に、また一貫して簡潔に述べられている。彼の監修で出版された В. ヴントの著作『心理学概論』の翻訳への序論として公開された彼の『実験心理学原論』を参照。

（5）J. ワトソン『行動についての科学としての心理学』オデッサ、1926年、1～2ページ参照。

（6）K. マルクスと F. エンゲルス初期著作集より、モスクワ、国立政治文献出版所、1956年、595ページ（マルクス著、城塚登・田中吉六訳『経済学・哲学草稿』岩波文庫、1964年、142ページ、藤野渉訳『経済学・哲学手稿』国民文庫、1963年、156ページ参照。以下文献Ⅰとし岩波書店版、大月書店版の順にページを記す）。

（7）同上、627ページ（Ⅰ、199、216）。

（8）同上、594ページ参照（Ⅰ、141、156）。

（9）同上、595ページ（Ⅰ、142、156）。

（10）同上、593～594ページ（Ⅰ、140、154）。

（11）同上、594ページ（Ⅰ、140、155）。

（12）同上、589ページ（Ⅰ、133、148）。

（13）同上、590ページ（Ⅰ、134、149）。

（14）K. マルクスと F. エンゲルス、著作集、第3巻、25ページ（マルクス・エンゲルス著、古在由重訳『ドイツ・イデオロギー』岩波文庫、1956年、32ページ、真下信一訳『ドイツ・イデオロギー』国民文庫、1965年、51ページ。以下文献Ⅱとし、Ⅰと同様、岩波書店版、大月書店版の順にページを記す）。

（15）同上、29ページ（注の2）。

（16）レーニン全集、第29巻、85ページ（レーニン全集、第38巻『哲学ノート』大月書店、67ページ参照）。

（17）K. マルクスと F. エンゲルス、著作集、第23巻、189ページ（『資本論』大月書店、第23巻第1分冊、234ページ）。

（18）H. ベルクソン『創造的進化』パリ、1911年をとくに参照。

（19）H. ワロン『意識の生物学的問題』パリ、1929年参照（その後ワロンは、この誤った観点を克服した──編者注）。

(20) K. マルクスと F. エンゲルス、著作集、第 3 巻、29 ページ（Ⅱ、38、59）。

(21) K. マルクスと F. エンゲルス、著作集、第 2 3 巻、188 ページ（『資本論』大月書店、第 2 3 巻
第 1 分冊、234 ページ）。

(22) K. マルクスと F. エンゲルス初期著作集より、631 ページ（Ⅰ、206、222）。

(23) 同上、596 ページ（Ⅰ、144、158）。

(24) 同上、596 ページ（Ⅰ、143、158）。

(25) 同上、634 ページ（Ⅰ、212、228）。

(26) 同上、634 ページ（Ⅰ、212、228）。

(27) 同上、634 ページ（Ⅰ、212、228）。

(28) 同上、587 ページ（Ⅰ、129、144 ～ 145）。

(29) 同上、587 ページ（Ⅰ、129、144 ～ 145）。

(30) 同上、594 ページ（Ⅰ、140、154）。

(31) 同上、592 ページ（Ⅰ、137、152）。

(32) 同上、594 ページ（Ⅰ、140、155）。

(33) レーニン、全集、第 2 9 巻、194 ページ（レーニン全集、大月書店、第 38 巻『哲学ノート』
181 ページ参照）。

(34) 同上、第 6 巻、28 ～ 53 ページ他（レーニン全集、大月書店、第 5 巻、363 ～ 573 ページ他）。

(35) K. マルクスと F. エンゲルス、著作集、第 3 巻、25 ページ（Ⅱ、32、52）。

(36) K. マルクスと F. エンゲルス、著作集、第 3 巻、25 ページ（Ⅱ、32、52）。

(37) K. マルクスと F. エンゲルス、初期著作集より、591 ページ（Ⅰ、136、151）。

(38) 同上、625 ページ参照（Ⅰ、200 ～ 202、217 ～ 219）。

(39) K. マルクスと F. エンゲルス、著作集、第 3 巻、3 ページ（Ⅱ、237、24）。

(40) A. トレンデレンブルク、術語「人格」の歴史について、『カント研究』1908 年、4 ～ 5 ページ。

(41) K. マルクスと F. エンゲルス、著作集、第 2 3 巻、62 ページ（注 18）。

(42) 同上、第 20 巻、493 ページ。

(43) 彼の報告、「飢餓と食欲」（ドイツ心理学会第 12 回大会にかんする報告、カフカ出版、1932
年、285 ページ）および同様のテーマの諸論文を参照。

(44) E. クラパレード、第 1 0 回国際心理学会報告「機能心理学」哲学評論、1933 年、No.1 ～ 2。

(45) とくに、K. レヴィン、意図、意志と欲求、ベルリン、1926 年を参照。

(46) K. マルクスと F. エンゲルス、初期著作集より、599 ページ（Ⅰ、149、164）。

(47) 同上、611 ページ（Ⅰ、170、184）。

(48) 『1844 年の経済学・哲学草稿』でマルクスはとりわけこの能力の自然的基盤を強調している。
「人間は直接に自然存在である。自然存在として、しかも生きた自然存在として、人間は一
方では自然的諸力、生命力を享受しており、活動的な自然存在である。これらの諸力は人間
のなかに諸々の素質や能力等として存在している」（K. マルクスと F. エンゲルス、初期著作
集より、631 ページ（Ⅰ、206、222））。

(49) K. マルクスと F. エンゲルス、著作集、第 2 3 巻、361 ページ。

(50) 同上、12 章と 13 章の一連の注参照。

(51) 同上、499 ページ。

(52) K. マルクスと F. エンゲルス、初期著作集より、586 ページ（Ⅰ、127、142）。

(53) 同上、587 ページ（Ⅰ、130、145）。

(54) 同上、592 ページ（Ⅰ、137、152）。

(55) 同上、588 ページ（Ⅰ、130 ～ 131、145 ～ 146）。

34年論文に対する訳者によるコメント

　この論文は、1934年に発表され、ルビンシュテインの本格的研究活動の嚆矢となったもので、この年、その天才的才能を発揮していたエリ・エス・ヴィゴツキーの死によって主役の交替ともいわれた。また、この論文は語の真の意味で、心理学にマルクス主義的視点を導入した最初のものといわれる。

　発達理論における活動というカテゴリーは、弁証法的史的唯物論を方法論的基礎とするマルクス主義心理学において、人間の精神発達を理解するうえで第1義的に重要な基本概念である。この概念にそのような重みをもたせることができるほどの理論的・実践的土台を据えるにいたった最初の礎石は、ルビンシュテインの論文「カール・マルクスの諸労作における心理学の諸問題」であった[1]。『経済学・哲学草稿』のなかで初めて、心理学にとって決定的意義をもつ3つの基本的思想がマルクスによって公にされた。その第1は、人間とその心理形成における人間の実践的理論的活動、労働の役割を認めたことである[2]。

　ルビンシュテインが「人格原理」を明確にしたのは34年論文で、もっとも簡明に言えば「人格と結合することなしには、心理学的発達の理解は不可能である」をあげることができる[3]。

　この論文は最初、1934年の『ソビエト精神技術学』第7巻第1号に掲載され、通称「34年論文」と呼ばれている。後にルビンシュテイン『一般心理学の諸問題』（1973年、1976年）に収録された。この論文は、マルクスの初期の著作を中心に分析・検討したものである。ルビンシュテインはいう。カール・マルクスの著作のなかには、心理学に直接関係する見解が、まとまった形で含まれている著述がたったひとつある。われわれは、マルクスの初期の述作のひとつである『1844年の経済学・哲学草稿』のことをいっているのである[4]。

　心理学にとってこの草稿が本質的に興味深いのは、心理学に言及されているからだけでなく、一般に人間、人格が問題となっており、人間とヒューマニズムの問題がこの草稿の中心課題だからである。

　ルビンシュテインは、1930年にゲルツェン名称教育学研究所の心理学講座を担当した。そこで、彼は膨大な実験的理論的研究を行ったのであるが、なかでも1934年に発表した「カール・マルクスの諸労作における心理学の諸問題」は、

その後のソビエト心理学の方向を明確に規定した指導的理論として忘れることができない⁽⁵⁾。ルビンシュテインの『思考心理学』の訳者である石田幸平氏は、このように 34 年論文に対し、そのあとがきで最高水準の評価を与えている。

けれども、ここで注目しなければならないことがある。くだんのマルクスの『経済学・哲学草稿』が発表されたのは 1844 年のことであるが、この著の存在は相当長期間知られることはなく、1932 年になって初めてその存在が公になったのである。

だが、これがどれほど注目に値するでき事であったかは、『草稿』が初めてロシア語に翻訳されたのが 1956 年、英語に翻訳されたのが 1959 年であったことを思い起こすだけでも明らかであろう。以下、岩淵慶一氏のいうところに傾聴したいと思う⁽⁶⁾。表現は若干変更している。

1920 年代後半には、日本共産党に対する大規模な弾圧がおこなわれ政治的および思想的反動が強化されたが、これに抗してマルクス主義的研究者たちの活動も活発化していった。1932 年には、マルクス主義的哲学者たちを組織した「唯物論研究会」がつくられている。この研究会は、1937 年に日本帝国主義の全面的な中国侵略が開始された翌年には政府の弾圧によって消滅させられるが、それまでの 6 年間に 70 冊をこえる機関誌や、20 世紀前半の百科全書とみなされるべき 50 冊にもおよぶ研究双書を刊行している。ここには犯罪的な侵略戦争の時代に弾圧に耐えつつ日本のマルクス主義研究者たちがどれほど精力的に理論的活動を展開していたかが示されている。

では、これらとかかわって『草稿』はどのように遇されていたのか。この著作を読めば、そこでマルクスが初めて本格的な資本主義批判を開始しこの資本主義を越える新たな独自な共産主義の構想を提起していたことは、したがって、この著作がマルクス主義の歴史にとってどれほど画期的なものであったかということも、まさに一目瞭然であったはずである。

ところが、この著作は唯物論研究会の消滅の年にいたるまで本当にかすかな反響しかみいだすことができず、ほとんどまったく無視され続けたのである。こうした状況の理由が奈辺にあったかについて、岩淵は次のようにいう。

1841 年から 1845 年までのマルクスの諸著作は、したがってまた『草稿』も、彼がまだ「フォイエルバッハ主義者」であって本来のマルクスになっていなかっ

た時期のものであり、「新しい世界観の天才的萌芽」が現れる前のもの、した
がってまた「新しい世界観」は記されているはずがないものでしかなかった。

　すでに、ロシア語や英語に翻訳された時期を示したが、ソ連においても欧米諸
国においてもこの『草稿』に対する関心がいかに低かったか象徴的に示されてい
る。

　ルビンシュテインは、1922年にノボシビリスク大学の哲学講座の主任になっ
た。すでにこの時期、意識と活動の統一について考察を深めており、「創造的自
発的活動の諸原理」という論文に反映されている。この論文をさらに発展させた
ものがかの有名な1934年の「カール・マルクスの諸労作における心理学の諸問
題」である[7]。

　1932年にマルクスの『経済学・哲学草稿』が出版され、ルビンシュテインは
ただちにこれをドイツ語で読んだものと思われる。上述の岩淵の見解をみてきた
ように、ソ連においても欧米諸国においてもわが国においてもほとんどまったく
無視されたこの『草稿』に、ルビンシュテインは最高級の価値をみいだし、深く
検討した。ここに彼の優れた洞察力を想起せざるをえないが、ではなぜ、他の圧
倒的多数の哲学者と異なって、ルビンシュテインはこの『草稿』にそんなに心魅
かれたのか、という問題が立ちあがる。

　引用注（7）のショーロホワの指摘にもあるように、ルビンシュテインが
1920年代から意識と活動の問題に高い関心をよせていたことがまずもって考え
られる。また、人格と無関係に心理学について直叙することは不毛な道であると
信じていたこと。さらに、『草稿』は疎外論であり、疎外からの解放は人間の解
放につながるといわれる。ルビンシュテインは、「苦しみから活動へ」というプ
ロトタイプをやがて形づくっていくが、この基本型と『草稿』との間に深い交響
をおぼえたものと考えられる。

　具体的で意識的な歴史的人格として行動する主体から分離され、人間的活動か
ら分離された意識に、行動主義心理学は意識から分離された行動を対置させた。
他方で、伝統的な内観心理学によって確立された支配的心理観は、心理を意識の
諸現象と同一視し、心理学の課題とは意識の諸現象が直接的に与えられている個
人の意識の範囲内で意識の諸現象を研究することなのである。またこうした諸潮
流を統合しようとする動きもあった。

ルビンシュテインは、これらを批判し、こうした考えを根本から覆す必要性を説く。根本的相異は、人びとの社会性や社会的諸関係が人びとの自然への諸関係と対立しないばかりでなく、人間の心の動きは社会の動き、自然の動きと深く関係しているということである。マルクス主義心理学においては、人格を心理学から切り離すことはできない。

　意識の諸形態は、それ自身で自然発生的に発達するものではなく、それらが属している現実的全体の諸属性・諸機能として発達する。人格を欠いた意識の発達は、ただ観念的なものになるだけである。

　「ブルジョア社会においては、人間が果たさなければならない一連の社会的諸機能は、人間人格にとって外的なものなのである。けれども人格は、社会的諸機能か人間の内的本質かのどちらかを意味するというのでなく、結局のところ、本質的には、社会的諸関係によって規定される人間の内的本質を意味するのである。」

　人格発達は、社会的諸関係を構成する諸条件によって規定され、したがって、この諸条件を変革することと人格発達は密接不可分であるだけでなく、こうした活動のなかでこそ人格は発達する。ここには対人関係をめぐる諸条件も包摂されるが、ルビンシュテインも上記の直後に、「わたくしのうちに他者に対する人間的諸関係が確立されていくのに応じてだけ、わたくし自身も人間として形成されていくのである」と叙述している。このように、社会的諸条件の問題とは相対的に独立した問題として、人間的諸関係を把える必要性も発生する。

　意識の概念は心理学にとって中心的位置を占めると考えていたが、この時の時代精神から意識の問題はすべて行動の問題とされ、1920 年代に激しい討論が起きた。世界の心理学の危機という状況のなか、ソビエトの学者にとって意識と活動の間の結合の証明、説明が重要課題となった。意識と活動の分離のかわりに意識の客観的媒介性を証明し、それと人間の活動との結合を明らかにしなければならなかった [8]。

　マルクスもレーニンも意識の問題を極めて重視していたが、ルビンシュテインも『一般心理学の基礎』で約 100 ページを割いてこの問題を検討している。このことにかんしてペインは次のようにいう。意識の進化にかんするこの長々とした議論の目的は、心理的なものがその起源において物質的世界といかに密接に連関

しているか、そして物質的世界からの意識の進化がどのように意識と活動との統一にかんする原理によって規定されているかを説明することである[9]。

　人間の意識と活動の相互関係を新しく理解することとかかわって、意識をも活動をも、その理解自体を根本的に改変する必要性をルビンシュテインは本論文で強調している。このさい、彼の念頭には、内観心理学、行動主義心理学を批判し双方をのりこえていくということがあり、この導きの糸となったのがマルクスの『経済学・哲学草稿』だといわれる[10]。

　意識と活動の統一という命題は、ルビンシュテインによってその後、さらに発展をみるが、この命題の原理的内容は今日においても極めて重要である。基本内容は意識と活動の相互連関と相互被制約性にあり、人間の意識が人間の活動を条件づけ、活動のなかで人間の意識も変化発達しつつ活動の諸条件、諸過程を調整していくということである。

　また、意識の歴史性ということについては、マルクス主義心理学の特別な固有性でもなければ、例外的な遺産でもなく、事柄の核心は一般的に意識の歴史性を認めることにあるだけでなくいかにそれを認識するかにある、とルビンシュテインはいう。1950年代にもルビンシュテインは意識について述べており、このことはマルクスの初期著作や34年論文にも関係してくるので若干述べておきたい。

　観念論的な意識の解釈は、意識を現実的な人間の存在から引きはなし、意識そのものを観念的な精神的主観としてみる。このようにして、人間ではなく人間の意識が主体と認められる。実際には、主体は人間であって、人間の意識は現実的存在から出発して初めて理解される。つまり意識は、制約されたものとしても制約するものとしても存在のなかに、人間生活のなかに編み込まれている。すなわち、意識は人間生活の諸事情によって制約されるものであるとともに人間の行動を調整する[11]。

　意識、それは意識から独立に存在する客観的世界の自覚である。人間は活動や行いのなかで他者に対する自己の関係および自己に対する他者の関係を明らかにすることによって他の人びとに媒介され反映されて初めて自己自身をも認識する。われわれ自身の体験は、直接には体験されなくとも、媒介的には、すなわち客体に対するそれらの関係を介してなら認識され自覚される。このように、体験の自覚はそれを内面世界に閉じ込めることではなく、それを外部の客観世界、す

なわち、その基盤であり源である現実世界と相互に関係づけることである。

　意識の対象性はヘーゲルのいうところに反し、実際は自意識そのもののなかでも揚棄されることはない。マルクスの初期の著作において、ヘーゲルの思想を批判しマルクス的弁証法と認識論を構成するための最重要な出発点であったこの命題は、特殊な意味で心理学的認識の理論に対しても有効である(12)。

　意識はその本質自体からして、自己の内面的世界に閉居した狭い個人的資産ではなく社会的形成物である。意識は心理学的表現においては、主体が意識の外にある客観的存在を自覚する過程である。意識は存在から自己の内容を掬い上げ、その内容を存在から独立したものとして存在に関係づけるのである(13)。

　「意識は客観的世界を反映するだけでなく、それを創造しもする」という『哲学ノート』におけるレーニンのかの有名なフレーズにもあるように、意識は世界を変革する実践的活動と不離の関係にあり、人間の欲求、関心等に対する関係においても人間にとって根本的意味をもっている。

　意識を一般的存在から分離する過程は、環境の一般化された反映で、社会歴史的所産たる語やことばを介してなされ、実際には意識とは現実を自覚する過程である。

　心理と生理の関係について一言しておきたい。ルビンシュテインは、次のような当時存在していた傾向に対しても極めて決定的反対をした最初のひとりだった。その傾向というのは、心理的なものを生理的なものの上に積み重ねることによって、心理現象をただ主観的なものとして眺め、そしてたんに客観的な生理諸過程の指標として評価するものであった。心理的なものと生理的なものとのこのような融合のもとでは、後者は容易に前者にとってかわり、心理的なものは客観的科学研究の対象であることをまったく止めてしまうのである。ルビンシュテインによれば、大脳の反射活動は生理的活動であると同時に心理的活動である。心理的なものは、生理的なものから切り離せないとともに生理的なものから区別されて生理的なものには解消されないのである(14)。

　ルビンシュテインは本論文で以下のようにいう。「心理学の構想において、人格の本性の理解そのものの内に革命的なその歴史観を現実化する上で根本的な意義をもつのは、マルクスの人間的欲求の理解である。」

　ルビンシュテインは上述のように、人格理解にとって根本的意義をもつ欲求に

満腔の関心を示しているが、その前に欲求とも深い関係をもつ疎外の問題に若干言及しておきたい。

　自己の疎外は他者との関係を介してしか現れないことをマルクスは指摘したが、この対他関係が私的所有の関係に他ならない。これは資本主義的関係であり、人間が疎外された労働を介して自己関係ばかりでなく、自己の生産ならびに生産物に対する他者の関係、この他者に対する自己の関係をも生産するのである(15)。

　ルビンシュテインも、鉱物が商品、交換価値となると、人間の眼は鉱物の形態美を見なくなり、事物に対して事物のために関係しなくなる、と叙述している。

　人間発達の過程は人間の自然、とりわけ、人間の心理的自然の発達・変革に他ならぬことを解明したマルクスは、同時にこの過程の社会−歴史的被制約性を明らかにしている。労働の分業の個々の諸形態がいかに人間の心理的諸能力を偏頗させるか、私的所有がいかに人間精神を歪め荒廃させるか、マルクスは極めて具体的に指摘している。こうした発達観のなかで、革命的理論が自然必然性をもって革命的実践を導き出してくる。人間の心理的自然〔本性〕が、それを歪めそれ本来の発達を妨げている社会的諸形態に依存しているということの理解から不可避的にこの社会的諸条件を変革したいという欲求が発生する。

　ルビンシュテインは上述のように、心理的本性の社会的諸条件による被制約性を認めつつ、同時に前者による後者の変革を強く主張する。それゆえ、人格発達の問題を包摂する心理学は、ただたんに主体の内面にだけかかずらうことはできないのである。ここでは、人間による人間の疎外と私的所有の根源的連関を看破しなければならない。

　ルビンシュテインは本論文で以下のように述べている。マルクスは人間的欲求の社会−歴史的被制約性を明らかにし、その上でそれが人間の「自然」を閑却しているのではなく、媒介していることを明らかにした。この場合、歴史的発達のなかで、第1次的欲求の上に新しい欲求が建増しされるだけではなく、変化する社会的諸関係を介してしばしば屈折しながら、この新しい欲求は変化もする。つまり、マルクスの定式によれば、人間の欲求は人間的欲求となるのである。したがって、抽象的観念的な諸学説と対立して、欲求は人間の行動を惹起するのであり、また生物学主義理論とも対立するこれらの欲求は、没歴史的な自然において

決定される不変な本能ではない。

　人格理論のすぐれて基本的構成概念として人間関係を把えねばならない。人格を社会的諸条件に規定され、また規定し返す人間関係の総体と把えるとき、欲求が人格理論において極めて重要な役割を演ずることが理解できるであろう。人間関係がとりわけ重視されるのは、その人らしさが人間関係に規定され、また人間関係のなかでもっとも顕現すると考えられるからである。欲求は人格的生活の基本的源泉であり、人格の基本的現れであり、人格を特殊化する最重要なモメントである。

　マルクスは、人格発達における集団の役割に言及している。集団においてのみ、個人は自らの素質の全面発達の可能性を与える方法を享受する。それゆえ、集団においてのみ、個人の自由が可能となる。「個人の自由」という術語が用いられているが、個人の自由概念は、形式的で消極的なものでもありうるし、あるいは実質的で積極的なものでもありうる。前者が問題にするのは何かからの自由であり、後者は何かのための自由である。前者にとって、あらゆる締め具と接合は、たんなる手段であるが、後者ではそれらがまさに支柱なのである。

　ここで若干の私事をさしはさむことが許されるなら、わたくしは、ルビンシュテインのこの文言から実にフルートフルな発見をしたといわなければならない。これまで、エーリッヒ・フロム等によっても、「何かへの自由」と「何かからの自由」に言及されていたことは承知していた。しかしわたくしは、「何かへの自由」「何かのための自由」は閑却してきた。自由とは、「解放」「制約されない空」ということであり、「何かへの自由」「何かのための自由」とは何のことか理解できていなかった。

　一貫して高い関心をよせてきたルビンシュテインがこのことにリファーしていることを知り、立ち止まり深く考える機会をえた。これは「内部諸条件」と同類の問題ではないのか。すなわち、内部諸条件それ自体では何の問題にもならない。外的作用や活動とかかわって初めて、内部諸条件が根本的に関与してくる。

　「何かからの自由」も同一のことではないのか。疎外止揚の闘いを含む新たなものを創造する活動それ自体のなかにこそ真の自由が存在するならば、このことが第一義的問題であり、これは旧来の諸状況、諸観念を変革しようとするもので、このこととかかわって必ずやこれを阻止、妨害する動きが表面化する。

前者の自由が、主体的で内面的性質を帯有しているのに対し、後者の自由は外的なものの関与をめぐる問題を包摂している。したがって、双方の自由は一体的に把握しなければならない。けれども、驚くべきことにルビンシュテインは、「何かへの自由」をより本質的なものとして把えており、闘いのなかでこそ真の自由が胚胎すると考えているのである。

　このコメントを終えるにあたって特別に揚言しなければならないことは、ひとりの心理学者がマルクスの『経済学・哲学草稿』にこんなに深く心魅かれたという事実である。このような心理学者の存在を寡聞にしてわたくしは他に知らない。心理学は、人間の精神生活と密接に連関しているが、この精神生活の実際は人間の内面の問題だけに限定されない。人間は外的世界を変革しつつ、同時に自己自身をも変革する。人格を包摂する心理学は、他者との交流、現実社会、世界における活動というダイナミズムのなかで研究をすすめなければならないのであろう。

（注）

（1）矢川徳光「子どもの発達と素質・能力・活動・人格」矢川徳光他編『講座　日本の教育3　能力と発達』新日本出版社、1976年を参考にした。
（2）エス・エリ・ルビンシュテイン著、内藤耕次郎・木村正一訳『心理学』青木書店1981年、253ページを参考にした。
（3）矢川徳光『人格の発達と民主教育』青木書店、1976年、20ページ。
（4）（2）に同じ、250ページ。
（5）ルビンシュテイン著、石田幸平訳『思考心理学』明治図書、1960年、215ページ。
（6）岩淵慶一「日本における『経済学・哲学草稿』の研究」立正大学文学部論叢第121号、2005年。
（7）E.B.ショーロホワ著、天野清訳「ルビンシュテインとソビエト心理学」『科学と思想』68号、1988年を参考にした。
（8）同上を参考にした。
（9）T.R.ペイン著、古澤聡司他訳『ルビンシテーイン』法政出版、1990年、141ページ。
（10）築山崇「ルビンシュテインの活動概念について」『関西教育学会紀要』8号、1984年。
（11）（2）に同じ。199ページを参考にした。
（12）同上。205ページを参考にした。
（13）同上。206ページを参考にした。
（14）イェ・ヴェ・ショロホワ著、足立自朗訳「エス・エリ・ルビンシュテインの諸労作における心理学の理論的諸問題」『ソビエト心理学研究』7号、1969年を参考にした。
（15）渡辺憲正『近代批判とマルクス』青木書店、1989年、128ページ。

訳者あとがき

　ルビンシュテインの没後 50 年にあたる 2010 年に、わたくしはこの翻訳を始めました。2014 年、広島では大きな土砂災害があり、多くの人が亡くなられました。この年、松野豊先生が書簡をくださり、わたくしへの心配とともに次のようにかかれていました。「ルビンシュテーインの『人間と世界』は進んでいますか。私の死なないうちにお願いします。」

　学問上のことで、これほどまでわたくしに注目し期待を寄せてくださった人があっただろうか。わたくしは深い深い感銘をもってこの書簡を受けとめ、松野豊先生のご期待にぜひこたえたいと強く思いました。このことが、ひたむきな努力を持続する力となり、わたくしの人格をどんなに励ましてくれたことでしょう。哲学と心理学双方にまたがるルビンシュテインの難解きわまる文章と相当な長期間格闘し、ようやくここまでこぎつけることができました。

　けれども非常に残念なことに、松野豊先生は 2021 年 3 月 6 日に亡くなられました。なんという痛恨事！　本訳書が出来上がったら、仙台のご自宅までおもちしようと考えていたのですが、なんという無念！　数年前、「死期が近づいている」とかかれていたのですが、わたくしはそれをどれほど真剣に受けとめていたでしょうか。わたくしはなぜもう少し急がなかったのか、自らの怠慢を苛んでいます。

　松野先生がずっと心待ちにされ存在しておられること自体が、わたくしの研究心の拠り所であり源泉でもありました。そして「今年こそは」といった一見何げなく思える期待感の表出がわたくしの研究活動の原動力でした。わたくしのこれまでの人生においてもっとも多く書簡をいただいたのは、松野先生からでした。それはわたくしの多種多様な質問に先生が実に丁寧にこたえてくださった所産です。ある時は、幸便にのせて何かの署名用紙が同封され、署名を集めるよう依頼されたこともありました。葉書よりかくスペースがずっと広い郵便書簡というものの存在も松野先生から送られて初めて知りました。

　また、めずらしく絵葉書を送ってくださったこともありました。森と小川と小道、そして 2 人の子どもの麗な諧調は、ぜひ行ってみたいという気持ちを誘発するほどのもので、絵がもつ不思議な力を初めて体感いたしました。2013 年 9 月 24 日のお手紙では以下のようにかかれています。「私はおそろしいほど気力を失ってきました。全然読む気力がなくなってきておそろしいです。今、"三四郎" の数ページをめくって、かの有名な女性との列車の中での出会いを読みましたが、この二人の席の位置がどうしてもわかりません。教えて下さい！！？？」高齢になられても、瑞々しい感性が日々炸裂するような天性の楽天性を感得いたしました。

　ルビンシュテインが迫害されて、『心理学の哲学的基盤』の組版が破壊されたことがわかったとき、この本のその後の運命がわかり次第連絡する、という心強いメッセー

ジを送ってくださったこともありました。

　晩年は耳が遠くなられたのでほとんど電話することはありませんでしたが、随分前の真冬の夜、電話を差しあげると、「核兵器禁止条約の署名が1時間で8筆集まったよ」と話してくださいました。たくさんのご本を出版されていながら、まったく衒気を感じさせず、実に誠実なふるまいで、ことばの真の意味で、このような人を"偉大な人"と呼ぶに値するのだと思いました。

　わたくしは、研究者といわれる人とほとんど交流がなく、学会にも所属していません。けれども、松野先生はわたくしにとって特別な存在でした。松野先生の存在があったからこそ、ここまでやってこられましたが、わたくしも最後までいい仕事をしたい、このことが松野先生のご期待に沿うことになるのだと確信しています。本訳書を松野豊先生のご霊前に捧げます。

　訳語について若干述べておきたい。звеноは大変訳しにくい語で、矢川徳光氏にならって「連結環」としたところもあれば、「構成部分」、また「一齣」とした場合もあります。「存在」にまつわる類似の単語は訳し分けるのに苦労いたしました。бытиеは「存在」と訳したところが多いですが、「物質」としたところもあります。существование, налитие, сущее, становление, пребываниеは前から順に「実在／存在」「現在」「存在物」「生成」「所在」と訳したところが多いと思います。действие, поступок, поведение, акт, деятельностьは順に「所作／作用」「ふるまい」「行動」「行為」「活動」と訳しました。мысльとмышлениеはうまく訳し分けることができず、双方とも「思考」としたところが多くあります。единичныйは「個別的」、единственныйは「唯一の」、またличныйは「個人的」、частныйは「私的」と訳すことが多かった。ルビンシュテインはこれらを明確に使い分けている。чужойは「他人の」で「他者の」ではない。日本語では「他人」は「赤の他人」とか「他人事」というようにどこかネガティヴな響きがあるが、ロシア語でも同様である。

　支えてくださった多くのみなさんに心から感謝いたします。ロシア語の問題では、ユリア・ミハイロバさん、セルゲイ・トルストグゾフさん、髙矢イリナさんに何度も質問をくり返し、問題を1つひとつ解決していきました。パソコン入力を手伝ってくださったみなさんには、訳文についてたずねることも多く、快く相談にのってくださったことに深謝いたします。誤訳、不十分な訳が見つかりましたら、ご教示いただきますようお願いいたします。

　最後になりましたが、安岡章太郎さんのことをめぐって書簡をいただいた新船海三郎様が働く本の泉社から出版できることを大変光栄に思っています。ルビンシュテインへの強い関心、高い編集能力に敬服するとともに、ひとりの人間として心から信頼できる人に託すことができて大変うれしく思います。

小野隆信

事項索引

訳者紹介

小野隆信（おの・たかのぶ）

　1950年、岡山に生れる。元大学教員。人格心理学、教育哲学専攻。関西唯物論研究会会員、教育科学研究会会員。単著『教育における疎外と人格発達』（光陽出版社、1995年）、訳書、ダイアナ・ドゥワイアー『対人関係の心理学』（共訳、大学教育出版、2017年）

ルビンシュテイン『人間と世界』

2022年12月6日　初版第1刷発行

訳　者	小野　隆信
発行者	浜田　和子
発行所	株式会社 本の泉社
	〒112-0005 東京都文京区水道2-10-9
	板倉ビル2階
	TEL.03-5810-1581　FAX.03-5810-1582
印刷・製本	新日本印刷 株式会社
ＤＴＰ	木椋　隆夫